和融教育主题班会课的创意设计

主　　编　李耀文
执行主编　李耀峰
副主编　方　舟　李　瑞　孙　艳
编　　委　龚　敬　罗　英　孙翠花

上海交通大学出版社
SHANGHAI JIAO TONG UNIVERSITY PRESS

内容提要

　　本书是河南省淮阳外国语实验小学"和融教育主题班会课的创意设计"理论与实践的成果汇编。全书共分 8 章,分别是"和融教育主题班会课的设计理念""和融教育主题班会课的设计原则""和融教育主题班会课的设计目标""和融教育主题班会课的主题确定""和融教育主题班会课的内容选择""和融教育主题班会课的活动形式""和融教育主题班会课的评价标准""和融教育主题班会课的价值意义",按"感恩、自律、安全、文明、团结、健康、劳动、理想"8大主题设计了 40 节创意班会课。本书对学校德育工作,特别是对班主任专业发展的创新实践具有一定的参考与指导价值,适合德育工作管理者与研究者、中小学班主任使用。

图书在版编目(CIP)数据

　　和融教育主题班会课的创意设计/李耀文主编.
上海:上海交通大学出版社,2024.10. -- ISBN 978 - 7 -
313 - 31600 - 4
　　Ⅰ. G625.5
　　中国国家版本馆 CIP 数据核字第 2024N9B592 号

和融教育主题班会课的创意设计
HERONG JIAOYU ZHUTI BANHUI KE DE CHUANGYI SHEJI

主　　编:李耀文				
出版发行:上海交通大学出版社		地　　址:上海市番禺路 951 号		
邮政编码:200030		电　　话:021 - 64071208		
印　　制:苏州市古得堡数码印刷有限公司		经　　销:全国新华书店		
开　　本:710mm×1000mm　1/16		印　　张:17.5		
字　　数:360 千字				
版　　次:2024 年 10 月第 1 版		印　　次:2024 年 10 月第 1 次印刷		
书　　号:ISBN 978 - 7 - 313 - 31600 - 4				
定　　价:78.00 元				

序

　　立德树人，是教育的根本任务。当今时代，科技发展日新月异，社会变迁波澜壮阔，青少年的思想亦呈多元态势。在这样的背景下，主题班会课作为学校教育的重要形式，已成为塑造学生品格、传递价值观的重要手段。随着教育理念的不断发展，淮阳外国语实验小学的领导和教师越来越意识到：一堂精心设计的主题班会课能够极大地丰富学生的学习体验，促进他们的全面发展。

　　什么是主题班会课？主题班会课是以活动为链接，以学生为主题，以情境为载体，以社会关注的热点、学生成长的问题为依托，以学生所喜闻乐见的形式来设计的主题教育活动，从而使班集体中的每一个成员都能朝着德智体美劳全面发展的方向努力。主题班会课是班主任引导和培养学生立根塑魂、自我管理、全面发展的一种教育方式，也是增强班级团结友爱、合作共进的舞台，是学校德育的重要教育形式。《和融教育主题班会课的创意设计》一书，旨在通过一系列精心设计的班会课例，引导学生树立正确的世界观、人生观、价值观，培养良好的道德品质和行为习惯，促进学生全面发展。

　　在本书编写过程中，学校坚持以学生为中心，紧密结合学校实际，注重课例的针对性和实效性。本书精选出的这些班会课例，涵盖了爱国教育、安全教育、心理健康、学习方法、团队合作等多个方面，既有传统的经典案例，又有结合时代特点的创新课例。

　　在书中，他们深入探讨了主题班会课的设计原则、实施策略和评价标准。根据学生的情感需求，围绕特定的教育目标，独具匠心地设计主题班会课，通过知识竞赛、文体表演、主题讨论、畅享漫谈、实践活动、成果展示等形式，寓教于乐，融学于趣，引导学生积极参与，激发学生的思考和创造力。让每一个学生感受班级的温暖和关怀，培养他们的集体荣誉感和责任感。

　　淮阳外国语实验小学是全国文明校园、全国优秀少先队集体，学校坚持立德树人，把"培养有根、有志、有识、有度，具有民族精神和现代意识的优秀少年"作为培养目标，巧妙地通过主题班会课这一德育载体，将"和融教育"的理念融入班会课的设计中，培养学生家国情怀、国际视野、责任担当和豁达的包容精神。

　　《和融教育主题班会课的创意设计》这本书的编撰，旨在为广大教育工作者提供一本实用的参考书。希望通过这本书，能够激发教育工作者对班会课设计的热情和创新精神，共同为学生的全面发展贡献智慧和力量。

　　最后，要感谢所有为这本书付出努力的人。感谢那些愿意分享自己经验和成果的教育者，他们的无私奉献和精彩案例，让这本书更加生动和丰富。同时，感谢每一位读者，是你们的关注和支持，让这本书有了存在的意义，希望这本书能带给您启示。让我们一起努力，为培养更多优秀的人才而共同奋斗。

浙江省德育特级教师、正高级教师　许丹红

2024 年 7 月 1 日

前　言

　　在学校教育中,主题班会课始终扮演着不可或缺的角色,它是班主任引导和培养学生立根塑魂、自我管理、全面发展的一种教育方式,也是增强班级团结友爱、合作共进的舞台,更是发挥班级优秀文化价值作用的阵地。作为学校德育的重要教育形式,主题班会课以活动为链接,倡导以学生为主题、以情境为载体,以社会关注的热点、学生成长的问题为依托,以学生喜闻乐见的形式来设计主题教育活动,从而使班集体中的每一个成员都能朝着德智体美劳全面发展的方向努力。基于以上认识,我们认为主题班会课的设计是班主任应该具备的重要基本功,也是班主任专业成长的必修课。它要求班主任具备敏锐的观察力和丰富的实践经验,同时还需要具备良好的组织能力和协调能力,以确保班会课顺利进行,并取得预期效果。

　　在这里,你会发现每一节主题班会课都是班主任用心设计的,体现了班主任对教育事业的热爱。他们深入研究学生的需求,关注教育前沿动态,精心挑选适合的主题,力求让每一次班会课都能触动学生的心灵,激发他们的思考。在这里,你会发现每一节主题班会课都表达了班主任对专业的追求。他们挖掘教育契机,有针对性地对学生进行生动有趣的教育,同时也使自己的创造和组织能力得到了历练;他们学习教育理论知识,关注学生的发展需求,并通过实践和反思不断提高自身的教育理念和教育智慧,促进自身素质的提高和专业能力的发展,以求为学生的全面发展做出更大的贡献。在这里,你会发现每一节主题班会课的呈现,都展现了对学生的尊重和对学生发展的重视。他们了解学生的需求和兴趣,从而选择能引发学生共鸣的班会主题;他们尊重学生的意见和想法,鼓励学生参与班会课的策划与组织中来;他们关注学生的感受和体验,及时调整班会课的节奏和方式。这种尊重不仅让学生更加自信、自尊,也让他们更加珍惜与班主任之间的情感纽带。

　　班主任是班级的灵魂,是学生成长道路上的重要引路人。因此,学校对班主任的专业化成长尤为重视。学校定期邀请专家教授、特级教师、全国优秀班主任等到校进行专题培训,为班主任提供最新的教育理念和方法;鼓励班主任以班级管理中遇到的问题作为科研课题,把班级作为实践基地,对学生进行观察和分析,总结班级管理经验;支持班主任承担课题研究或主持课题研究工作,将理论与实践相结合,运用理论有效地解决实际教学管理中的问题;实施师徒结对制度,通过"传、帮、带"的方式,促进新班主任快速成长;同时加强班主任团队建设,通过团队活动、集体备课、案例研讨等方式,提升班主任团队的凝聚力和协作能力。这些平台的搭建,为班主任的专业化成长提供了全方位的支持和保障,帮助班主任不断提升专业素养和教育能力。

　　学校组织班主任设计主题班会课,是一项具有深远影响和多重价值的教育实践活动。设计一节成功的班会课,需要思考如何使班会课更具吸引力、更具教育意义,如何通过活动让学生积极参与、深入思考。这种创新思维的过程能够激发班主任的创造力和想象力,使他们能够不断探索新的教育方法和手段,进而有效提升班主任班级管理的创新性和实效性。成功的主题班会课案例是班主任宝贵的财富。通过分享这些案例,班主任可以学习到其他同事在班会课设计、组织、实施等方面的成功经验,相互交流在实施过程中遇到的问题和挑战,以及克服这些问题的有效方法,从而在自己的班级中加以应用。这个过程有助于班主任拓宽视野,了解不同的教育思路,甚至可能激发出新的教育理念,推动班级管理的创新与发展。

将设计精良的主题班会课纳入德育资源库,对于学校的德育工作具有重要的作用和意义。这不仅能让更多的教师便捷地获取和使用这些优质资源,减少重复劳动,还能确保德育工作的连贯性和一致性,使优秀的德育经验得以延续,同时也极大地丰富学校的德育教学资源。这些资源不仅涵盖了德育的各个方面,还融入了多元化的教育理念和教学方法,为学校的德育工作提供强有力的支持。主题班会课和班级文化建设之间的联系是非常紧密的。通过主题班会课的教育活动,可以加深学生对班级文化的理解和认同,促进班级文化的传承和发展。班级文化的建设又可以为主题班会课提供丰富的教育资源和文化背景,使教育活动更加生动、有趣,富有意义。两者相辅相成、相互促进,共同构成了班级教育的有机整体,为学生的全面发展提供了有力保障。

本书按"感恩、自律、安全、文明、团结、健康、劳动、理想"8 大主题设计了 40 节班会课。每个主题均有解读,每节班会均有清晰的环节、流畅的串词、核心的内容。主题班会课的设计与实施具有强大的教育功能,在班主任的成长中也具有不可替代的象征意义。它有效激发了学生的学习兴趣,提升了学生自我管理能力,深化了学生对问题的认识,促进了学生的健康成长。同时,通过不断设计和实施主题班会课,能够加深师生情谊、增强班级凝聚力、提高教育效果,教师能够积累更多的实践经验,实现自我提升。

这本书凝聚了班主任的思想精华和实践经验,希望它能有助于分享智慧、探寻规律,帮助班主任设计出更多更好的主题班会,谱写出更多更精彩的和融德育精彩篇章!

目 录

第一章

和融教育主题班会课的设计理念

第一节　设计理念概述

在教育的广阔天地里,和融教育如同一股清新的风,吹拂着每一名学生的心灵。它不仅仅是一种教育理念,更是一种生活的态度和精神的追求。和融教育强调的不仅仅是知识的传递,更是人与人之间的和谐与融合,是心灵的交流与共鸣。由此,在这样的教育思想指导下,和融教育主题班会课设计的是让班级持续发展、让问题获得解决、让学生得到成长、让同伴友爱互助、让学生走进社会、让文化引领进步的独特理念。

我们先来谈谈和融教育的核心理念。和融教育,顾名思义,强调的是"和"与"融"。这里的"和"指的是和谐、和睦,它代表着班级内部的团结与协作,是班级持续发展的基石。而"融"则代表着融合、交融,它鼓励我们尊重差异、包容多元,实现不同文化、不同思想的交流与融合。我们知道每个学生都是独特的个体,他们有着不同的背景、不同的兴趣、不同的才华,但正是这些差异使得我们的班级更加丰富多彩、充满活力。

一、让班级持续发展

一个班级的持续发展离不开良好的班级氛围和积极向上的班风。和融教育主题班会课旨在通过多样化的活动形式和内容,增进同学之间的了解和信任,加强班级的凝聚力和向心力。在班会课上,我们可以组织学生共同讨论班级的发展方向和目标,制订班级规章制度,明确每个人的责任和义务。通过这样的班会课,我们可以让班级得到持续发展,成为一个充满活力、积极向上的集体。

规则的内涵是什么?规则意识的建立是促进班级持续发展的前提,小学阶段是规则意识养成的第一阶段,也是培育其规则意识的最佳阶段。杨洋老师的"规则意识修炼场"主题班会课,通过播放《西游记》视频片段、问卷调查规则在生活中的应用和影响,引导学生亲自参与规则的制订过程。从这节班会课中,我们可以看出,教师以丰富多样的组织形式,加强了学生们对规则的认识,树立了遵守规则的意识,有效纠正了日常生活中的不良行为,这不仅促进了班级内部的和谐稳定,还培养了学生的自律意识和责任感。随着学生规则意识的增强,班级整体秩序将得到进一步改善,也为班级的长远发展奠定了坚实基础。

二、让问题获得解决

在班级生活中,难免会遇到各种各样的问题和矛盾。例如拖拉问题、同学之间经常闹矛盾的问题等,这些问题如果得不到妥善解决,就会影响到班级的和谐与稳定。和融教育主题班会课强调通过沟通、协商和合作来解决问题。在班会课上,我们可以组织学生就某个问题进行深入讨论和交流,听取不同意见和建议,找到解决问题的最佳途径。同时,我们还可以引导学生学会如何正确地表达自己的观点和诉求,如何倾听他人的意见和建议,从而培养他们的沟通能力和团队协作精神。有目的、有主题地选择这样的问题作为开展班会课的教育内容,采取正面积极地引导,帮助学生树立正确的思想道德观念,可以让问题获得有效解决,促进班级的和谐与稳定。

司艺倩老师的"我们不做小拖拉"主题班会课,首先以情景剧导入,使学生了解像寒号鸟这样,把现在可以做的事拖到以后,做事磨磨蹭蹭的表现就是拖拉。接着出示调查统计图和生活中的小视频,让学生意识到身上存在的拖拉情况,引起学生的共鸣。第二环节通过两个活动的呈现,让学生小组讨论,说一说拖拉带来的危害,感悟打败拖拉的必要性,并从中激发学生打败拖拉的欲望。第三环节通过出示两个生活情境,使学生说一说拖拉的原因,找到原因之后再对症下药,讨论改正拖拉的方法。然后领着学生宣读《不做小拖拉宣言》,培养学生积极的情感,激发学生不做小拖拉的信心。第四个环节通过一分钟写数小游戏和观看《一分钟中国有什么变化?》的视频,对学生进行一次心灵冲击,使学生了解珍惜时间的重要性,对养成不拖拉的好习惯再次强化。班会课开展后,学生的拖拉现象有所改善,特别是写作业的效率有所提高。

司艺倩老师的"我们不做小拖拉"班会课教育效果显著。通过情景剧、统计图和小视频,学生能直观认识到拖拉的危害,为解决问题打下基础。班会课也鼓励学生小组讨论,激发他们解决拖拉的欲望和动力,并深入分析拖拉原因,讨论改正方法,开展实践活动,使学生学会并掌握了解决之道。这样的班会课,不仅提高了学生对拖拉问题的认识,还激发了他们的行动力,从而养成了他们学会管理时间的良好习惯。

三、让学生得到成长

每个学生都是一个独立的个体,他们有着自己的优点和不足。和融教育主题班会课旨在通过多样化的活动形式和内容,让学生展示自己的才华和潜力,发现自己的优点和不足,从而得到成长和进步。在班会课上,我们可以组织学生进行才艺展示、经验分享等活动,让他们有机会展示自己的才华和成就。同时,我们还可以引导同学们进行自我反思和评估,发现自己的不足和需要改进的地方,并制订相应的计划和措施进行改进。通过这样的主题班会课,我们可以让学生得到成长和进步,成为更好的自己。

在"谁赢了"主题班会课中,吕老师以情境故事引入,开门见山,让学生知道什么是宽容,明白宽容之心有助于与他人形成良好的人际关系;紧接着以小游戏的形式再现,让学生通过故事表演沉浸式体验"包容的力量",课堂氛围活跃,学生明白了当有不愉快的事情时可以有效沟通,及时化解矛盾。

从中可以发现,以上班会课不仅让学生明白了什么是宽容,更重要的是,它教会了学生如何在实际生活中运用宽容之心,与他人建立良好的人际关系。这种成长不仅仅是知识的增长,更是情感和态度的成熟。学生学会了在面对不愉快的事情时,选择沟通而不是攻击,这种处理方式能够大大减少矛盾的发生,同时也能够让他们更加理解他人,增强同理心,为学生提供了一个成长的平台,学会与他人和谐相处。

四、让同伴友爱互助

同伴之间的友爱和互助是和融教育的重要体现。在和融教育主题班会课上,我们可以组织学生进行团队建设、志愿服务等公益活动,让他们在实践中感受到同伴之间的友爱和互助。同时,我们还可以引导学生学会尊重他人、关心他人、帮助他人,从而建立起一种和谐友好的同伴关系。这样的班会课,我们可以让同伴之间的友爱和互助成为班级文化的重要组成部分,让班级更加和谐、友爱、温暖。

比如杨洋老师的"规则意识修炼场",在环节三设计了让小组合作定常规环节,这个环节的设计,在讨论中不仅建立了学生的规则意识,同时还为同学之间的合作互助创造了条件,增进了同学之间的感情。

五、让社会走进课堂

学生是社会的一分子,他们需要与社会接轨、融入社会。和融教育主题班会课强调通过多样化的活动形式和内容,让社会进课堂,让学生去了解社会、服务社会。在班会课上,我们可以组织学生进行社会实践、参观访问等活动,让他们亲身体验社会的多样性和复杂性。同时,我们还可以引导学生关注社会热点、了解社会动态、思考社会问题,培养他们的社会责任感和公民意识。

在"规则意识修炼场"主题班会中,其中的拓展延伸环节,教师为了使班级成员更好地理解规则意识,有意组织一些实践体验活动,如"我是小小交通员"社会实践、"学雷锋"志愿服务、"我是小小消防员"职业体验等,让学生在实践中成长,帮助学生树立正确的规则意识。

在"理解父母,感恩于行"主题班会中,教师设计了组织一次学生与父母的访谈活动。学生可以事先准备一些问题,然后与父母进行深入的对话,了解他们的生活、工作以及对自己的期望等。通过访谈,学生可以更加全面地了解父母的生活和工作,从而更加深入地理解他们。

这样的设计让学生能够主动走进生活,走向社会,不仅丰富了自己的认知和内心世界,而且还有助于形成健全的人格,能为他们日后融入社会奠定坚实的基础。

六、让文化引领进步

在学校的日常教育中,班会课扮演着举足轻重的角色。它不仅是传授知识的课堂,更是塑造学生品格、培养集体意识的重要场所。通过班会课的教学,优秀班级文化的形成得以推动,并以此为引领,促进班集体的不断进步。

班会课是班级文化建设的主阵地。在班会课上,教师可以引导学生共同讨论班级目标、班规班纪,形成共同的价值观和行为准则。同时,通过分享优秀学生的事迹、举办主题班会等形式,可以营造出积极向上的班级氛围,形成独具特色的班级文化。

优秀班级文化一旦形成,就会对班集体的进步产生深远的影响。首先,它可以激发学生的集体荣誉感和归属感,使每个学生都愿意为班集体的荣誉而努力奋斗。其次,优秀班级文化可以形成正面的舆论导向,引导学生形成正确的价值观和人生观。最后,优秀班级文化还可以促进学生的全面发展,培养学生的创新精神和实践能力。

为了充分发挥班会课在班集体进步中的引领作用,我们可以从以下几个方面进行实践探索:一是加强班会课的规划和设计,确保每次班会课都有明确的目标和主题;二是注重学生的参与和体验,让学生在班会课中感受到自己的价值和作用;三是注重班会课的评价和反馈,及时调整教学策略和方法;四是加强与其他学科的融合,形成教育合力。

主题班会设计理念的价值在于其精准指导与深远影响。它能够针对学生的实际需求,设计富有教育意义的班会主题,有效引导学生思考和成长。通过班会,学生不仅能够获得知识,更能培养品德、提升能力,实现全面发展。这种设计理念的作用在于,它为学生带来了积极的改变。在班会的启发和引导下,学生开始更加关注自己的成长和发展,积极面对学习和生活中的挑战。同时,班会也促进了班级文化的形成和班级凝聚力的增强,为学生创造了一个和谐、积极向上的成长环境。

第二节　案例分享

理解父母,感恩于行
——二年级"感恩教育"主题班会课

一、背景分析

当前由于生活节奏的加快以及多元文化的冲击,一些学生对父母的感恩之情变得淡薄。一些家长过于注重学生的学业成绩,而忽视了对学生的感恩教育。导致有的学生只知索取,不知奉献;只知攀比,不知回报,并且埋怨父母不理解自己,却从来不会站在父母的角度去考虑问题,不懂得体谅父母,更谈不上感恩和孝敬父母。

经过调查发现,班内三分之二的学生虽然知道应该感恩父母却没有行动,十分之一的学生认为父母很唠叨。为解决当前面临的实际问题,让学生理解父母,学会感恩,开展"理解父母,感恩于行"的主题班会十分必要。希望通过此班会,学生能关注父母的付出,珍惜亲情,懂得在日常生活中如何用实际行动感恩父母。

二、班会目标

认知目标:懂得尊敬父母、理解父母、体谅关心父母,能与父母和谐相处。

情感目标:通过观看视频、情景演绎等方式体验亲情的无私和伟大,懂得感恩父母。

行为目标:启发学生在日常小事中以实际的行动孝敬父母。

三、班会准备

班主任准备:现阶段学生感恩父母情况的调查问卷;父母现阶段希望孩子怎么做的调查问卷;制作亲子照片合集、父母对孩子说的心里话的视频合集。

学生准备:情景剧排练。

四、班会过程

(一)回忆成长,感受亲情

1. 亲子影像,回忆时光

播放学生们成长的照片以及和家人合影的照片合集。

2. 引出主题,链接生活

(1)启发学生想一想,在自己成长过程中,谁陪伴自己最多。

(2)请几名学生分享看到自己或别人这些成长过程中美好瞬间的感受。

(3)教师点评学生的发言,初步引导学生意识到在自己成长过程中父母的爱与陪伴。

> **设计意图**　通过展示学生成长照片,可以清晰地呈现出他们从稚嫩到成熟的转变。这些照片不仅是成长的见证,更是父母无私陪伴和关爱的缩影。通过回顾这些瞬间,学生们能够初步意识到父母的辛勤付出和深沉的爱意,增强对家庭和亲情的珍视与理解。

(二)环节一:聆听心声,体悟亲情

1. 活动一:聆听父母的心里话

(1)播放几位家长代表对孩子说的话。

(2)学生观看。

(3)引导学生思考:从父母的话中,感受到了什么。

(4)学生分享听后感受。教师在点评学生发言时,启发学生进一步认识到在自

己的成长过程中父母付出的努力,以及对孩子深深的爱意。

2. 活动二:观看视频,感受亲情

(1) 出示本班家长在各自的工作岗位上忙碌的视频合集,学生观看。让学生更直观地感受到父母的不易。

(2) 看到父母这么辛苦,为孩子的成长付出了那么多,引导学生谈一谈自己的感受。

> **设计意图**　通过聆听父母的心里话,学生能够直接感受到父母的爱与期望,这种深情的交流有助于打破沟通壁垒,深化彼此的理解。观看相关视频则能进一步触动学生的情感,让他们更直观地体会到父母的付出和不易,从而强化他们的感恩意识,产生强烈的情感共鸣。

(三) 环节二:情景剧场,换位思考

1. 活动一:情景再现,理解父母

有的同学认为自己的父母很唠叨、很烦,不理解父母,通过情景演绎,让学生感受父母在"唠叨"中的爱。

(1) 演绎场景一:放不下的手机。

地点:家里客厅

角色:小明(儿子)、爸爸、妈妈

(小明正在低头玩手机)

爸爸(走过来,看着小明):小明啊,你作业写完了吗?

小明(头也不抬):写完了。

妈妈(从厨房走出来,手里拿着锅铲):写完作业也不能一直玩手机啊,对眼睛不好。

小明(有点不耐烦):知道了知道了。

爸爸(坐到小明旁边):你看你,每天都这样,就不能多出去走走,运动运动吗?

小明(嘟囔):我在休息嘛……

妈妈(走过来坐在另一边):休息也不能总看手机啊,眼睛会受不了的。还有,你要记得多喝水,少吃零食。

小明(有点生气):你们怎么老是唠叨我啊,总是管我!

(爸爸和妈妈对视一眼,叹了口气)

(2) 演绎场景二:杂乱的房间。

(爸爸走进小明房间,看到小明桌面凌乱。)

爸爸:小明啊,你这桌面怎么这么乱啊?学习要有个好环境,才能专心。先整理一下。

小明(有些抵触):有什么好整理的,整理了还是会乱的。

爸爸:你看你,书都不放回书架,笔也到处乱放。这样怎么能好好学习呢?

小明(有些生气):我等会儿整理还不行吗?别再说我了!

(爸爸看着小明,叹了口气,默默退出房间)

2. 活动二:组内交流,讨论"唠叨"

(1)引导小组讨论:爸爸妈妈的批评与指责是不爱孩子的表现吗?

(2)进一步启发学生思考:如果你是小明,面对父母的"唠叨",会怎么做?

(3)各小组代表分享自己的观点。

(4)班主任引导学生面对父母的唠叨,不要一味地抵触和反感,要多从自身找原因。

3. 活动三:亲子天平,知恩于心

(1)画一个天平,天平的左边写上"我"为父母做的事,右边写上自己从呱呱坠地、咿呀学语,学会自己吃饭、穿衣,父母无怨无悔陪伴自己成长过程中为自己所做的事,比一比,看哪边的数量多。

(2)学生谈一谈通过"亲子天平"发现了什么。

(3)各小组代表分享感悟心得。

(4)教师点拨学生:父母和孩子的爱是不对等的,父母付出的远比孩子多。

> **设计意图** 很多时候,学生对父母的严格要求可能会感到不解甚至抵触。通过情景演绎,讨论父母行为背后的动机,让学生体会父母的良苦用心;父母对孩子的严格要求往往伴随着无尽的期望和关爱,即希望孩子能够变得更好、更优秀。这种认知的增强有助于消除学生对父母严格要求的误解和反感。另外,通过"爱的天平"让学生回忆一些生活点滴,把父母和自己为对方做事的情况进行对比。引导学生自我反思,知道自己和父母的爱是不对等的,意识到自己做的远不及父母为自己做的那么多。

(四)环节三:了解期望,学会感恩

1. 活动一:了解父母的期望

出示课前调查表(见表1-1):父母现阶段最希望学生能做到的事。

表1-1 父母的期望

帮忙做家务	努力学习	理解父母	能好好交流	能主动完成作业
10%	12%	23%	34%	21%

2. 活动二:制作感恩计划卡

(1)感恩父母不是一句口号,在了解父母期望的前提下,引导学生思考如何在日常生活中以实际行动回报父母的关爱与付出。学生进行分组讨论并制订感恩行动计划卡片,包括帮助父母做家务、关心父母的身体健康、努力学习等,列举出来写在卡片上。

(2) 在组内交流感恩计划的内容并完善。

(3) 学生展示自己的感恩计划并分享自己如何实施。

> **设计意图** 根据父母对自己的期望,让学生通过分组讨论并制订感恩行动计划。感恩行动计划制订的过程也是一种自我教育的过程。学生需要思考如何回报父母的养育之恩,如何通过自己的行动来表达对父母的感激之情。这种思考和规划能够让学生更加明确自己的责任和义务,增强他们的责任感和使命感。让学生认识到感恩父母重在行动,应该通过日常生活中的实际行动来表达。

(五) 环节四:付诸行动,回报亲情

1. 活动一:我为父母做奖状

(1) 为父母制作一个奖状,引导学生思考并写下对父母的感激之语,可以将父母的照片或合影贴在奖状上,或者在奖状上画上自己与父母的温馨场景,使奖状更具个性化和纪念意义。

(2) 鼓励学生在一个特别的时刻,将亲手制作的奖状颁发给父母,并大声读出自己对父母的感激之语。

2. 活动二:知恩于心,感恩于行

(1) 教师为学生感恩父母提出的几点建议:

① 多向父母表达你爱他们,主动承担家务,如洗碗、扫地……

② 适时为父母倒杯茶、削个水果、捶捶背、洗洗脚……

③ 和父母有分歧时学会换位思考,站在父母的角度上去想一想。

④ 尊重和关心父母,注意语气和态度。

⑤ 多向父母说说自己的情况、自己的愿望;多倾听父母的话。

⑥ 遇上烦恼,告诉父母,寻求父母的帮助。

(2) 根据自己制作的感恩卡,付诸行动,每做到一条,为自己画一个笑脸,作为评选"孝心好少年"的一个依据。

(3) 向学生展示"孝心好少年"的奖牌,激励学生每天坚持按照感恩计划卡去行动。

> **设计意图** 通过为父母做奖状的活动,让学生们更加珍惜父母的付出和关爱,学会感恩和回报,也能增进亲子之间的情感交流,让父母感受到学生的成长和进步,有助于建立更加和谐的家庭氛围。另外,向学生展示"孝心好少年"的奖牌,鼓励学生根据自己制作的感恩卡每天付诸行动,学期末根据学生的表现颁发"孝心好少年"奖牌,有利于促进学生感恩父母好品德的养成。

(六) 教师小结,引领价值观念

对于父母的感激,我们不需要豪言壮语;理解父母,也不是一句口号,应体现在日常的生活中,不与父母产生冲突,更不应恶意顶撞。我们要学会换位思考,站在他们的角度去理解问题,用心去体会他们的心情。实际行动,是回报父母养育之恩的最好方式。无论是分担一次家务,还是为父母端来的一杯茶,都是我们表达感恩之情的实际行动。这些看似微不足道的小事,恰恰是我们感恩父母最好的方式。让我们珍惜与父母相处的时光,用心去陪伴他们,用爱去温暖他们。让我们用实际行动去回报他们的养育之恩,让他们感受到我们的成长与进步。

> **设计意图** 通过班主任的总结,让班会内涵得到升华,激励学生做懂得感恩的人。让孩子们明白感恩父母不能仅仅停留在言语上,重要的是付诸行动。

五、班会后延伸教育

1. 父母访谈

组织一次学生与父母的访谈活动。学生可以事先准备一些问题,然后与父母进行深入的对话,了解他们的生活、工作以及对自己的期望等。通过访谈,学生可以更加全面地了解父母的生活和工作,从而更加深入地理解他们。

2. 亲情互换日

设立一个"亲情互换日",在这一天里,学生可以扮演父母的角色,负责家中的日常事务,如做饭、洗衣,照顾弟弟妹妹等。通过亲身体验,让学生更加深刻地理解父母的辛劳和付出,从而更加珍惜和感恩亲情。

六、板书设计

图 1-1 板书设计

七、班会反思

1. 学生学会感恩之必要性

作为班主任,我时常听到家长关于孩子任性、自私,缺乏感恩之心的忧虑。面对这样的现状,我深感教育工作者肩负着对学生进行感恩教育的重大责任。为此,我特别开展"理解父母,感恩于行"的主题班会,旨在引导学生深刻体会父母的付出,培养他们的感恩之心。感恩父母不仅是传统美德的传承,更是对现代家庭教育的反思与改进。这样的教育有助于学生更加关注家庭,培养社会责任感和自我认知,为他们的成长奠定坚实的基础。

2. 班会之丰硕收获

此次班会,学生深刻认识到了父母在自己成长过程中的辛勤付出与无私关爱。他们分享了在家庭中的点滴细节,感受到了父母那份深沉的爱。更重要的是,学生学会了如何以感恩的心态去行动,不再仅仅是停留在口头的"感谢",而是要通过实际行动去回报父母。他们纷纷表示要更加努力学习,关心父母的生活。我相信在未来的日子里,孩子们会更加珍惜与父母相处的时光,也会更加努力去回报他们的养育之恩。

3. 需要改进之处

此次班会也存在一些不足之处,如活动时间安排略显拖沓,部分环节互动性不强,这些都需要我们在今后的活动中加以改进。同时,我也深刻认识到感恩教育的重要性,今后我将更加注重培养学生的感恩意识,引导他们用实际行动去回报父母的养育之恩。

总的来说,"理解父母,感恩于行"主题班会是一次富有成效的活动。它让学生更加深入地理解了父母的爱与付出,学会了感恩与回报。在未来的日子里,我将为学生提供更加丰富多彩的学习体验,继续完善和创新班会形式内容,践行立德树人的使命。

(袁艳艳)

规则意识修炼场

——二年级"规则教育"主题班会课

一、背景分析

《中小学德育工作指南》的学段目标中指出:小学阶段是规则意识养成的第一阶段,也是培育其规则意识的最佳阶段,要加强学生规则意识的培养。小学生作为国家未来发展的主力军,其规则意识教育对于社会发展有着至关重要的作用。

低段是学生规则养成的关键时期,在这个阶段,学生需要家长和教师的帮助,因为儿童在这个时期还没有形成固定的行为习惯,所以,规则意识的培养在这个阶段显得尤为重要。

因此,我们开展了"规则意识修炼场"主题班会,让学生通过讨论和交流,亲身体验和学习如何遵守规则、尊重他人,帮助学生认识到规则意识对于个人和社会的重要性。

二、班会目标

认知目标:了解规则的意义,知道遵守规则会让人的生活有序、安全,理解遵守规则的重要性。

情感目标:通过把自己发现的规则问题与同伴大胆交流,感悟规则的必要性和重要性,内化规则意识,坚定遵守规则的信念。

行动目标:通过在真实活动中体验和探究,知道自己是班集体的一员,要学会遵守规则,做到主动遵守班规和校规及日常规则。

三、班会准备

班主任准备:课件、图片、水彩笔、画纸、调查问卷;情景模拟会场布置。

学生准备:搜集不遵守规则图片;向大家介绍在日常生活中不遵守规则意识的行为。

四、班会过程

(一)激趣导入,引出课题

1. 游戏导语

让我们一起来玩一个好玩的游戏,游戏的名字叫作"水果蹲"。

2. 讲述游戏规则

每6个人为一组,每组以一种水果命名,并派1名同学上台,台上作为代表的同学发口令,带着台下同学一起蹲。

教师说任意一种水果,学生就开始下蹲,代表在下蹲时需要念词。(例如:西瓜蹲,西瓜蹲,西瓜蹲完榴梿蹲)。

那么,如果我们改变规则会怎样? 引导学生积极回答并揭示课题——规则意识修炼场。

> **设计意图** 以游戏的形式导入,激发学生的兴趣,让学生设身处地思考改变规则后的情景,引导他们认识到规则的重要性。

(二)环节一:重温回顾,探寻规则

1. 视频引思考

播放《西游记》视频中孙悟空戴上紧箍儿的经典片段。

问题引导:①为什么观世音菩萨会把紧箍儿给孙悟空戴上,而猪八戒和沙和尚却不用戴呢? 这一选择背后有何深意? ②紧箍儿在此处象征着什么? 它代表了规则、约束,还是其他?

2. 小组讨论

为什么需要规则? 没有规则会怎样?

小组合作完成,7人为一组,展开讨论并分享自己的看法。

讨论要点:讨论规则在日常生活、学习、社交等各个方面的作用。

分析如果没有规则,社会可能陷入的混乱状态。

分享个人经历或见闻,说明规则如何维护公共秩序。

分享环节:每个小组选派一名代表,将小组讨论的结果进行分享。

> **设计意图** 通过重温经典、引发思考、小组讨论和分享总结等环节,引导学生深入理解规则的概念和重要性,培养他们的思维能力和道德意识,从而在日常生活中更好地遵守规则,同时,让学生意识到规则在生活中的重要作用。

(三) 环节二:小组合作,共探规则

1. 联系生活,了解规则的重要性

小组讨论:规则意识包含哪些?(举例说明)

(1) 社交规则:例如礼仪、礼貌、沟通等。

(2) 学习规则:例如考试规则、作业要求等。

(3) 交通规则:例如红绿灯、车道划分等。

(4) 环保规则:例如垃圾分类、生态保护等。

2. 你了解到的不遵守规则行为有哪些(举例说明)

比如在交通方面,有的人会无视交通信号灯,随意闯红灯,这种行为不仅威胁自身安全,还可能给其他行人和车辆带来危险。在公共场所,比如图书馆或电影院,有些人会大声喧哗,打扰他人;有的人在公交车上吃零食、乱扔垃圾,甚至霸占他人的座位,这些都严重破坏了公共环境的卫生和秩序,也侵犯了其他乘客的权益。而在学校,有些学生在课堂上随意讲话,干扰教师的教学;在考试时作弊,违反考试纪律,这些都是不遵守规则的行为。

3. 你心目中的遵守规则行为有哪些

遵守规则行为有很多,比如:遵守学习规则,守课堂纪律;遵守社交规则,尊重他人,礼貌待人,与他人友好相处等;遵守交通规则,不闯红灯,走斑马线,戴头盔等;遵守卫生规则,不随地乱扔垃圾,不随地吐痰,见到垃圾主动捡起等;遵守到校规则,按时上下学,不迟到、不早退等。

4. 出示问卷调查表,小组合作选一选

(1) 你看到地面上有垃圾,会怎么做?

A. 关我什么事?

B. 没事,卫生委员会处理。

C. 第一时间捡起来,并提醒周边的同学。

(2) 课堂上听课时,你没听懂,你怎么办?

A. 拉着同桌问个不停。

B. 思考刚才没听懂的问题,不再继续听。

C. 暂时先放下,先听老师讲解,下课及时问老师或同学,解答困惑。

(3) 在排队等候时,你会怎么做?

A. 在排队时,可以你推我挤。

B. 可以随意地插队。

C. 排队时要耐心等待,不推不挤,不随意走动。

(4) 过马路时,你会怎么做?

A. 过马路的时候,不看红绿灯。

B. 快速地跑过。

C. 走路要走人行道,左顾右看后再通行。

(5) 在公共场所,你会怎么做?

A. 大声喧哗,追逐打闹。

B. 公共区域遵守规则,不大声喧哗。

C. 随地吐痰,乱扔垃圾。

(6) 你觉得规则对小学生的日常生活有什么帮助?

_____

(7) 你认为在学校里应该怎样遵守规则?

_____

(8) 你认为小学生应该如何培养良好的规则意识?

_____

(9) 你觉得在游戏或比赛中,遵守规则有什么重要性?

_____

(10) 你觉得哪些规则对小学生来说是最重要的?

_____

　　设计意图　通过出示有趣的课件图和调查问卷表,在小组合作中进行思辨、探究,感受遵守规则给大家带来的便利之处;同时通过问卷调查,了解学生的规则意识,从而针对不同情况制订相应的教育措施,帮助他们更好地遵守规则,促进班级的和谐稳定,懂得遵守规则对我们生活的重要性,并把遵守规则落到实处。

(四) 环节三:团结协作,制订常规

1. 小组合作订常规,每个小组完成一项常规任务制订

(1) 第一小组确定本班班规的制订:小组成员一起讨论并确定班规内容,小组成

员可以列出一些关于班级秩序、学习、行为规范等方面的具体条款。例如,关于课堂纪律、作业完成、班级卫生等方面的制订。

（2）第二小组根据学校的规章制度和小组的实际情况,制订适合本班的规章制度。例如,规定小组成员必须完成作业、禁止抄袭和作弊行为,以及到校时间等。

（3）第三小组制订适合本班的课间活动安全规则。规则可以包括禁止危险活动、保持教室和活动场所的整洁等。

（4）第四小组可以制订具体的礼仪规范,包括言谈举止、待人接物、礼貌用语等方面。例如,学生应该礼貌待人、尊重师长,同学之间互相帮助,不使用粗俗语言等。

（5）第五小组可以制订卫生检查机制,例如,周一到周五固定小组成员检查卫生,对教室卫生以及桌面和书包柜的整洁进行评比。

（6）第六小组共同制订文明如厕的规则。例如,不在厕所里打闹、大小便入池、手纸入篓等,并设立监督机制,定期对文明如厕情况进行评估和反馈。

2. 制订常规任务的目的和意图

通过制订课堂班规、校规、课间常规、礼仪常规、卫生常规等,让学生能够理解并遵守规则,意识到遵守规则在日常生活中的重要性。同时,通过制订常规,可以明确职责,规范自己的行为。

设计意图 通过亲自参与常规的制订过程,学生能够更加深入地理解常规的目的和意义,认识到常规对于维护班级秩序和促进个人成长的重要性。

(五) 环节四:情境挑战,绘制未来

1. 挑战遵守规则场景模拟

学生通过设定的场景来模拟日常生活规则,并引导学生思考:在这些场景中,如果不遵守规则,可能会带来哪些后果? 遵守规则又有哪些好处? 通过模拟活动,让学生更直观地感受到规则在日常生活中的重要性,从而增强他们的规则意识。

2. 展示绘制的规则意识图

绘制完成后,每个小组轮流上台展示自己的规则意识图,并向全班同学介绍创作理念和想要表达的内容,其他小组的同学可以提问或发表自己的看法,促进大家之间的交流和互动,也进一步加深对规则意识的理解。

设计意图 通过沉浸式小学交互学习和情境大挑战,鼓励学生把绘制的规则意识图展示给大家,并在各种生活情境中进行灵活运用,学以致用。

(六) 教师小结,引领价值观

这次规则意识主题班会是一次非常有意义的尝试,它让我们更加深入地认识到

规则的重要性,也为我们提供了学习和进步的机会。"规则意识"主题班会活动虽然已经结束了,但我们对规则意识的培养和学习永远不会停止。我们需要用行动去践行规则,用规则去指导我们的行为,只有这样,我们才能真正地理解和掌握规则。让我们一起用规则意识指导我们的行动,为我们的未来创造更加美好的明天。

> **设计意图**　通过一系列活动和措施,增强学生的规则意识,使其能够自觉遵守学校的规章制度,形成良好的行为习惯。

五、班会后延伸教育

为了使班级成员更好地理解规则意识,有意地组织一些实践体验活动,如社会实践、志愿服务、职业体验等,让学生在实践中成长,帮助学生树立正确的规则意识。

六、板书设计

图 1 - 2　板书设计

七、班会反思

在这次"规则意识修炼场"主题班会中,我深感收获颇丰。这次班会不仅提高了学生们对规则的认识,还帮助他们树立了遵守规则的意识。选择规则意识作为主题班会,也是鉴于学生在日常生活中常常忽视规则,如上课迟到、不按时完成作业、课间不文明行为等。通过这次班会,我明显感到学生对规则有了更深刻的认识,明白了遵守规则的重要性。

在这次主题班会教学中,还存在一些不足之处:

(1)在小组讨论环节,有些学生过于活跃,显得整体课堂纪律较乱,性格开朗的同学较积极、热情,但缺乏一定的自我控制能力;平时内向的同学,不太善于表达自己的观点,缺乏表达自己观点的机会。

(2)准备不足:由于时间紧迫,没有充分准备和规划讨论环节的内容和流程,导致课堂节奏不够紧凑,特别是在绘制规则图的环节,没有提前让学生把画笔拿出来,浪费了一些时间。

为了改进这些不足之处,采取以下改进措施:

(1)加强课堂秩序管理:制订明确的讨论规则和要求,并加强监控和引导,确保课堂秩序有序进行,鼓励所有学生参与,通过提前了解学生的性格特点和学习情况,鼓励内向的学生积极参与讨论,并给予他们更多的关注和支持。

(2)充分准备:提前规划好讨论环节的内容和流程,并预留足够的时间进行准备和试讲,以确保课堂效果达到最佳状态。

总之,本次班会是一次有意义的活动,通过多种形式的开展,让学生更加深入地了解规则意识的重要性,从而培养他们良好的规则意识,提高遵守规则的自觉性。

(杨　洋)

我们不做小拖拉

——二年级"自律教育"主题班会课

一、背景分析

拖延是现代社会非常严重的问题,据调查表明,80%～90%的学生都存在拖延的现象。学生的学习效率及成绩往往与其时间管理的能力密切相关,时间管理得好,学习能力及效率就相对高,也容易取得好成绩。而小学低年级阶段正处于一个行为能力和习惯养成的重要阶段,但由于自控能力和自律意识的能力不足,所以经常出现做事拖拉、没有时间概念的现象。如果学生出现拖拉的习惯,家长和教师不注意引导纠正,后果将不堪设想。为了培养学生养成不拖拉的好习惯,因此我们召开了一场"我们不做小拖拉"的时间管理主题班会课。

二、班会目标及重难点

1. 班会目标

认知目标:了解什么是拖拉,知道自己身上的哪些行为属于拖拉现象。

情感目标:意识到拖拉所带来的影响,并产生克服拖拉的欲望。

行为目标:掌握"做事不拖拉"的方法,并在生活中运用。

2. 班会重难点

(1)重点:能及时发现自己身上的拖拉现象,从而知道时间的宝贵。

（2）难点：掌握"做事不拖拉"的方法，并在生活中运用。

三、班会准备

班主任准备：调查问卷、制作课件、录制视频。
学生准备：铅笔、表演情景剧。

四、班会过程

（一）班会主题：故事导入引拖拉

（1）同学们，今天先给大家带来一个小故事，请欣赏由邱硕、王紫彤、梁元晨为大家表演的情景剧《寒号鸟》。（情景剧表演）

（2）小故事一定包含着大道理，谁能给大家讲讲你明白了什么道理？

预设：寒号鸟做事太拖拉，今天的事推明天，明天的事推后天，最后把自己的性命都弄丢了。

（3）什么是拖拉？像寒号鸟这样把现在可以做的事拖到以后，把今天做的事拖到明天做，做事磨磨蹭蹭的表现就叫拖拉。

> **设计意图**　由活泼生动的情景剧导入，让学生直接感受到拖拉的危害，并很好地理解什么是"拖拉"。这样的导入能让课堂更生动、更直观，也更容易抵达学生内心。

（二）环节一：场景再现寻拖拉

在我们班里，有这样的拖拉情况吗？我们来看看课前对家长的调查统计。

1. 活动一：展示调查统计图（见图1-3、图1-4），向学生反馈存在的拖拉情况

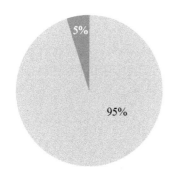

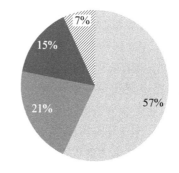

■是　■否　　　　■写作业拖拉　■吃饭拖拉　■起床拖拉　▨整理物品拖拉

图1-3　孩子是否存在拖拉现象？　　图1-4　孩子存在哪些拖拉现象？

看完统计图，你有什么感想？

预设:原来拖拉存在我们每个人的身上;这个数据太可怕了,我要打败拖拉……

2. 活动二:播放小元上学迟到的视频

同学们,你们有没有因为拖拉一两分钟而误事的情况? 我们一起来看一下发生在小元身上的故事。课件播放《一分钟》视频。

看完后,你有什么想说的?

预设:小元由于赖床了几分钟导致上课迟到。拖拉真浪费时间……

这只是课堂上的一个小片段,说一说生活中我们还有哪些拖拉现象呢?

预设:妈妈让我整理书包时,我总是说等一会儿,然后玩起来就忘了,结果第二天早上上学时发现作业忘带了;自习课上写作业时,我边写边玩,等组长收作业时,我还有一半没写完……

设计意图 通过向学生展示调查关于"拖拉"的调查统计图和播放生活小视频,呈现出班级中存在的拖拉情况,勾起学生回忆,引发共鸣。

(三) 环节二:七嘴八舌话"拖拉"

有的同学会觉得,我不就拖拉了一会儿吗,有什么关系呢? 但是拖拉一下真的没什么关系吗? 请看以下两个视频。

1. 活动一:提前录制两名学生写作业的视频进行播放

视频一:一名同学在延时课堂上及时完成作业,并且字迹工整。

视频二:另一名同学想着离放学还早,不着急写作业,先玩一会再写吧。当老师提醒离放学还剩 10 分钟时,他着急地开始写作业,字迹非常潦草,许多题目做错了。

通过对比两名同学的写作业视频,你有什么感受? 你喜欢哪个同学?

预设:我喜欢第一名同学,写作业要一心一意,课堂上要认真把作业完成。第二名同学就是因为边写边玩,不仅作业没有完成,字迹还潦草,错误也很多,肯定要受到批评,说不定还要重写,有点得不偿失了。

我们班最近存在这样的情况,老师周末布置的家庭作业,等周一收作业时发现有一部分同学没有完成,还有个别同学一点儿也没写。关于家庭作业是否要按时完成,小刚和小红有话要说,我们一起听听吧!

播放"家庭作业是否要按时完成"的辩论音频。

小刚:无论课堂作业还是家庭作业,都应该按时完成。

小红:得过且过,反正老师也不一定能抽查到我的家庭作业。

这两个同学的观点,你认同哪一个? 为什么呢?

(参考:我认同小刚的观点,作为学生,主要任务就是学习,所以作业一定要按时完成……)

2. 活动二:榜样的力量

其实我们身边就有不拖拉的好榜样,接下来我们来评一评我们班上有哪些平时不拖拉的同学,他们身上哪些行为是不拖拉的呢?

同学们要向这些同学学习,在平时做事就又快又好,不做"小拖拉"。

> **设计意图** 通过两个活动让学生体会现实生活中拖拉带来的影响,发现拖拉带来的危害,感悟打败拖拉的必要性,并从中激发学生打败拖拉的欲望。榜样的力量是拒绝拖拉的进一步落实和强化,旨在让学生向身边的榜样学习,树立目标,从而养成珍惜时间、告别拖拉的好习惯。

(四)环节三:拒绝拖拉小妙招

我们都知道拖拉是个坏习惯,因为拖拉不仅会浪费时间,还会耽误很多事情。要想和拖拉说"再见",就必须找到拖拉的原因是什么。接下来,让我们通过两个情境一起探讨下拖拉的原因吧。

1. 活动一:出示两个情境,探讨拖拉原因

情境一:下课十分钟,小亮很想小便,可是周围的同学在说一件特别有趣的事情,小亮被吸引了,听得津津有味,结果上课铃很快就响了……

小亮可能会怎样呢? 如果你是小亮,你会怎么做?

情境二:小林计划周六完成所有的周末作业,开始写的时候有一道题目不会,他想打开书本查找答案,结果却不知怎么回事,在书包里拿出一本漫画书读了起来,一会回过神来:"不行,继续做题吧。"谁知他又拿出画笔进行涂鸦……

你认为小林身上存在拖拉现象吗? 如果你是小林,你会怎么做?

通过以上两个情境,小组内说一说拖拉的原因是什么。

预设:没有时间观念、不专心、没有计划。

2. 活动二:小组内讨论如何改善拖拉的情况

我们已经了解拖拉的原因了,那如何改正拖拉的坏习惯呢? 小组内说一说拒绝拖拉的小妙招。

(参考:珍惜时间,设闹钟或计时器;做事专心;制订计划;寻找榜样。)

3. 活动三:学生宣读《不做小拖拉宣言》

同学们,请全体起立,举起右手握紧拳头,和老师一起宣读《不做小拖拉宣言》:从今天起,我要珍惜时间,争做时间的主人,跟上时间匆匆的脚步,绝不做拖拉的寒号鸟!

> **设计意图** 通过生活中的具体情境使学生先找到拖拉的原因,再通过小组合作找到打败拖拉的方法,号召学生将拒绝拖拉的小妙招运用到生活中去,做到知行合一。最后领着学生宣读《不做小拖拉宣言》,培养学生积极的情感,强化不做小拖拉的信心。

(五) 环节四:发现身边不拖拉

我们已经掌握了拒绝拖拉的小妙招,接下来通过一个小游戏看看同学们掌握得如何。

1. 活动一:一分钟写数比赛

游戏内容:从1开始写数字,在一分钟时间内写的数字最多的同学获胜。

平时不拖拉,短时间的任务也可以做得好。所以,同学们平时一定要关注自己,及时改掉拖拉的毛病。

2. 活动二:播放《一分钟,中国有什么变化?》视频

同学们,一分钟转瞬即逝,可每个一分钟也许会创造出无限可能。如果我们珍惜所拥有的每一分钟,人生必将散发出不一样的光彩!

> **设计意图** 一分钟写数比赛的游戏可以使学生知道一分钟可以做多少事情,让学生行动起来,亲自打败拖拉、战胜拖拉,使学生获得成功的体验。通过出示《一分钟,中国有什么变化?》的视频,对学生进行一次心灵冲击,使学生明白一分钟虽然很短,但是只要把握好所拥有的每一分钟,就能创造出无限的可能,从而激发学生珍惜时间的情感。

(六) 班主任小结

通过今天的学习内容,我们了解到拖拉真可怕! 老师希望我们每一个孩子都能做时间的主人,从现在起,今天的事情今天做,养成做事不拖拉的好习惯!

> **设计意图** 通过班主任的总结,再次强调拖拉的危害,呼吁学生改掉拖拉的坏习惯,使学生意识到珍惜时间的重要性。

五、班会后延伸教育

同学们,做任何事情都不能拖拉,科学家发现,只要坚持21天,我们就能养成一个好习惯。从今天起,请同学们抓紧时间、分秒必争、做事井井有条。在21天内请你记录下每一门课写作业的时间(见表1-2),请爸爸妈妈帮忙贴评价贴纸。(注:不拖拉按时完成作业贴"兔子",拖拉磨蹭贴"乌龟"。)

表1-2 龟兔赛跑卡

课程	周一	周二	周三	周四	周五
语文					
数学					

续表

课程	周一	周二	周三	周四	周五
英语					

作业展评活动:

日评:家庭作业每天按时完成且正确率较高的学生,老师奖励一个小奖贴。

周评:连续一周家庭作业按时完成且正确率较高的学生,老师发放一个不拖拉徽章。

21天评:连续21天家庭作业按时完成且正确率较高的学生,老师发放一张奖状并将作业张贴在优秀作业栏进行展示。

> **设计意图** 让学生根据今天所学所悟的知识,"行"在平时的学习生活中。激励全体同学参与,坚持每日、每周、21天评比,将"我们不做小拖拉"的活动常态化,培养并巩固不拖拉的好习惯。

六、板书设计

图 1-5 板书设计

七、班会反思

低年级学生年龄小,自律意识和时间意识较差,班级里经常出现学生上学迟到、作业完不成的现象。为了解决这个情况,也让学生了解身上的拖拉现象有哪些危害,并做到及时改正,所以我从以下四个环节着手开展本次班会。

首先,以情景剧导入,使学生了解像寒号鸟这样把现在可以做的事拖到以后,做事磨磨蹭蹭的表现就是拖拉。接着出示调查统计图和生活中的小视频,让学生意识到身上存在的拖拉情况,引起学生的共鸣。第二环节通过两个活动的呈现,让学生小组讨论说一说拖拉带来的危害,感悟打败拖拉的必要性,并从中激发学生打败拖拉的欲望。第三环节通过出示两个生活情境,使学生说一说拖拉的原因,找到原因之后再对症下药,讨论改正拖拉的方法。然后领着学生宣读《不做小拖拉宣言》,培养学生积极的情感,激发学生不做小拖拉的信心。第四个环节通过一分钟写数小游戏和观看《一分钟,中国有什么变化?》的视频,对学生进行一次心灵冲击,使学生了解到珍惜时间的重要性,对养成不拖拉的好习惯再次强化。

自从开展了本次主题班会后,学生的拖拉现象有所改善,特别是写作业的效率有所提高。打败拖拉不是一朝一夕的事情,而是一个漫长坚持的过程,相信学生会勇敢迈出步伐,逐渐与拖拉说再见。

本次班会虽取得一定的效果,但也有一些不足之处,如整节课的节奏较快,小组讨论不够充分。在环节四中只是让学生理解了时间的重要性,没有注重学生参与活动后的感悟。在今后的教学中我将巧妙地构思和设计教学步骤,争取让学生一课一得。

(司艺倩)

谁赢了

——三年级"理解教育"主题班会课

一、背景分析

社会主义核心价值观中提出的"富强、民主、文明、和谐",是我国社会主义现代化国家的建设目标,要创造和谐社会,一定离不开人与人之间的谦让与包容。青少年正处于生命成长的"拔节抽穗期",需要用心引领栽培,以树立正确的人生观、世界观和价值观。

现在的孩子大多是一个家庭的中心,在这种环境的影响下,孩子们普遍存在以自我为中心和利己主义的倾向,判断是非的标准也是对自己是否有利,缺乏宽容之心、同情之心、尊重之心,往往造成行为过于偏激,不利于形成良好的同学关系,人际交往也会受到限制,在很大程度上会影响他们健全人格的形成和发展。其实,孩子们有着对于真诚友谊的向往,有着对良好人际的向往,有着对于互相理解的追求,有着对于美好人格和道德的追求。

因此,培养学生健康的心态和健全的人格,对于学校、教师是责无旁贷的事情。

二、班会目标

认知目标:正确认识宽容,懂得宽容的重要性,提高自身的宽容意识,并认识到宽容并不是纵容,宽容也要有原则。

情感目标:通过活动,弱化以自我为中心的认识,学会尊重他人、团结同学、学习身边的榜样,从自我做起,能够以宽容的心态与他人交往。

行为目标:锻炼学生语言表达能力,提高人际交往能力,提高辨别是非能力、分析和解决问题的能力,并在生活中学会宽容他人。

三、班会准备

班主任准备:收集班级学生最近为小事大动干戈时的照片、视频,制作PPT。

学生准备:收集生活中因为没有忍让、包容造成严重后果的例子,填写到课前调查问卷上;排练课本剧。

四、班会过程

(一) 环节一:"战争"一触即发

1. 情景导入——问题引入

师:在我们与好朋友相处的过程中会出现很多不可避免的"小战争",让我们闭上眼睛回想一下在自己的校园生活中都出现过什么样的"小战争"。

预设A:下课时,我在操场上玩,一个低年级小朋友狠狠地撞了我。我本来想找他算账的,想想,算了吧,他又不是故意的。

预设B:同桌把我的本子丢在了垃圾箱里,我很生气,本想跟他大吵一架的,但想想不必为一点小事就大动干戈,后来也就算了。

(学生讨论:你们能举出一些因为没有忍让、包容而产生不良后果的例子吗?)

2. 课前感知——问卷调查表填写

学生通过填写问卷调查,暴露班级存在的不和谐情况。例如,调查每个孩子与同伴交往时,是否发生过争执或者矛盾,是如何解决的? 最后谁赢了?

课前调查问卷是为了把班级的现状问题呈现出来,再共同努力解决这个问题。

3. 生活故事会——感知整理

出示图片A:以前小东就因为别人不小心碰了他一下,他就去追那同学,结果把膝盖磕破了。

出示图片B:前几天,班上小木和小金,就因为一点小事打起来了,把桌子都掀翻了,要不是老师及时赶到,后果不堪设想。

小结:看来,生活中我们要常怀一颗包容之心,原谅别人的过失,从而避免纠纷,甚至更严重的后果。这就是我们今天这节班会课所要讨论的话题——学会包容。

师:你在生活中有没有遇到过类似的事情?

（四人小组互相交流。小组成员依次交流自己因为没有及时整理遇到的麻烦事。教师巡视聆听,请同学在全班交流。）

设计意图 通过收集,回放发生在学生身边因不包容而导致较为严重后果的事件,引导学生认识到与同学相处过程中包容的重要性。

(二) 环节二:穿越"时空隧道"

1. 情景小游戏——体会宽容

（1）同学们,请问你们有讨厌的人吗? 有让你讨厌、久久不能释怀的事情吗?

（2）请同学们准备好一个空书包,并把它背在背上。

（3）然后你在脑子里想象那些让你过厌的人和讨厌的事,想到一个人或者想到一件事,就往你的包里装一本书,给大家两分钟的时间做这件事。

（4）请大家背起你的书包。

（5）请问,如果现在让你去攀登一座高山,你会选择背刚才的空书包,还是现在装了书的书包?

（6）总结:同学们,讨厌一个人,就等于在你的肩上加了一层负担,你讨厌的人越多,你的负担也就越重,越不利于你向顶峰攀登。我们每个人都应该学会宽容,减轻自己的心理负担,才能看得更高,走得更远。

2. 故事表演——沉浸式体验包容的力量

（1）负荆请罪。

（可提前让学生排练好节目,角色人物:蔺相如、廉颇、士大夫、皇上）

背景:廉颇和蔺相如都是赵国的臣子。蔺颇是武将出生,靠自己的本事在战场浴血奋战得以身居高位,而蔺相如因在外交上大有作为,得益于赵王的重用,官位比廉颇还高,廉颇心中不服,总要没事找事,找蔺相如的麻烦。

师:同学们,根据课本剧内容进行续编演义,在故事中廉颇和蔺相如会发生什么样的故事呢? 转动小脑筋,开始你们的表演吧!

（2）视频:小猫咪糖果的故事。

视频简介:小猫咪糖果画的画不小心被她的两位朋友损坏了,她在发现之后能够以包容的态度原谅两位朋友,同时两位朋友也能及时地向糖果进行道歉,最后糖果和朋友们一起努力进行了弥补。

同学们,我们是不是要给小猫咪糖果点个赞? 说说你点赞的理由。

小结:糖果,我真佩服你的胸襟,你已经学会了包容,你包容了别人,也用包容解放了自己! 莎士比亚名剧《威尼斯商人》中有一句话:宽容就像天上的细雨滋润着大地,它赐福于宽容的人,也赐福于被宽容的人。打开心结,敞开胸怀,容纳他人,这就叫"海纳百川,有容乃大"。

设计意图　通过这两个故事,让学生知道包容需要勇气,需要胸襟,所以能包容别人就已经很了不起! 同时,真正能够包容的人,在宽容别人的同时也宽容了自己。

(三) 环节三:智慧包容化"战争"

1. 小游戏:请你猜一猜

(1) 出示故事:魏老师有一天出差,火车上人很多,魏老师只好站在过道里。这时有个小伙子不小心重重地踩了他一脚,魏老师感到脚上一阵钻心的疼。可是,踩他的小伙子居然一脸无辜。请你们猜猜,魏老师接下来会怎么做。

(2) 让我们来看一看魏老师是怎么做的。

课件展示:我抬头看着那小伙子,盯着小伙子的脸一个劲儿地说:"没关系! 没关系!"那小伙子终于被我看得不好意思了,红着脸跟我说了声:"对不起!"

(3) 小结:多么睿智的老师! 可见包容绝不仅是指真诚、善良,更是一种人生大智慧。瞧,踩魏老师脚的那小伙子,原本并无任何愧疚之意,但在魏老师一连串的"没关系"中,不得不红着脸为自己的行为道歉。魏老师这种处理方式春风化雨、润物无声,很高明!

2. 名人故事

《林肯用包容化敌为友》《曹操包容纳贤臣》等。

3. 包容的具体方法

(1) 采用积极的心理暗示:他肯定是不小心的,原谅他……

(2) 难过的时候,转移注意力,先去做些高兴的事情,采用感兴趣的事情转移自己注意力。

(3) 生气的时候,提醒和自己说"不要生气、不要生气",等等。

(4) 学会"心理换位",引导自己尽量站在对方的角度思考问题,尽量理解对方,这样生活中的许多矛盾就都容易化解了。

(5) 多与同伴交往,宽容之心是在交往活动中逐渐培养起来的,只有在人际交往中,孩子才会发现每个人都是有缺点的,都要犯或大或小的错误,才能与人友好相处。

　　设计意图　通过魏老师及林肯和曹操的故事,让学生知道包容的最高境界不只是忍让,还要通过智慧的处理,让别人知道要为自己的过失行为道歉或承担责任。

(四) 环节四:如果可以重来,谁赢了

1. 小小裁判定输赢

通过今天的讨论,小木和小金打架到底是谁赢了呢? 赢得了什么呢?

2. 议一议

结合今天的学习理解,小组讨论一下,当你再次遇到以下的情况时,你会怎么办?你会用什么方法进行解决?

(1) 中午在校吃饭时,一个低年级的小朋友不小心把汤全泼在我身上了。

(2) 开学初的一个午休,我正在休息,小文却一而再、再而三地在我耳边大喊:"老师来了! 老师来了!"

(各学习小组选择一个问题讨论并汇报讨论结果。)

3. 小结:诗朗诵《有一种境界叫包容》

世上最宽阔的东西是海洋;

比海洋更宽阔的是天空;

比天空更宽阔的是人的胸怀。

这就是包容!

因为包容,我们的过失得到谅解;

因为包容,我们纠结的心得以释怀;

因为包容,我们可以重获新生。

包容,是一种崇高的境界;

包容,是一个博大的胸怀;

包容,是一道仁爱的光芒;

是看尽人生社会后,获得的那份自信、从容,

是一种生存的智慧。

学会包容,做人生智者!

设计意图 包容的前三个环节是层层递进的,在学生理解包容前三个环节的基础上,引导他们将包容落实到生活实践中;当他们回过头来看小木与小金打架事件,就能知道其实是有更好的办法来解决同学之间矛盾的。

五、班会总结

(1) 学生们自由发言,谈一谈本节班会课的收获。

(2) 全班朗诵有关"宽容"的名言警句:

宽容是一种生存的智慧、生活的艺术。

——雨果

宽容就像天上的细雨滋润着大地。它赐福于宽容的人,也赐福于被宽容的人。

——莎士比亚

海纳百川,有容乃大。壁立千仞,无欲则刚。

——林则徐

六、布置作业(二选一)

(1)制作一张感恩卡,请你写下想对曾经宽容过你的人想说的话,或者是感谢你一直想感谢的人。

(2)思考下面案例中这些同学的表现属于"宽容"吗?

案例一:小馨的同桌经常写作业时不爱独立思考,遇到问题就抄袭小馨的答案,小馨不以为然,默许该同桌的行为。

案例二:小林性格内敛,一直铭记"忍一时风平浪静",不敢得罪其他同学,也不敢提出自己的见解。有时被一些调皮的同学欺负,他也不向老师反映,因为他觉得,对其他同学的侵犯应该要"宽容",这样可以避免很多矛盾。

七、班会反思

班会以情景故事引入,开门见山,让同学们知道什么是宽容,明白宽容之心有助于与他人形成良好的人际关系;紧接着以小游戏的形式再现,以及故事表演,让学生沉浸式体验"包容的力量"等环节,课堂氛围活跃,同学们明白了当有不愉快的事情,可以沟通,及时化解矛盾,而不是大动干戈攻击对方,才会大大地减少不愉快的事情发生。

在环节设计上,最后一个环节没有将包容的思想给学生进行加深,应该将前三个环节内所总结的方法在最后一个环节里都体现出来,以显示一个班会的总结和归纳。同时,将矛盾的产生、激化再到包容、化解,充分地体现出来,更加直观且通俗地为学生呈现出来,这样才能使这节班会课的效果达到一个更好的预期。

在学生参与中,我借助情景剧的展示,让学生加以演绎,在这个过程中,学生能够身临其境地体会矛盾的发展,从而在其中引发思考。但在本节课中,学生的参与度和积极性并不太高,课堂氛围不太好,是我没有重视学生积极性的调动造成的。

作业设计环节,主要让学生把心里话写下来,通过书信的形式,在知宽容、懂感恩的同时,让学生区分"宽容"和"纵容"的不同,对班会效果的巩固起到不可忽视的作用。

没有一节课是不留遗憾的,课上学生在表演情景剧再现真实案例时,语言和行为的过激程度是有所保留的,效果没有预想的那么好。情景剧演绎这个环节,大部分同学有些放不开,而我的引导语不够及时,出现了短暂冷场的现象。

作为一名班主任,我要更加细心、耐心、精心地处理班级事务,科学有效地管理好自己的班级,让我们的班集体共扬"宽容"之帆,共行"和谐"之舟!

(吕　璐)

教室里的悦耳分贝

——一年级"文明教育"主题班会课

一、背景分析

随着现代社会的发展,噪声污染问题越来越受到人们的关注。在我们的日常生活中,噪声无处不在(见图1-6),而教室作为一个学习的场所,其环境质量对学生们的学习效果和身心健康有很大的影响。因此,控制教室内的噪声,创造一个安静、舒适的学习环境是很有必要的。

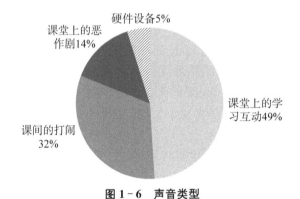

图1-6 声音类型

一年级的小朋友正处于适应学校生活、培养良好习惯的重要阶段。通过这个主题班会,可以引导学生认识到自己在教室中的行为对他人的影响,从而培养他们的文明素养和公共道德意识。这个主题还能促进班级的凝聚力和向心力,一个安静、和谐的教室环境需要班级全体成员的共同努力和配合。通过讨论和制订规则,可以增强学生的集体意识和合作精神,促进班级内部的和谐与团结。

二、班会目标

认知目标:通过班会活动,让学生认识到噪声对他人和自己学习的影响,培养他们的自我约束和管理能力,自觉遵守班级规则和学校纪律,以及在教室中保持安静的重要性,培养他们的公德心和文明素养。

情感目标:通过班会活动,促进学生之间的交流和互动,培养他们的沟通能力和合作精神,共同维护和谐、安静的学习环境。

行为目标:通过共同制订和遵守班级规则,增强学生的集体意识和归属感,促进班级内部的团结和向心力。

三、班会准备

1. 班主任准备

设计一份班级声音规则评价表；记录、拍摄班级噪声实况；录制《声音的自述》情景剧；制作关于声音分贝的 PPT 等。

2. 学生准备

角色扮演。

四、班会过程

（一）音频导入，引出主题

1. 巧设情境，初步感受

课件播放"悦耳动听的声音"及"刺耳的噪音"，让学生说一说听了这两种声音的感受，以此引出班会主题——教室里的悦耳分贝。

2. 交流声音的分贝

组内交流声音的分贝，讨论一下声音分贝的高低有什么不一样的效果。

3. 呈现实况，发现问题

声音的种类和分贝音量给我们带来了很大的影响，对此你有什么想说的？

出示刺耳的噪音给人们带来影响的照片，将场景重现，通过直观感受让学生自主发现问题。

> **设计意图**　由"悦耳动听的声音"和"刺耳的噪音"两种声音的音频导入初步让学生感知声音的种类给我们带来的不同影响，并由此反思自己的日常行为是否给别人带来了困扰。

（二）环节一：行为对照，寻找原因

1. 游戏创境，直接入题

① 做一做：游戏"说反话"。

我的个子高，我的个子低；

我的头发长，我的头发短；

我的书包重，我的书包轻；

我的声音大，我的声音小；

……

不同的事物它们都有两面性，都有正反、大小、对错、高低、好坏……之分，不管什么原因，它都具备一定的特征，有它自身存在的必要性。

② 声音的自述。

悦耳动听的声音：我能发出优美动听的声音，我的主人特别喜欢我，因为我的存

在,我的主人得到了别人的赞美。

刺耳的噪音:我的声音很大,能发出很大很刺耳的声音,我一出现,会带来暂时的安静。但我的主人不是很喜欢我,因为我的存在,我的主人会受到一些指责和批评,其他人认为是我的主人给他们带来了听觉的困扰。

齐声:唉,我们到底该不该存在呢?

2. 感同身受,自我反思

通过游戏、声音的自述等情境引导学生理解声音的种类及音量分贝的特点,以及给人们带来的影响,让学生置身于趣味情境中,意识到哪些行为是错误的。

3. 学情呈现,行为对照

以调查表的方式分别呈现本班学生当前发现的声音的来源,出示本次活动的驱动性问题:如何在平时的学习生活中正确、恰当地使用声音? 紧接着通过"行为自述",让学生从中发现自己的问题行为。

> **设计意图** 本环节通过游戏的形式,引导学生从熟悉的场景中感受声音正确使用的重要性,为使学生从游戏中反省自身,我提前在班里进行了问卷调查,并结合平时的观察设定了一项"行为自述"。通过"行为自述"让学生发现自己的问题行为,为后面的活动奠定基础。

(三) 环节二:组内交流,总结方法

小组合作,众筹方法。

(1) 根据不同的学习场景,组内合作制订新的"班级声音规则"。

(进入教室后、早读、午读、课堂表现、课间活动、课前一支歌、路队口号等,以"噪音级"的多少定分贝等级。)

(2) 分组展示这些场景中应有的声音大小,并简单说出理由。

组内合作制订不一样的"班级声音规则"(见表1-3),打造一个温馨、文明的班集体。

表1-3 一(2)班班级声音规则

行为	要求	声音分贝等级
进入教室	安静入座,轻拿轻放自己的书包和课本	
早读	齐读时声音响亮,不拖音,不顿读	
午读	轻声阅读课外书,不说闲话,不发怪声	
交流读书感受	分享读书感受声音响亮,吐字清晰	
课堂表现	回答问题声音响亮	

行为	要求	声音分贝等级		
拿取学习用品	拿书、翻书、开文具盒、挪动桌椅时声音小而轻			
小组交流	组内合作交流时声音适中,不能打扰其他组成员交流			
课间活动	不追逐打闹,不大喊大叫			
课前一支歌	歌声响亮,旋律美妙			
路队口号	口号整齐,声音响亮,有感染力			

　　设计意图　这个环节让学生在明确音量分贝的前提下知道我们日常所听到的声音的音量分贝适合我们开展哪种活动,进一步让学生认识到自己的行为习惯存在的不足,对以后的文明行为起到一些制约作用。

(四)环节三:情景再现,反思自身

1. 情景再现,自纠自查

分组找学生再现不同音量分贝的情景,其他学生边观察边自省。

2. 评价分析,"亡羊补牢"

学生评价小演员们的作品,找出作品中与自己行为一致之处,并想出办法来改正这种行为。

　　设计意图　这个环节让学生将认识落实于行动,从整体到个体,发现不同的问题,感受到"虽然做错了事,但能及时改正错误,也为时未晚"的欣慰感。

(五)环节四:拓展延伸,评选"小黄鹂杯"

1. 拓展范围,知声音在身边

除了我们在课堂上所说的这些音量分贝要适度,我们还能把这些适度的音量分贝用在哪里?

(1)公共场所。

预设:医院、超市、图书馆、运动场、公园……

(2)家里。

在家里,我们应该用怎样的音量与家人交流?

预设:父母辅导作业时、提醒吃饭时、外出时……

2. 课外导行,重坚持

在家校联系本上贴"文明行为表"(见表1—4),征集笑脸。谁的笑脸最多,谁就获得了班级的"小黄鹂杯"。

表 1-4　文明行为表

说话情境	要求
上、放学的路上	
就餐	
外出与友人交流	
娱乐(看电视、玩电子产品等)	
公共场所	

> **设计意图**　讲文明、懂礼貌是一个内容繁多的养成过程,更是一个长期的过程,这一环节将文明教育从课内延伸到课外,学生通过坚持整理并记录,养成了文明习惯。将文明行动延续到学生课后生活实际中,让学生内化于心、外化于行。

(六) 教师小结,引领价值观念

通过这次班会活动,大家对声音分贝有了更深入的了解。通过互动环节,学生积极参与,展现出了良好的团队合作精神和组织能力。本次班会的主题是"教室里的悦耳分贝",通过情景再现和体验,我们认识到了声音分贝对学习和生活的影响。在班会过程中,学生积极发言,分享了自己对声音分贝的认识和看法,提出了许多有益的建议和意见。在今后的学习和生活中,我们应该注意控制自己的声音分贝,避免影响他人的学习和工作。同时,也要关注周围环境的声音分贝,保护好自己的听力健康。

> **设计意图**　通过班主任的总结,让学生知道声音种类的划分及音量分贝的等级,意识到音量分贝大小的重要性,学会文明讲话,适量用音。

五、班会后延伸教育

1. 全班活动

(1) 出一期主题为"声音分贝要适度,我们一起讲文明"的手抄报板报,展现班会课后学生的所思所想。

(2) 分别在一周、一个月、寒假结束后开展文明反馈班会,解决后续出现的问题及行动中遇到的困难,并为得到文明"笑脸"最多的学生举行颁奖仪式。

2. 个体活动

要求家长与学生完成"笑脸"收集表。

六、板书设计

图 1-7 板书设计

七、班会反思

1. 认知能力的培养

通过本次班会,学生对声音分贝有了更深入的了解,通过情景再现,亲身体验声音分贝的大小,更加深入地认识到声音分贝对学习和生活的影响,也意识到了控制声音分贝的重要性。

2. 责任意识的培养

学生认识到声音分贝对学习和生活的影响,以及如何控制自己的声音分贝,避免影响他人的学习和工作。

3. 协作能力的培养

在本次班会上学生积极发言,分享自己的看法和建议,激发了学生的参与热情和团队合作精神。

4. 总结反思

在班会中,我的做法也存在一些不足之处。一方面,在讲解声音分贝时,我过于简化了概念,导致部分学生对声音分贝的理解不够深入;另一方面,在互动环节中,由于时间有限,部分学生未能充分参与到实际演练中来。

通过本次班会,我认识到了控制声音分贝的重要性,也意识到了在今后的教育和教学中,需要更加注重学生的实际操作和体验,以加深学生对知识的理解和掌握。同时,我也将进一步反思自己的教学不足之处,不断完善和改进自己的教学方式和方法。

(孔婷婷)

第二章

和融教育主题班会课的设计原则

第一节 设计原则概述

主题班会作为班级教育活动中的核心环节,其设计原则的重要性不言而喻。这些原则不仅指引着班会活动的方向,更是保障其成功与有效的基石。一个精心设计的主题班会能够激发学生的学习兴趣,培养他们的团队合作能力和创新精神。设计原则要求班会的主题贴近学生生活,内容具有启发性和教育性,同时注重学生的参与和体验。只有遵循这些原则,班会活动才能真正发挥其作用,成为促进学生全面发展的重要平台。因此,我们必须高度重视班会设计原则的制订和实施,确保班会活动的成功。

一、主体性原则:体现学生的中心地位

在班会课中,学生不仅是教育的对象,更是教育的主体。在设计主题班会时,要遵循主体性原则。主体性原则的核心是强调学生的中心地位,让学生成为班会课的主体参与者,而不是被动的接受者。教师需要充分考虑学生的需求、兴趣、能力和特点,确保班会课的内容、形式和方式能够吸引学生的参与,根据学生需求制订符合学生实际的教学计划和方案。

主体性原则要求教师尊重学生的自主性。在班会课中,教师应鼓励学生自主思考、自主表达,而不是简单地灌输知识或强制学生接受某种观点。教师应成为学生的引导者和支持者,帮助学生发现问题、解决问题,培养学生的独立思考能力和自主学习能力。如在"打破思维的怪圈"主题班会的设计中,"觉察思维定式""实践思维突破"等环节,都凸显了以学生为中心,以具体活动为载体引导学生主动思考、解决问题的主体性原则。

总之,主体性原则是班会课设计的重要原则之一。它要求教师应充分尊重和发挥学生的主体地位,关注学生的主动性、自主性和个体差异,确保学生在班会课中能够充分发挥自己的主体作用,实现全面发展。

二、教育性原则:保障教育的有效价值

主题班会课的设计要具有明确的教育目的,通过活动传达正确的价值观、道德观。通过设计富有启发性的活动帮助学生树立积极向上的人生态度,激励他们勇敢面对挑战,积极追求梦想。因此,教师可以根据学生的成长规律以及心理特点,针对学生成长过程中的问题,或学生应具备的道德品质、思想观念等,设计相应的具有教

育意义的主题班会,如关于诚实、守信、感恩、心理健康、社会责任感等为主题的班会。

在"心中有爱,学会感恩"的主题班会的设计中,通过教师分享感人的亲情故事、父母与孩子相处的情景再现等活动,让学生深刻体会到父母的辛勤付出和无私的爱,体现了教育学生学会感恩父母的教育原则。在"和'拖拖拉拉'说再见"的主题班会设计中,教师结合学生的日常行为,通过"拖延症小测试,呈现问卷,发现问题、行为对照,认识危害、总结方法,赶跑拖拉"等活动,帮助他们认识到拖拉的危害、克服拖延症,并学会自律和积极面对生活,培养他们的时间管理能力和自律精神。

在设计主题班会时,我们应始终坚持教育性原则,帮助学生正确认识自我与世界,掌握必要的知识与技能,从而实现教育的育人功能。

三、针对性原则:贴近学生的实际需求

主题班会设计的针对性原则,主要是指在策划和组织班会时,要针对学生的实际情况、需求和问题,确保班会内容与学生群体的特点紧密相关,从而达到更好的教育效果。

首先,要深入了解学生,在设计主题班会之前,班主任或组织者需要深入了解学生的年龄、兴趣、思想动态、学习状况、行为习惯等,以便更准确地把握学生的需求和问题。其次,要结合学生实际,班会的主题和内容应紧密围绕学生的实际需求展开,针对学生在思想、学习、生活等方面普遍存在的问题,选择具有针对性的教育内容和活动形式。除此之外,还要突出教育重点,根据学生的实际情况和需求,班会应突出某一方面的教育重点,如感恩教育、责任教育、心理健康教育等,通过具体的案例、故事、活动等形式,引导学生深入思考,达到教育的目的。

针对性原则要分层次设计主题班会,针对不同年级、不同班级的学生,设计应有所区别,以适应不同年龄段学生的身心发展特点和认知水平。同时,也可以针对不同学生的不同需求,设计个性化的班会内容。如针对一年级的学生对于新鲜有趣的事物充满好奇心,喜欢参与各种活动的特点,但对于课间活动的安全认识不够,很容易发生意外事故的情况,可以设计"课间'活'起来,安全'藏'心间"的"规则教育"主题班会。"打破思维的怪圈"则是根据六年级学生的年龄、思维特点进行的主题班会设计,引导学生打破固有思维模式,激发他们的创新潜能,培养他们的批判性思维和解决问题的能力。

总之,主题班会设计的针对性原则要求我们在策划和组织班会时,要深入了解学生,结合学生实际,突出教育重点,分层次设计和注重实效性,以确保班会内容能够真正贴近学生、服务学生,达到良好的教育效果。

四、互动性原则:营造学习的和谐氛围

互动性原则强调在策划和组织班会时,应充分激发学生的参与热情,通过多样化的互动形式,确保班会内容与学生之间产生深度的交流和共鸣,从而达到更好的教育效果。

首先,互动性原则要求我们深入了解学生的需求和兴趣。在设计班会之前,班主任或组织者需要对学生的年龄、兴趣、学习习惯等有充分的了解,以便根据学生的喜

好和需求设计出具有吸引力的互动环节。通过关注学生的兴趣爱好,我们能够确保班会内容能够引起学生的共鸣,激发他们的参与欲望。

互动性原则倡导多样化的互动形式。班会的主题和内容应以学生的实际需求为基础,设计出符合学生认知特点的互动环节。这些互动环节可以包括小组讨论、角色扮演、游戏竞赛等多种形式,让学生在轻松愉快的氛围中学习和成长。

当前的教育往往把更多的目光关注到分数和升学率上,越来越多的学生不懂感谢,不愿感激,不会感动,成为"冷漠的一代",班里孩子有一大半家长在外务工,跟爷爷奶奶生活,自私任性,唯我独尊,对父母之恩,老师之情,熟视无睹,无尽索取,这种状况令人担忧。针对这个问题,二年级开展了"心中有爱,学会感恩"主题班会。将学生分成若干小组,每个小组围绕一个与感恩相关的话题进行讨论。讨论过程中,鼓励学生积极发言、互相倾听和尊重他人的观点。小组讨论结束后,安排每个小组派代表上台汇报讨论成果,并与其他小组进行交流和分享。这种小组讨论的方式能够让学生在互动中更加深入地思考和探讨感恩的意义和价值。学生不仅深刻认识到了感恩的重要性,还学会了如何表达感恩和珍惜身边的人。

总之,互动性原则在主题班会设计中的体现,要求我们在策划和组织班会时,深入了解学生的需求和兴趣,设计多样化的互动形式,注重全员参与和反馈调整。只有这样,我们才能确保班会内容能够真正贴近学生、服务学生,让学生在互动中学习和成长,达到良好的教育效果。

五、体验性原则:感受活动的真实魅力

体验性原则,它强调学生的主动参与和亲身体验,让学生在实践中深入理解班会主题,从而达到教育的目的。

在班会课中设计富有实践性的活动,使学生能够亲身参与其中,通过实际操作、亲身体验来感受班会课的主题内容。这种亲身体验不仅能使学生对班会课的主题有更深入的了解,还能激发他们的学习兴趣和热情,使学习变得更加生动和有趣。在"课间'活'起来,安全'藏'心间"主题班会中,体验性原则得到了充分的体现。例如,在"情景大挑战"环节中,教师设计一些富有挑战性的实践活动,让学生通过亲身参与来体验安全的重要性。这样的实践活动不仅让学生在实际操作中学会了如何避免课间活动的安全隐患,更让他们从内心深处认识到安全问题的紧迫性和必要性。通过亲身体验,学生对班会课的主题有了更加深刻的印象和理解,同时也增强了他们的安全意识和自我保护能力。

总之,体验性原则要求教师在班会课设计中注重学生的实践与感受,通过设计富有实践性的活动来引导学生亲身参与、亲身体验、亲身感受班会课的主题内容。这种亲身体验和感受不仅可以使学生对班会课的主题有更深入的了解和认识,还能激发他们的学习兴趣和热情,促进他们的全面发展。

六、创新性原则:保持教育的发展活力

创新性原则强调在班会的设计和实施过程中,应不断探索新的思路和方法,以激发学生的学习兴趣和参与度。

在"和'拖拖拉拉'说再见"主题班会中,教师打破了传统的班会模式,引入新的元素和方式,播放谷爱凌的滑雪运动视频,利用榜样效应,既可以激发学生模仿学习的欲望,又可以总结方法,让学生制订出适合自己的告别拖沓的策略,增强他们的行动力,使班会更具吸引力和活力。此外,教师还可以设计一些富有创意的互动环节,如角色扮演、即兴演讲、辩论赛等,让学生在参与中体验学习的乐趣,同时培养他们的创造力和表达能力。

创新性原则需要教师具备创新精神,不断探索新的教育理念和教学方法。同时,教师还需要关注学生的需求和兴趣,根据学生的年龄特点和心理特征来设计班会内容和形式,确保班会的针对性和实效性,在"缤纷课间,健康启航"主题班会中,创新性原则得到了很好体现。除了传统的讲解和讨论外,教师设计一些富有挑战性的思维游戏或实践活动,让学生在轻松愉快的氛围中感受到思维的魅力和力量。同时,教师鼓励学生提出自己的观点和想法,通过集思广益的方式,共同探索解决问题的新思路和新方法。

主题班会的创新,无论是内容选择上,还是形式选择上,都需要教师紧紧把握教育变革的最新发展动态,需要教师真正走进学生的内心世界,了解他们的所思所想所求,从而才能设计出让学生喜爱的主题班会课。

总之,和融教育主题班会课的设计原则相互关联、相辅相成,共同构成了一个完整的教育体系。主体性强调了学生的中心地位,使他们在班会课中成为真正的参与者与受益者;教育性则确保了班会课的教育价值,让学生在体验中学习和成长;针对性使得班会课更加贴近学生的实际需求,增强了教育的实效性;互动性加强了师生、生生之间的交流与互动,营造了和谐的班级氛围;体验性使学生能够亲身感受教育的真实魅力;而创新性原则不断推动着主题班会课的发展,使其始终保持课堂活力和吸引力。

第二节　案例分享

心中有爱,学会感恩
——二年级"感恩教育"主题班会课

一、背景分析

《中小学德育工作指南》的学段目标中指出:小学学段的目标中指出,要教育学生

学会感恩,懂得回报父母的养育之恩,引导学生关注和尊重生命,培养感恩之心,增强社会责任感。

低段学生已知晓"感恩"一词的概念,对感恩已有初步的感知。教育学生学会感恩是小学德育的一个重点。所以,本次班会课针对学生存在的实际问题,让学生学会感恩父母,懂得如何用行动孝敬父母。

二、班会目标

认知目标:让学生了解什么是感恩,为什么要感恩。

情感目标:让学生了解父母之爱,体验亲情的无私和伟大,懂得感恩父母。

行为目标:通过表达对父母的感恩,让学生从现在做起,从点滴做起,用实际行动回报父母。

三、班会准备

班主任准备:问卷调查;制作课件;收集素材。

学生准备:参加活动,积极分享;制作礼物卡片送给自己的爸爸妈妈。

四、班会过程

(一) 故事导入,激发思绪

(1) 播放一个真实的故事:《地震中的母与子》。

(2) 听了这个故事,同学们有什么想说的呢?

> **设计意图** 通过真实而感人的故事导入,让学生初步感受到母爱的伟大与无私,从而激发他们的感恩之情。

(二) 环节一:行为对比,知感恩

1. 活动一:感知父母的爱

(1) 课件播放父母日常辛苦工作、默默付出的视频,让学生更直观地感受到父母的不易和伟大。

(2) 看完视频后,你有什么样的感受? 谈谈你们的想法。

> **设计意图** 此环节为"知",知是基础。通过观看视频,让学生的内心有了触动,体会到父母为自己创造良好生活环境的不易,不惜牺牲自己,由此联想到父母对自己的庇护,激发感恩之情。

(3) 在你们的生活中,父母做了哪些让你们感动的事情? 他们如何付出的呢?

设计意图　通过回顾这些瞬间,学生能够初步意识到父母的辛勤付出和深沉的爱意,增强对家庭和亲情的珍视与理解。

2. 活动二:"让心触摸爱"走进父母

(1) 你对父母了解多少呢? 你知道爸爸妈妈的生日吗?(抢答)

(2) 出示感恩"调查表"(见表2-1,表2-2),了解学生与父母之间的相互了解程度,并进行对比。

表 2-1　调查表 1

调查人数:二(4)班学生 60 人

序号	问题	知道	不知道
1	你知道爸爸妈妈的生日吗?	3	57
2	你知道父母的体重吗?	2	58
3	你知道父母的身高吗?	2	58
4	你知道父母穿多大码鞋吗?	3	57
5	你知道父母的兴趣、爱好吗?	5	55

表 2-2　调查表 2

调查人数:二(4)班家长 60 人

序号	问题	知道	不知道
1	你知道孩子的生日吗?	60	0
2	你知道孩子的体重吗?	55	5
3	你知道孩子的身高吗?	60	0
4	你知道孩子喜欢吃的食物吗?	60	0
5	你知道孩子的兴趣、爱好吗?	60	0

设计意图　本环节为"情",通过问卷调查结果,让学生认识到父母对自己的了解与付出,为感恩行动打下基础。让学生亲切感受到父母对他们是了如指掌,目的就是要让学生从了解父母做起,积极与父母沟通。

(三) 环节二:情景小剧,换位思考

1. 活动一:情景再现

演绎场景一:家里客厅。

角色:小明(儿子)、爸爸

爸爸坐在沙发上,表情严肃地看着一份试卷。

小明穿着校服,手里拿着一个游戏手柄,刚打完游戏的样子。

小明(高兴地跑进来,没有注意到爸爸严肃的表情):爸爸,我回来啦! 今天学校好有趣哦!

爸爸(放下试卷,看着小明,语气严厉):小明,看看你这次的考试成绩,这么简单的题都不会做,上课到底干吗去了?

小明(被爸爸突然的发火吓到,手中的游戏手柄掉落):我……我……(开始紧张,不知道如何回答)

爸爸(继续责备):考了70分,还有心思打游戏! 你怎么想的?

小明(低下头,小声说):我……我知道错了,但我真的不是故意的。我会努力学习的。

爸爸(稍微缓和了一些):小明,学习是你现在最重要的任务。你考这个分数,妈妈也会失望的。你明白吗?

小明(点点头):我知道了,爸爸。我会努力学习的,不会再玩游戏了。

爸爸(语气再次严厉):不是不让你玩游戏,是要你合理安排时间。学习的时候好好学习,玩的时候就好好玩。但你现在这样,明显是学习时间没利用好。

小明(眼眶泛红,快要哭了):爸爸,我知道错了。我会改正的。

爸爸(看到小明快哭了,语气软了下来):好了,好了。我知道你是个聪明的孩子,只要你肯努力,一定能取得好成绩的。现在去把试卷上的错题改正过来吧。

小明(擦去眼泪,拿起试卷):嗯,我这就去。

演绎场景二:小明的房间(晚上)。

爸爸(走进房间,语气略带疲惫和疑惑):小明,你怎么还在房间里? 我以为你在玩游戏呢。

小明(急忙解释,声音里有些委屈):爸爸,我没有玩游戏。我在做数学作业呢,你看,这是我的作业本。

爸爸(听到解释后,走过去查看作业本,表情稍微缓和):哦,原来你在做作业啊。对不起,小明,爸爸误会你了。爸爸今天工作很累,所以可能有些急躁。

小明(听到爸爸的道歉,脸上露出开心的表情):没事的,爸爸。我知道你工作很辛苦。我做完作业就去帮你倒杯水,你休息一下吧。

爸爸(微笑着摸摸小明的头):谢谢你,小明。你真是个懂事的好孩子。

2. 活动二:组内交流讨论

(1) 当父母为你好而批评你的时候,你对父母说什么?

(2) 当父母累了而误会你的时候,你对父母说什么?

教师小结:有的时候,做父母的应该站在孩子的角度去想一想,同样,作为孩子,有的时候也应该站在父母的角度去想问题,去感受和理解父母对我们的爱、对我们的好。

设计意图 此环节旨在引导学生学会与父母进行有效沟通,理解并接受他们的爱和期望,从而在日常生活中践行孝顺之道。

(四) 环节三:学会感恩,孝顺始于贴心

1. 活动一:听听父母心里话

(1) 观看父母对自己表达爱的心里话视频。

(2) 引导学生思考:从父母的话中,感受到了什么。

教师小结:通过这次活动,我希望大家能够更加珍惜与父母的情感纽带,多与他们沟通交流,让他们感受到我们的爱和关心。同时,我们也要明确自己的责任,努力学习,做一个让父母骄傲的好孩子。

设计意图 创造一个情感共鸣的空间,让学生能够直观、深入地感受到父母对他们无私的爱与关怀。通过父母亲口说出内心的话语,视频能够触动学生的情感,让他们意识到父母的爱是无条件的、持久的,并且常常隐藏在日常生活的细节之中。

2. 活动二:感恩父母,拥抱亲情

小组讨论:回报父母,我们可以做什么? 小组讨论交流。

预设具体做法:

A:为工作劳累了一天的父母倒一杯茶。

B:每天好好学习,回家聊聊学习情况,谈谈收获,讲讲感受,给父母一个好心情。

C:多体谅、理解父母,不与父母争吵,多为父母着想。

D:学会拥抱父母,说声"谢谢"。每天反思,学会对父母说"对不起"。

E:为父母分担一些家务和烦恼。

F:学会节约,不浪费父母的劳动成果。

设计意图 通过语言表达,让学生意识到,在父母眼里,感恩并不是做多大贡献,而是好好学习和贴心交流,孝顺事点滴中见真情,让学生明白父母真正的需要,为自己的付出找对方向。

(五) 环节四:践行感恩,表达爱

1. 活动一:制作感恩计划表

(1) 引导学生思考如何在日常生活中以实际行动回报父母的关爱与付出。学生进行分组讨论并制作感恩行动计划表。

(2) 在组内交流感恩计划的内容并完善和分享。

（3）学生展示自己的感恩计划表（见表 2-3）并分享自己如何实施。

表 2-3　感恩父母行动计划表

时间	行动项目	详细描述	完成一项家长打"√"

> **设计意图**　通过实施感恩父母行动计划表,学生将在日常生活中更加关注父母的付出,学会用实际行动来表达感激之情。这不仅有助于培养他们的感恩意识,还能增进亲子关系,培养他们的责任感。同时,这也是一种积极的生活态度,将伴随学生的成长,成为他们宝贵的财富。

2. 活动二:感恩卡
（1）给父母写一张感恩卡,把你要感谢的话写在感恩卡上。
（2）读一读你的感恩卡。

> **设计意图**　通过写一写、说一说,让学生把心中所思说出来,让学生今后行动能有方向,能落实。用日常生活中的点滴行为来践行孝顺和关爱父母的美德,传承中华优秀传统文化。

五、班会后延伸教育

我们的成长中,除了爸爸妈妈关心和爱护我们,还有谁也在默默地关心、爱护我们呢? 我们还要感谢谁?

六、板书设计

图 2-1　板书设计

七、班主任小结，引领价值观念

古人有云："施人慎勿念，受施慎勿忘。"学生通过本节班会课都懂得了感恩，懂得了承担责任，感恩无须惊天动地，一句问候、一件善举，从细微处做起，感恩便会在平凡的日子中散发出耀眼光芒。让我们常怀一颗感恩之心，用自己良好的行为习惯来感恩父母，传承中华民族的传统美德。

八、班会反思

感恩作为一种生活的态度，一种美德，不应只是一种流于表面的口号或形式，所以，对于学生而言，感恩教育尤为重要。这堂课，我从父母无私的爱出发，让学生切身体会到自己身边值得感恩的人或事，并能够明白：之所以有人愿意为我们默默付出，正是因为他们对生命的负责，亦是因为他们心中的责任。同时，这堂课更是希望学生能够朝着自强、自理、自立、自律的方向不断成长，让感恩的心不仅流于形式，更是体现在对自我的负责。

感恩不仅仅是感谢帮助过自己的人，更是用心感受生活，善于发现事物的美好，感受平凡中的美丽，品味幸福的点点滴滴。现在的学生，都生活在爱的怀抱里，不理解父母给予他们的爱。通过本次班会课唤起他们的感恩之心，并引导学生通过抒发真情实感的习作来重新构筑健全的人格，懂得爱的无私、伟大、纯洁，激发学生爱的情感，培养他们理解、宽容、谦让、诚实的待人态度，从而学会感恩，进而用实际行动表达自己的感恩之情，使学生明白自己无时无刻不在感受父母的恩惠。感恩教育，从父母的养育之恩开始，从感恩身边的人和事开始。做一个满怀感恩之心的人，这个世界也充满了浓浓温情。

本次班会虽取得一定的效果，但也有一些不足之处，我在班会过程中的引导能力还有待提升。在学生分享感悟时，我未能及时给予有效地反馈和引导，导致部分学生的发言偏离了主题，影响了班会的整体效果。这也反映出我在教育教学能力方面还有很大的提升空间，需要我不断努力和完善。

（牛艳婷）

打破思维的怪圈

——六年级"创新教育"主题班会课

一、背景分析

随着社会的快速发展和科技的日新月异，我们身处的世界正在经历前所未有的变革。在这个信息爆炸的时代,传统的思维模式已经难以应对复杂多变的问题和挑战。因此,我们需要以更加开放、包容、创新的思维去适应时代的发展。

在现代教育理念中,学生的创新能力和思维拓展被赋予了更高的价值。教育不再仅仅是知识的传授,更是培养学生的综合素质和创新能力的过程。因此,开展本次班会活动,旨在引导学生打破固有思维模式,激发他们的创新潜能,培养他们的批判性思维和解决问题的能力。

对于学生本身而言,突破思维能力也是他们个人成长和发展的需要。在成长过程中,学生往往会受到各种因素的影响,形成一定的思维定式,这些定式可能会限制他们的想象力和创造力,阻碍他们的个人发展。因此,通过参与班会活动,学生可以认识到自己的思维局限,学习并掌握打破思维定式的方法和技巧,从而更好地应对学业和生活中的挑战。

二、班会目标

认知目标:引导学生了解什么是思维定式的概念,认识思维习惯对个人成长的影响以及为什么要打破思维定式。

情感目标:体会打破思维定式带来的乐趣,尝试在生活和学习中打破思维定式的束缚。

行为目标:掌握一定的打破思维定式的方法,学会打破思维定式,提高学生的思维能力及问题解决的能力,更好地应对学业和生活中的挑战。

三、班会准备

班主任准备:课件、视频、钥匙串。
学生准备:纸、笔、一根绳子。

四、班会过程

(一) 导入环节,引出话题

脑力挑战,课前热身。

(1) 小华在家里和谁长得最像?

(2) 冰变成水,最快的方法是什么?

(3) 什么事情你明明没有做,却还要受惩罚?

(4) 我有三个兄弟,分别是东眼、西嘴、南耳,请问我是谁?

(5) 有一个运动员在冬奥会赛跑时跑过了第二名,那他是第几名?

(6) 甲狗和乙狗赛跑,乙狗跑得比甲狗快,请问到达终点时哪只狗出的汗多?

(7) 为什么鲨鱼去拍照,拍完照就晕了?

(8) 广场上有一匹马,马头朝东站立着,后来又向左转了270度,请问,这时它的尾巴指向哪个方向?

（9）铁放在外面会生锈，那金子呢？

> **设计意图** 本环节旨在活跃气氛，暖身的同时引导学生思考解决脑筋急转弯题目和平时回答语文数学题目有什么不同，顺势导入课题。教师不否定、不评价学生的任何答案，表扬学生的思维开拓性，营造愉快安全的课堂氛围。

(二) 环节一：认识思维定式

1. 活动一：一笔绘线

请同学们在纸上画一条线。

> **设计意图** 由于语数英课程方面的训练，在题目没有明确要求"画一条直线"的情况下，多数学生会下意识地画出一条直线。画直线的行为明显受到之前思维活动的影响，即产生了思维定式。

2. 活动二：游戏互动

同学们，大家喜欢玩游戏吗？那我们现在就通过一个游戏来帮助大家认识思维定式是什么。这个游戏叫作"拍掌游戏"。

介绍游戏规则：老师会报数"1，2，3"，每次听到数字"3"时请拍一次掌。

> **设计意图** 在活动的设计上，注重启发性和互动性。通过引导学生参与不同有趣的活动，让他们在亲身体验中感受思维定式的存在，并认识到其可能带来的局限性，激发学生的学习兴趣和积极性。

思维定式：也被称为"习惯性思维"，与我们常说的熟能生巧相似，是指人们按照习惯的、比较固定的思路去考虑问题、分析问题、解决问题。（视频出示概念）

积极作用：同学们做同一类型的题目做多了，做题时一看到题目，脑中就出现了答案和解题思路，提高了做题的速度和效率。

消极作用：容易使思维固化，养成一种呆板、机械、千篇一律的解题习惯，扼杀了我们潜在的才能。

教师：同学们，要想取得进步，要想突破自己，就一定要打破固有的惯性思维！如何培养自己的思维能力呢？下面我们将依次来学习。

(三) 环节二：觉察思维定式

1. 活动一：巧分四宫格

如图2-2所示，首先请把第一个区域分成2个相同大小和形状，答案显而易见；接下来请把第二个区域分成3个相同大小和形状，是不是也比较简单；接下来难一点了,请把第三个区域分成 4 个相同大小和形状,你可以暂停下来思考一下;最后请把第 4 个区域分成 7 个相同大小和形状。

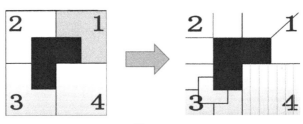

图 2 - 2

2. 活动二:过河问题

两个人准备过河,岸边就只有一条船,这条船一次只能载一个人。请问他们怎么做才能顺利过河?

> **设计意图**　在这一阶段,设计一些具有挑战性的问题或任务,让学生在尝试解决的过程中感受到思维局限的存在。通过反思和讨论,引导学生认识到自己的思维可能存在的盲区和偏见。

(四) 环节三:拓展思维边界

1. 活动一:奇妙等式

教师:同学们,下面列举了很多等式,请你们发挥想象力和创造力,积极、投入地参与活动。

等式如下:

$$(1)\ 1+1=1 \qquad (2)\ 12+2=2$$
$$(3)\ 18+6=1 \qquad (4)\ 5-3=6$$

同学分享:

预设(1):$1+1=1$(一滴水加一滴水还等于一滴水)

预设(2):$12+2=2$(12 天加上 2 天等于 2 周)

预设(3):$18+6=1$(18 小时加上 6 小时等于 1 天)

预设(4):$5-3=6$(五根手指头伸直,中间三根手指头弯曲,得到"6")。

2. 活动二:考考你

据说这是世界上最难的一道题。

已知:$8809=6 \quad 5555=0 \quad 6886=6 \quad 6094=3 \quad 9350=2$
$\qquad 5531=0 \quad 2172=0 \quad 2678=3 \quad 1024=1 \quad 8193=3$

请问:$8649=?$

答案是 4,你答对了吗?

> **设计意图** 调动学生参与课堂的积极性,激发学生的好奇心与挑战欲,在完成这些题目的过程中,思考并获得启示:我们要在平时的学习或生活中,要想发散思维,需要增强思维的灵活性。

3. 活动三:情景小剧场一

某自助餐馆想要通过罚款 20 元来杜绝给顾客取食过量而导致浪费的现象。如果你是老板,你会怎么做?

预设 A:在餐厅明显位置贴标语。

文明用餐,勤拿少取,避免浪费,餐后每桌剩余量超过 100 克加收 20 元。

此时顾客的心理是怎样的?

预设 B:收取押金,无浪费行为退回。

尊敬的顾客:您好! 为提倡书约用餐,杜绝浪费,餐厅即日起收取光盘押金 20元/位,在您用餐结束后,由餐厅服务员确认餐桌无浪费无打包食物后,凭押金券到收银吧台领取押金(仅限当餐退)。押金券请妥善保管,押金券丢失押金不退。

此时顾客的心理是怎样的?

预设 C:"奖励金"政策。

亲爱的顾客朋友们,非常抱歉地通知大家,由于物价上涨,我们无奈地需要涨价了,由原来的 48 元/位调整为 68 元/位。但是,我们为了答谢老顾客对我们一直以来的厚爱,将为参与光盘行动的顾客提供奖励红包,红包金额 20 元,相当于是享受原价待遇哦!

此时顾客的心理是怎样的? 又会有怎样的行为?

4. 活动四:情景小剧场二

做完室外操回班级的路上,小红正想着下节要上什么课,突然有个人从后面超过她,并且使劲地撞了她一下。这时她的心情怎么样? 她会怎么想呢?

后来,小红定睛一看,原来是她的好朋友,他看小红那么入神地想事情,在故意和小红开玩笑呢。此时,小红又会怎么想呢? 心情又是怎样的呢?

教师小结:同样的事情,不同的人会有不同的情绪和感受,当我们换个角度,同一个人对同一件事情的情绪反应又不一样了,所以说换个角度思考问题,还有助于我们化解和同学之间的矛盾以及调节情绪。

> **设计意图** 通过情景剧的形式告诉大家:改变思维方式,用更直观、更吸引人的方式推销产品,才能成功地打破销售困境。有时候我们需要跳出传统的思维框架,尝试一些新的方法和手段,才能取得更好的效果。

（五）环节四：实践思维突破

1. 活动一：神奇的打结

准备一条绳子，双手抓住绳子的两头，在双手不能松开绳子的情况下，将绳子打一个结出来。

我们都知道不能松开双手的情况下是不可能打出绳结的。我们可以先用右手正常拿着一根绳头，然后双手交叉，用左手绕过右手，这样去抓着绳子的另一头，就可以轻松做到打出绳结了。

2. 活动二：齐心合力传钥匙

两组学生分为两队，要把事先准备的两串钥匙从队首传到队尾。（注意：必须按照顺序传钥匙，并使钥匙能触碰到每个人的手。）

看哪个队花费的时间最短，谁获胜。你会用什么方法？

预设：大家都会想到的常规方式是捡起一串钥匙，传递完毕，再传另一串。或者把两串钥匙一起同时传，可以节省一半的时间。

那么，抛弃思维定式，试试图2-3中的方法吧。

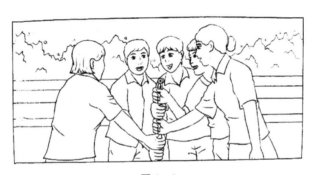

图 2-3

如图2-3所示，每个人都伸出一只手，扣成圆筒状，所有人的手都摞在一起，形成一个滑道，让钥匙从最上面落下来。是不是用时最短呢？

> **设计意图**　这个环节设计了两个实践性的小游戏，让学生在实践活动中运用所学到的思维方法和技巧，解决实际问题。通过实践，学生可以更深入地理解思维突破的重要性，并提升问题解决能力。

班主任小结：创新是人类进步的动力之源，我们每一次解决问题的过程中都可以使用创新思维，只要大家去认识它、了解它并积极地使用它，定能拆掉阻碍思维的"墙"。

五、班会后延伸教育

课下，以小组为单位，每节课的课间进行关于思维定式小游戏，让每个学生在游戏过程中体验思维突破的乐趣,深刻感受思维定式,进而打破思维定式,增强思维的灵活性。

每周一的德育课上,邀请 5 位学生分享总结自己的游戏体验,促进提升思维能力。

六、板书设计

打破思维的墙

认识思维定式——思维定式初体验
觉察思维定式——感受思维局限性
拓展思维边界——思维的灵活性和独特性
实践思维突破——不走寻常路,反其道而行之

七、班会反思

这次班会的主题是"打破思维的墙",旨在引导学生认识到固定思维模式的局限性,鼓励他们跳出思维框架,拓展思维边界,体会打破思维定式带来的好处和乐趣,尝试在生活和学习中打破思维定式的束缚,能从多个角度来看待遇到的问题,提高学生的思维能力。

从整个班会过程来看,既有收获也有需要改进之处。在内容方面,我设计了多个环节,包括情景短剧、小组讨论、游戏互动等,以多角度、多形式地引导学生认识并打破思维的墙。通过分享真实案例,学生能够直观感受到固定思维带来的负面影响;小组讨论则让他们有机会从不同的角度思考问题,碰撞出更多的思维火花;游戏环节则让学生在实际操作中体验打破思维的墙的过程。

目标方面,希望通过这次班会,让学生认识到固定思维的危害,学会用新的视角看待问题,培养创新思维。从班会后的反馈来看,大部分学生都能够认识到固定思维的局限性,并在一定程度上学会拓展思维。

在环节设计上,我尽量做到层次分明、循序渐进。然而,在实际操作过程中,部分环节的衔接不够自然,导致学生在转换思考角度时略显生硬。此外,素材选择方面,虽然我尽量选取了贴近学生生活的案例,但仍有个别案例与学生的实际体验存在一定差距,影响了学生的理解和共鸣。

学生参与方面,大部分学生能够积极参与讨论,提出自己的看法。但也有少数学生表现得较为沉默,可能是对主题理解不够深入,或是缺乏自信。在今后的班会中,我们需要更加关注这部分学生,引导他们积极参与。

教育效果方面,整体来看,这次班会在引导学生打破思维定式方面取得了一定成效。但我们也意识到,思维模式的改变并非一蹴而就,需要长期的引导和实践。因此,我们将继续在日常教学中渗透这一理念,帮助学生逐步拓展思维边界。

(崔秋艳)

缤纷课间，健康启航

——四年级"安全教育"主题班会课

一、背景分析

德育教育是中小学生全面发展的重要基石，涉及道德、思想、政治、心理等多方面的培养，共同思考解决方案，培养团队合作精神。综上所述，针对四年级学生的特点，在法律视角下，德育教育不仅关乎学生个人成长，更与社会和谐稳定紧密相连。家庭、学校、社会应协同努力，共同推进德育工作。家长作为孩子成长的引路人，其言行举止深刻影响孩子的价值观形成。因此，家庭教育在德育中扮演着不可或缺的角色。

四年级学生正处于认知与思维发展的关键期，他们对课间活动充满期待。设计有趣、富有创造性的活动，能激发他们的学习热情。同时，利用学生已掌握的运动和表达能力，开展多样的班会活动，有助于提升班级凝聚力。面对活动场所、器材等挑战，可引导学生组织富有创意和互动性的课间活动，激发参与热情，促进全面发展。

二、班会目标

增强学生对课间活动的认识和了解，提高他们对课间活动的参与度和积极性。探讨课间活动的作用和意义，引导学生理解课间活动对于身心健康、学习效果和团队合作精神的重要性。

通过班级集体的参与，促进班级凝聚力和团队合作精神的发展，增强班级的向心力和归属感。提高学生的语言和表达能力，鼓励他们分享自己的课间活动经验和想法，培养他们的自信心和创造力。

通过这节课让学生学会课间要文明活动的方法，帮助学生更好地认识和利用课间时间，丰富他们的课余生活，促进他们的身心健康和全面发展。同时也可以为班级营造一个和谐、积极、健康的氛围，提高班级的整体素质和竞争力。

三、班会准备

班主任准备：制订班会计划时间安排、活动内容、教师需要准备与主题相关的资料，如图片、视频、案例等，以帮助学生更好地理解主题。

学生准备：学生了解班会的主题和目的，以便更好地参与讨论和活动。学生可以准备一些与主题相关的个人经历，并分享给其他同学。需要使用道具或器材，学生需要提前准备好，如跳绳、毽子、沙包等，使每个学生都参与到活动中来。

四、班会过程

(一) 导入部分:下课铃声(播放录音)

课间休息可以让我们从紧张的课堂气氛中舒缓过来,让我们的眼睛、大脑和身体得到适当的调节,对我们的学习进步和身体健康都是十分必要和有益的。我们该如何安全又有趣地度过这个课间十分钟呢?(播放课间活动视频)

视频结束后,我想邀请大家参与一个互动小游戏——"课间创意大比拼"。在这个游戏中,我们将分组进行,每个小组需要设计一个既安全又有趣的课间活动方案,并解释为什么这个方案既有趣又安全。游戏开始之前,我会给大家几分钟的时间,小组讨论并确定你们的活动方案。然后,每个小组选派一名代表上台展示和解释你们的方案。最后,我们将通过投票选出最有创意、最受欢迎的课间活动方案。这个游戏不仅能让我们在轻松愉快的氛围中学习如何安全有趣地度过课间,还能锻炼我们的团队协作和创意思维能力。现在,请大家开始讨论,期待看到你们的精彩表现!

> **设计意图**　这个环节的设计意图在于通过课间休息这一日常环节,引导学生认识到课间活动的重要性,并培养他们自主设计安全、有趣课间活动的能力。通过播放课间铃声和课间活动视频,旨在唤起学生对课间生活的共鸣,并激发他们的参与热情。

(二) 环节一:慧眼识隐患

1. 活动一:创设情境,走进缤纷课间

(1)让学生知道课间休息时都有哪些存在严重安全隐患的活动。(课件出示课间不良活动图片。)

(2)学生运用已有的经验,辨别以上几种现象的正误,学生各抒己见,认识课间活动,通过展示照片和视频,让学生了解什么是课间活动,以及课间活动的重要性。

(3)邀请一个学生分享在课间活动中的经历,包括你们喜欢做什么活动,为什么喜欢这些活动等。

2. 活动二:讨论与互动

组织小组讨论,让学生探讨课间活动的意义、目的和作用,以及如何更好地进行课间活动。(可以设置一些小奖励来激励学生积极参与讨论。)

播放视频:这样做对吗?(播放几个关于同学在班里追跑打闹的视频。)

预设:不对,追跑打闹容易发生碰撞,容易摔倒。

课间的时间多么宝贵,我们应该充分利用,开展有意义的游戏。

设计意图 认识课间活动的设计主要是为了让学生了解课间活动的重要性,包括对身体和心理的益处,以及在调节学习和生活压力方面的作用。通过这个环节,希望能够引导学生重视课间活动,激发他们对课间活动的兴趣和热情,从而积极参与其中。

(三) 环节二:智取课间小锦囊

(课件出示学生发言图片。)

1. 活动一:慧手抽锦囊

锦囊一:上课的铃声是命令,下课的铃声也一样。听到下课铃声以后,我就先准备好下一节课的学习用品,然后和好朋友一起到室外休息。我还爱和同学一起猜谜语、讲故事、做拍手游戏,或者看课外书等。有时候,我还会帮老师发下一节课要用的练习本,我的课间十分钟是很惬意的。

锦囊二:我是班里的纪律监督员,下课后,我会在教室、走廊、过道里巡逻,看见有人做危险的游戏、欺负同学或与同学闹别扭的时候,我就会上前阻止和调解,空闲的时候,我也会和同学一起踢毽子、跳绳。

2. 活动二:头脑风暴,交流讨论

(1) 课间十分钟应注意些什么?

(2) 时间这么短,活动的地点又有限,我们能做哪些游戏呢?

设计意图 智取课间活动小锦囊的设计意图在于提供一个有趣且实用的工具,帮助学生和教师更好地组织和管理课间活动。小锦囊可以作为指导手册或活动指南,提供关于如何课间活动的建议和技巧。

(四) 环节三:多彩游戏,安全第一

今天我们一起来学习一些小游戏,好吗?(铃声响起,同学们兴奋地涌出教室,开始课间活动)

小明(兴奋地):小刚,我们来玩追逐游戏吧!

小刚(跃跃欲试):好啊,看我怎么追上你!

(小明和小刚开始在走廊上追逐,跑得飞快,不顾周围的同学)

小红(担忧地):小明,小刚,你们小心点,别撞到人了!

(小明和小刚没有听见,继续追逐,突然小明一个急转弯,差点撞到小丽)

小丽(惊恐地):哎呀! 你们差点撞到我!

小明(尴尬地):对不起,小丽,我没注意。

小刚(不以为然):没事,课间就是要玩得开心嘛!

(此时,几个同学围过来,议论纷纷)

同学 A：这样玩太危险了，万一真的撞到人怎么办？

同学 B：对啊，我们应该选择安全的课间活动。

小明和小刚听了同学们的话，有些不好意思。

小明（反思地）：你们说得对，我们这样玩确实不安全。

小刚（点头）：我们应该找个安全的游戏来玩。

（同学们开始讨论如何选择安全的课间活动，并决定下次课间尝试一些新的、安全的游戏。）

1. 情境一：手指游戏

写完作业，手指都累了，我教大家一个活动手指的小游戏，好吗？

一枪打一个、一枪打两个、一枪打四个……枪法越打越准。

2. 情境二：翻绳

你们会变魔术吗？

我们利用这根绳子能翻出各种花样来，不信你们看！

真有趣，我都想玩了。

如果你想玩，我们可以一起来。

3. 情境三：踢毽子

你的脚上功夫真厉害，带我们一起玩好吗？

欢迎！欢迎！

4. 情境四：蹲萝卜

游戏规则：把参与者分成白萝卜、红萝卜、绿萝卜三组，另有一人发口令，参与者根据口令做出相应的反应。动作做错的人将被淘汰，场上站到最后的人为胜出者。

5. 情境五：折纸

一个同学介绍千纸鹤的折法，其他同学跟着学习。

你们还知道哪些小游戏？

"玩"是每个孩子的天性，为让学生在课间学会安全快乐地玩耍，教师在课堂上分享了许多既有趣又安全的游戏，还请学生上台来"玩一玩"，学生们玩得不亦乐乎。欢声笑语中，学生不仅感受到游戏带来的愉悦，也掌握了安全玩耍的秘诀。

　　设计意图　丰富学生的课间生活，缓解学习压力，同时培养学生的团队合作精神和创造力。通过介绍游戏规则和玩法，让学生了解各种游戏的特点和玩法，激发他们的兴趣和参与度。此外，这个环节还可以帮助学生锻炼语言表达能力，增强自信心和人际交往能力。

（五）环节四：增强团队合作的"黏合剂"

课间不再打闹，尽快学会这些安全有趣的小游戏，就能和全班同学一起快快乐乐地度过每一个课间十分钟。

儿歌

课间十分钟,安全记心中。

人人守规则,个个勤活动。

课间活动多,有趣又快乐。

大家休息好,一起来上课。

伴着优美的歌声,让我们一起跳起来吧!(播放歌曲:《快乐的课间十分钟》)

(六) 班主任小结

今天的班会展现了同学们之间的深厚情谊和对团队合作的深刻认识。课间十分钟虽短,却关乎安全与和谐。打闹、争执不仅影响休息,还可能引发矛盾甚至伤害。班会让我们深刻认识到课间安全的重要性。通过朗诵儿歌和学唱歌曲,同学们更加明白课间活动应有序、有趣、有益。我们要遵守规则,尊重他人,积极参与有益活动,共享快乐时光。同时,班级团结友爱的氛围也令人欣慰。大家互帮互助,共同进步,这是班级不断发展的重要动力。让我们珍惜这份情谊,共同创造更加美好的班级氛围。

设计意图　这首儿歌的设计意图是希望学生能够重视课间十分钟,并积极参与到各种课间活动中去。通过朗诵这首儿歌,可以让学生了解课间活动的重要性和好处,激发他们参与课间活动的兴趣和热情。同时,这首儿歌也提醒学生在课间活动中要注意安全,遵守规矩,避免发生意外事故。通过这首儿歌的朗诵,可以让学生更好地珍惜课间十分钟,度过快乐、安全的学校生活。

通过这样的班会活动,增强了学生对课间活动的认识和了解,提高了学生的参与度和积极性。同时,举行"文明之星"评选活动,颁发"文明之星"奖状,也可以促进班级凝聚力和团队合作精神的发展。

五、板书设计

缤纷课间,健康启航

安全隐患	文明课间
追逐打闹	有序活动
大声喧哗	轻声细语
危险游戏	安全课间
乱扔垃圾	保持环境卫生

图 2-4　板书设计

六、班会反思

本次课间活动班会的主题是"缤纷课间,健康启航",这一主题的选定,正是为了引导学生正确看待并积极参与课间活动,培养良好的课间活动习惯,促进身心的健康发展。

在班会准备阶段,我们精心选取了"课间活动的好处""如何选择合适的课间活动"等主题,结合学生们的实际情况,制订了详细的教育计划和目标。我们希望通过这次班会,让学生充分认识到课间活动的重要性,并学会如何选择和参与适合自己的课间活动。

班会进行时,我们采取了讲解、演示、小组讨论等多种方式,使教育内容更加生动有趣。通过讲解,学生了解了课间活动对于调节身心、缓解学习压力的重要作用;通过演示,学生学会了如何选择合适的课间活动,并掌握了基本的活动技巧;通过小组讨论,学生分享了自己的课间活动经验和感受,增进了彼此之间的了解和友谊。

通过本次班会活动,我们发现学生对课间活动的认识明显提高,参与课间活动的积极性也得到了激发。他们纷纷表示,今后会更加注重课间活动的选择,积极参与有益身心的活动,让课间十分钟变得更加充实和有意义。

当然,我们也意识到在教育过程中还存在一些不足之处。比如,部分学生仍然存在课间活动不规范、不安全等问题,需要我们进一步加强引导和教育。同时,我们也应该更加注重学生的个体差异,为他们提供更加个性化的教育指导。

总的来说,本次课间活动班会取得了一定的成果,但也存在一些需要改进的地方。在今后的工作中,我们将继续努力,为学生的健康成长贡献更多的力量。

(郑　艳)

和"拖拖拉拉"说再见

——四年级"自律教育"主题班会课

一、背景分析

《中国教育改革和发展纲要》指出:我们致力于培养德智体美劳全面发展的社会主义建设者和接班人。其中,自律是每个学生必备的重要品质。自律不仅关系到个人的学习、生活和未来职业发展,更是社会文明进步的重要标志。因此,培养学生自律的品质,尤其是告别"拖拖拉拉"的坏习惯显得尤为重要。

四年级是培养学生自律品质的重要阶段。但在实际的教育过程中,我发现部分学生做什么事情都不着急。这种做事拖拖拉拉的坏毛病,不仅会浪费很多时间,更会影响学生的学习兴趣和生活规律,也影响了他们的身心健康和未来发展。因此,我决定通过主题班会的形式,引导学生认识到拖延的危害,学会如何告别拖延,培养他们自律的品质。

二、班会目标

认知目标:初步认识"拖拉"以及带给我们的危害,掌握做事不拖拉的小窍门。

情感目标:通过活动,体验"不拖拉"的快乐,初步养成良好的行为习惯。

行为目标:通过测试、问卷调查、情景演绎、讨论、分享等活动,反省自己在生活中的拖拉行为,探寻做事不拖拉的方法,并尝试在生活中运用。

三、班会准备

班主任准备:收集有关"拖拉"的故事、图片和视频资料。

学生准备:问卷调查、情景演绎。

四、班会过程

(一) 巧设情境,引出主题

1. 表扬自律好少年

在上课前,教师表扬连续四周都被评为"自律好少年"的学生。(教师列出具体的学生名字。)

2. 呈现实况,发现问题

这些同学为什么会连续四周都被评为"自律好少年"? 让学生深入思考并回答。

同学们,我们每个人都有一些习惯,有些习惯能让我们的学习更加有效率,而有些习惯却会阻碍我们的进步。今天,我们就来聊聊那些让我们时常"停留在原地"的拖拉习惯,并一起探讨如何与它们说再见!

设计意图 上课之前先表扬按时完成作业的学生,让全班同学知道这些学生之所以被表扬,是因为他们对待作业从不拖拖拉拉,自己没有被表扬是因为自己没有按规定时间完成作业,做事拖拖拉拉。并以此为契机,让学生一起探讨如何告别拖延,提高效率,引入本节课的主题。

(二) 环节一:自我审视,认识拖拉

1. 活动一:小小测试,初识拖拉

(1) 让全班同学进行拖延症小测试(见图 2-5),对自己日常习惯进行评估。自己存在一个现象就打 1 分,看看自己可以得几分。

(2) 让学生对照测试结果(见图 2-6),看看自己拖延症的程度,分数越高表示越严重。

图 2-5　拖延症小测试

图 2-6　测试结果

过渡语:通过拖延症小测试,看来咱们班有许多同学都有不同程度的拖延症,这要引起我们的注意啦!

设计意图　通过问卷调查的方式,让全班同学做了拖延症小测试,对自己日常习惯进行评分,同学们对自己的拖延情况有了直观的认识。

2. 活动二:呈现问卷,发现问题

(1)过渡语:"一寸光阴一寸金,寸金难买寸光阴。"拖拖拉拉,正在扼杀掉孩子90%成功的可能性。那么我们班的同学平时的习惯如何呢? 我们不妨一起来看看这个问卷调查结果。

(2)呈现问卷调查的统计结果(见图 2-7)。

教师小结:从统计图中可以看出,我们班有 23.4% 的同学放学之后马上认真写;有 25.1% 的同学先休息、玩,饭后再写作业;有 38.9% 的同学在做家庭作业时会边玩

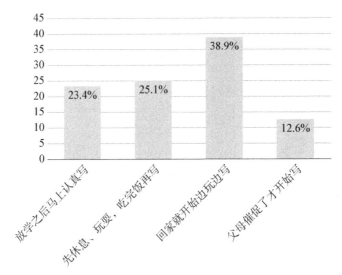

图 2-7　问卷统计图

边写；在孩子拖拉磨蹭的时候，有 12.6% 的同学父母催促了才开始写。

设计意图　通过学生作业调查表的反馈，发现在很多学生身上会存在拖拉现象，并且还有一部分学生感受不到拖拖拉拉带来的危害，为后续的讨论和互动做好铺垫。

(三) 环节二：行为对照，认识危害

1. 活动一：寻找拖拉，知己不足

过渡语：同学们，其实拖拖拉拉的坏习惯不仅影响着我们自己的生活和学习，还会给他人带来许多麻烦。接下来让我们一起说一说它带来的危害吧！

(1) 拖拉给自己或他人带来什么麻烦？

(2) 总结语：通过刚才同学们的分享，我们可以看到，拖拖拉拉不仅影响了我们的学习效率，让我们错过很多重要的机会，还给他人带来了不少的麻烦。

2. 活动二：情境假设，认识危害

过渡语：无论是做什么工作，拖拖拉拉都可能导致严重的后果。

(1) 教师出示以下三种情境：

情境一：出示"发生火灾，消防队赶到火灾现场"的图片。看！一场无情的火灾正在发生，熊熊烈火烧红了半边天。假如消防队员行动拖拉，结果会怎么样？

情境二：农民伯伯正在田地里辛勤除草，假如他们拖拉了会怎样呢？

情境三：苏炳添，小朋友认识吗？他是我们中国人的骄傲，号称"中国飞人""亚洲之光"，如果他在比赛中拖拉了会怎样呢？

（2）根据以上三种情境,学生分别交流汇报。

总结语:无论是做什么工作,拖拉都可能导致严重的后果。如果从小就养成做事拖拉的坏习惯,将来可能会影响到自己、他人、集体乃至国家的财产和安全。

> **设计意图** 通过讨论分享,让学生更深入地认识到拖拖拉拉的危害,激发他们改变拖沓习惯的决心。

（四）环节三:总结方法,赶跑拖拉

1. 活动一:话说缘由,促成长

过渡语:可是,我们又该如何克服拖拖拉拉的坏习惯呢？我们只有发现问题产生的原因之后,才能找到解决的办法！

（1）小组讨论:结合组内成员的生活和学习中的一些拖拉现象,小组成员一起探讨导致拖拖拉拉的原因有哪些。

（2）小组分享。

① 缺乏时间管理能力。很多学生并不了解时间的流逝,他们不知道如何有效地安排时间,难以判断事情的优先级,所以在做事的时候容易分心。

② 没有动力。学生可能觉得所要做的事情没有什么意义,或者是因为对于父母或者其他人的强制要求而感到厌烦。

③ 缺乏自我约束能力。一些学生可能对于自己的行为没有明确的标准,容易被外部因素所吸引。比如在做作业的时候,因为其他事情的干扰而分心,或者是为了追求一时的快感而放弃任务。

④ 过度依赖他人。一些学生可能习惯于依赖他人,如家长或老师的监督,他们在无人监督的情况下很难自我控制。

⑤ 害怕失败。有些学生追求完美,渴望把事情做好,在意他人的评价,期望被认可。但付诸行动时,基于自己曾经遭遇过的失败经历,内心会有一种不确定感,似乎在自我否定,不太相信自己能够做好。这种状态持续久了,使拖延变得"顺理成章"。

总结语:原来,导致我们拖拖拉拉的原因有很多,但无论哪种原因,我们都应该正视它并尝试找到解决的方法。

> **设计意图** 通过小组讨论和分享,帮助学生认识到自己拖拉的根源,为后续的策略制订打下基础。

2. 活动二:现场演绎,发现原因

现场演绎《拖拉大王多多》。请两位学生上台分别扮演妈妈和多多,进行角色扮演体验。

"多多,快点起床!"一大早,妈妈的高分贝喇叭就响了。

"知道了知道了,再等一会儿就起。"多多不乐意了。

"不行! 马上给我起来! 要迟到了!"妈妈生气了。

"哎呀,起床,起床,天天催,真是烦死了。"

"书包都还没整理好,还在赖床,要迟到了,你到底要拖拉到什么时候……"妈妈开始逐渐失去耐心。

"真是的,反正都会做,着什么急啊! 就不能再等一会儿吗?"

"啊,妈妈,我的校服,你收去哪里了?"多多喊道。

"哎呀,拖鞋怎么只有一只了!"

"记得带上你的水杯,我可不会再专程给你送一趟了!"妈妈警告道。

"嘿嘿……妈妈,你每次都是这么说,但我知道你肯定会给我送的。"多多狡黠地笑道。

教师提出问题:你们觉得造成多多拖拉的原因有哪些? 这样做好不好? 为什么?

学生汇报。

教师总结:我们的家长总是心软,当孩子拖拉磨蹭迟到了,他们帮孩子向老师求情;当我们丢三落四忘带东西了,他们赶紧给我们送过来;当我们拖拉干不完的事情,他们忍不住干脆替我们做了;可结果呢,我们的家长包办得越多,我们就越拖拉。同学们,我们要知道自己才是自己人生的主角,自己的事情要自己负责。如果因为个人的拖拉导致的直接后果,那么就该让我们自己去承担面对。

设计意图 让学生通过情景演绎,找到造成多多拖拉的原因,以及带来的危害。让学生深入体会到自己才是自己人生的主角,自己的事情要自己负责。

---

3. 活动三:榜样引领,寻找方法

(1) 播放视频:谷爱凌的滑雪生涯……

(2) 现场采访:谷爱凌的成长故事给你带来了什么思考? 你以后打算如何战胜自己的拖拖拉拉?

(3) 学生分享,教师进行总结:提升专注力、提升行动力、做事有技巧、做好规划、做时间的主人、不怕困难,勇敢尝试。

教师小结:同学们提出了很多很好的建议,我相信只要大家真心想要改变,这些方法一定能帮助我们逐步摆脱拖拖拉拉的困扰。

设计意图 播放谷爱凌滑雪生涯的有关视频,利用榜样效应,既可以激发孩子模仿学习的欲望,又可以总结方法。让学生制订出适合自己的告别拖拉的策略,增强他们的行动力。

(五)环节四:付诸行动,远离拖拉

1. 活动一:现学现用,战胜拖拉

过渡语:可是还有些同学,他们不懂得怎样做才能"做事不拖拉",想请你来帮他想想办法。

(1)教师分别出示以下四种情境,并提出问题:

情境一:都晚上10:30了,一位小朋友的作业还没写完。这位小朋友作业拖拉,可能是什么原因造成的?

情境二:李明每天收拾书包总是最后一名,害大家总是等候好长时间。哪位同学能帮帮李明?

情境三:张红总是喜欢睡懒觉,起床后磨磨蹭蹭,上学总是迟到,她该怎么办?

情境四:起床、穿衣服鞋子、刷牙、洗脸,写作业看书是同学们每天都要做的事情,我们怎么按时完成,保证不拖拉呢?

(2)学生针对以上问题分别进行回答。

> **设计意图** 这些活动让学生将认识落实于行动,使用学到的方法来解决生活、学习中拖拉的问题。

2. 活动二:向拖拉宣战,"我"的行动宣言

拒绝拖延的第一步就是立刻行动起来,请同学们在便签上写下自己的行动宣言,让我们来共同见证,一起努力成为自律的人。

> **设计意图** 增强积极情感的培养,强化学生克服拖延的信心。

(六)教师小结,引领价值观念

同学们,通过这节课的学习,大家已经了解了拖拉带来的危害并寻找了解决的办法。对于拖拖拉拉的坏习惯,我们不能掉以轻心,更不能不管不顾。尼采说过:每个不曾起舞的日子,都是对生命的辜负。人生苦短,如果我们不想人生因为拖延而一事无成,那就拿出我们的行动力,和拖延症战斗并战胜它、终结它,不受它的牵绊和拖累,这样我们才会收获一个高效完美的人生。让我们从现在开始远离拖拖拉拉,争做自律人!

> **设计意图** 通过班主任的总结,让学生感知拖拉带来的危害,希望同学们用实际行动战胜拖拖拉拉。

五、班会后延伸教育

通过今天的学习,设计自己的自律打卡表,贴到教室后的墙上,每天回校打卡,看自己是否做到了按计划做事。班级每周评选一次"自律好少年",对做得好的同学进行表扬。

出一期主题为"和'拖拖拉拉'说再见,做'自律好少年'"的手抄报板报,展现班会课后学生的所思所想。

六、板书设计

和"拖拖拉拉"说再见

提升专注力		自我约束能力差
提升行动力		没有动力
做事有技巧	战胜 →	过度依赖他人
做好规划,做时间的主人		时间管理能力差
不怕困难,勇敢尝试		害怕失败

七、班会反思

这节课我密切联系生活实际,让学生通过测试、问卷调查、情景演绎、讨论、分享等方法进行学习,让学生理解拖拉的危害,初步认识"拖拉"以及带给我们的危害,掌握做事不拖拉的小窍门。

首先,巧设情境,引出主题。因为在我们班级中,有些同学做得非常好,他们总是能够按时完成作业,自律性很强。上课之前表扬这些同学,并让学生知道自己没有被表扬是因为自己没有按规定时间完成作业,做事拖拖拉拉。并以此为契机,一起探讨如何告别拖拉,从而提高效率,引入本节课的主题。其次,我引导学生发现在我们的生活和学习中存在着各种拖拉现象,深入体会拖拖拉拉带来的危害。让学生明白无论是做什么工作,拖拉都可能导致严重的后果。如果从小就养成做事拖拉的坏习惯,将来可能会影响到自己、他人、集体乃至国家的财产和安全。接着,我播放谷爱凌滑雪的视频,利用榜样效应,激发学生模仿学习的欲望,总结拒绝拖拉的一些方法。最后,让学生将认识落实于行动,反省自己在生活中的拖拉行为,并用不拖拉的方法来解决问题。

回看整个教学过程,我基本达到了预期的效果,但还有很多需要改进的地方,比如:在学生讲到拖拉的危害时,由于时间原因没有让学生之间充分交流,因此对拖拉的危害没有深挖。在今后的教学中,我要对所设置的每一个环节考虑得更全面一点。另外,本次班会虽然结束了,但"和'拖拖拉拉'说再见"这一活动永远在路上。我相信如果学生养成了这一良好习惯,定会终身受益。

（王　楠）

课间"活"起来，安全"藏"心间

——一年级"安全教育"主题班会课

一、背景分析

学生在校园中的安全问题一直是家长和教育部门关注的重点。国家已经出台一系列关于校园安全教育的政策和法规，强调学校必须加强对学生安全教育的重视程度。学校也认识到安全教育的重要性，通过多种途径的活动提高学生的安全意识和自我保护能力，促进学生健康成长。

一年级的学生对于新鲜有趣的事物充满好奇心，喜欢参与各种活动。但是由于他们的认知水平较低，不仅对于一些安全知识和行为难以理解，而且对于课间活动的安全意识还不够，因此很容易发生意外事故。开展"课间'活'起来，安全'藏'心间"的主题班会，不仅可以让学生了解课间活动中可能存在的安全风险，提高课间活动的安全意识，而且通过寓教于乐的活动设计，使安全教育更加深入人心，从而有效预防和减少校园安全事故的发生，为学生创造一个安全、健康的成长环境。

二、班会目标

认知目标：在活动过程中，让学生了解课间安全知识，增强安全意识。

情感目标：通过游戏等活动，培养学生的团队协作能力和集体荣誉感。

行为目标：提高学生的自我保护能力，学会过一个安全、文明、快乐的课间。

三、班会准备

教师准备：相关课件、图片、新鲜的鸡蛋和不同的缓冲材料，如泡沫、棉花等。

学生准备：课前完成调查问卷。

四、班会过程

（一）激趣导入

今天，老师为大家带来一个小实验——鸡蛋为何摔不碎？

首先是鸡蛋摔碎实验，把鸡蛋从一定的高度摔下，看看它是否会破碎。然后是鸡蛋摔不碎实验，将之前准备好的缓冲材料对鸡蛋进行包裹，再次从相同的高度摔下，看看它是否会破碎。

通过对比两次实验的结果，你发现了什么？请大家分享在实验过程中的感受和收获。

设计意图 通过实验,让学生体会到安全保护措施的重要性。就像缓冲材料能够保护鸡蛋一样,在日常生活中,我们也需要采取适当的措施来保护自己和周围的人,避免因为意外情况而造成伤害。

(二) 环节一:情景重现,知安全隐患

活动:小调查,大碰撞。

(1) 出示课前搜集的一些校园受伤害案例图片和视频,学生认真观察后交流感受。

(2) 哪位小朋友受过类似的伤害? 请说一说你当时是什么感受。

(3) 小朋友的家长看到孩子受伤会有什么感受呢? 我们一起来听听吧! (课件播放提前录制好的家长视频)

设计意图 通过出示校园受伤害案例图片及视频,用生动形象的方式向学生展示课间安全隐患的存在,引起学生对于课间安全重要性的认识。通过聆听身边受伤小朋友及受伤小朋友家长的感受与心声,让学生能够更直观地感受到受伤者所经历的痛苦与困扰。让学生更加深刻地认识到安全重要性的同时,也学会在日常学习生活中注意自身安全,避免类似事件的发生。

教师小结:看来,同学们都意识到了,在课间肆意地打闹、乱跑乱跳,玩得满头大汗,这种做法是不正确的。这样剧烈运动不仅会影响下一节课的学习,而且也容易发生危险。

(三) 环节二:小组合作,探安全活动

1. 活动一:激趣讨论,问题先行

如果没有安全保驾护航,课间活动会怎么样呢?

教师小结:在课间活动中我们要注意自己的行为,避免发生意外。只有保证自己的安全,才能更好地享受课间活动带来的乐趣。因为安全是快乐之本。

2. 活动二:情景剧场

出示录制的学生情景剧,他们的做法对吗? 为什么呢? 正确的做法是什么呢?

设计意图 通过设置问题,让学生围绕"课间活动没有安全会怎样"和"情景剧"展开讨论,从而引导学生发现课间存在的安全隐患,以及我们需要去克服它的重要性。

（四）环节三：团结协作，制订常规

1. 活动一：小组合作，制订课间活动公约

（1）下课了，要做些什么呢？

学生：下课了，我先看看下一节上什么课。先准备好下节课用的学习用品。都准备好了，我该去卫生间了。口渴了，喝点水。最后，和小伙伴一起做游戏吧！

（2）课间活动需要注意哪些安全事项？举例说明。

教师根据学生回答，在黑板上罗列板书。

学生：课间活动时不大声喧哗，不大喊大叫；选择合适的游戏；不追跑打闹。

教师小结：课间短短的十分钟时间，除了给我们做好下节课的准备以外，还要有娱乐性，小朋友的活动可以丰富多彩，但一定要注意安全。所以我们应该选择一些既有意义又安全的游戏。

2. 活动二：游戏设计官

（1）说一说，你最喜欢的课间游戏是什么？课间我们可以开展哪些活动呢？

［出示游戏征集表（见表2-4）］

表 2-4 课间健康小游戏征集表

游戏名称	游戏参与人数

（2）辩一辩，哪些游戏适合室内玩？哪些适合在室外玩？为什么？

［出示课前调查的游戏内容（见图2-8）］

图 2-8 游戏内容

设计意图 通过出示课间游戏征集表和调查问卷游戏图，在浓烈的小组合作中进行思辨、探究，感受在安全保障下课间活动给大家带来的快乐。

教师小结:同学们,作为一个学生,天职就是学习,但是,"不会休息就不会学习",在紧张的学习中,我们也要懂得放松。课间就是很好的放松休息时间,因此我们要充分地利用它,提高学习效率。

(五) 环节四:文明课间,我来践行

1. 活动一:安全三字歌

教师整理了《课间安全教育三字歌》,现在请大家一起跟我大声朗诵《课间安全教育三字歌》,看看我们课间活动要注意些什么吧!(全班一起来)。

课间安全教育三字歌

大课间,时间长,做做操,跳跳绳。健体魄,增技能,再学习,脑轻松。勿打闹,乱追跑,拐角处,窄楼道,易碰伤,易跌倒。猛着跑,别狠追,快追上,切莫推。下课时,守秩序,楼小口,别拥挤,栏杆旁,忌推搡。若口渴,喝开水,上课前,进厕所。逗着玩,要记住,同学间,莫动怒。

教师小结:在课间,我们不该跑,如果发现有同学打架,我们应及时制止他们的不良行为或立刻告诉老师。还有,同学之间应该互相谅解和包容,不要因为一点小事而动粗,要提高安全意识。听了《课间安全教育三字歌》,现在我想考考大家对安全知识掌握的情况。你们准备好了吗?

> **设计意图** 通过诵读《课间安全教育三字歌》与交流,引导小朋友在日常学习生活中都能互相谅解和包容,提高安全意识的同时,希望小朋友们都能平平安安、健健康康、快快乐乐地长大。

2. 活动二:情景大挑战

教师出示录制的一些课间情景,请学生想一想、辩一辩,他们的说法对吗?为什么?你认为应该怎样做呢?

(1) 你认为这样做正确吗?那应该怎样做呢?

① 小丁早上上学时太匆忙,忘记带作业,课间活动的时候,小丁私自回家拿作业。(　　)

忘带物品了可以告诉老师,让老师联系家长送。

② 课间活动结束回教室时,可以用脚踢门或者用肩撞门。(　　)

不可以,应该轻轻用手推门。

③ 课间活动不用注意安全,可以攀高、跳台阶,在楼道跨大步,快跑追逐,做危险的游戏也没关系。(　　)

课间要注意安全,不攀高、不跳台阶、不做危险的游戏,因为这样不仅容易伤害自己而且还容易伤害别人。

④ 在走廊、过道、上下楼梯不用靠右行,也不用做到轻声慢步,可以争先恐后地挤在一起。(　　)

在走廊、过道、上下楼梯一定要靠右行,做到轻声慢步,不可以争先恐后地挤在一起。

⑤ 课间活动时小明在人群中跳绳也没关系。（　　　）

不能在人群处跳绳,要远离人群,避免误伤他人。

⑥ 课间活动中与同学争吵、打架,尖声叫嚷,发现不安全情况也不用及时报告老师。（　　　）

发现同学争吵、打架,尖声叫嚷等不安全情况要立即制止,并告诉老师。

⑦ 课间活动只可以在室内进行,不能在室外进行。（　　　）

只要注意安全,课间活动既可以在室内进行,也可以在室外进行。

⑧ 课间,小明还给小丁铅笔时可以瞄准小丁扔过去。（　　　）

不能扔铅笔,铅笔笔尖会刺伤他人。

⑨ 小丁叫小明时,小明由于没有听到就没回复,小丁就跑过去猛推小明。（　　　）

我们可以慢慢走到小明身边,轻轻拍他的胳膊或者后背。

⑩ 课间活动时,小朋友们玩捉迷藏游戏时,乐乐躲在门后。（　　　）

不能躲在门后,小朋友开门时会造成夹伤。

（2）播放安全小博士带来的安全提醒视频。

> **设计意图**　通过情景大挑战和观看安全提醒,强化学生树立安全意识的同时,也引导学生在平时的生活中灵活地学以致用。

教师小结:同学们,在学习生活中我们一定要多和安全交朋友,将安全时刻铭记在心,处处注意安全,学会保护自己和他人。活动时要"一慢二看三开始",不乱扔物品,不乱追跑,提高自我防护意识才能保障课间安全。

五、班会后延伸教育

1. 安全标语与宣传画设计

组织学生创作关于课间活动安全的标语和宣传画,通过创意作品传递安全理念。

2. 安全知识竞赛

组织班级学生定期开展课间安全知识竞赛,通过竞赛形式激发学生参与兴趣,巩固安全知识。

3. 安全主题班会展示

定期举办以"安全为主题"的班会展示活动,让学生分享自己在课间活动中的安全经验和做法。

六、班主任小结,引领价值观念

同学们,通过本次班会,我们都知道了安全无小事,每个人都应该时刻关注自己和他人的安全。同时,老师也希望你们能够将所学的安全知识运用到日常生活中,做到知行合一,真正将安全内化于心、外化于行。继续关注安全问题的同时,也要不断提高自己的安全防范能力,选择更加安全、健康的课间活动方式。老师相信,通过我们的共同努力,我们的安全意识将得到进一步提升,你们也将在更加安全、健康的环境中茁壮成长。

> **设计意图** 通过班主任小结,使本节班会的主题得到升华的同时,也让学生更进一步强化安全意识,从而树立课间安全活动的观念。

七、板书设计

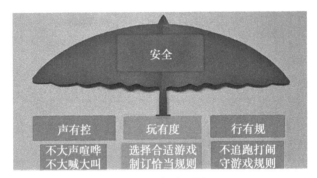

图 2-9 板书设计

八、班会反思

这次"课间'活'起来,安全'藏'心间"主题班会是一次非常有意义的尝试。通过这样的活动,我们旨在教育学生如何在课间活动中既保证自己的安全,又能充分利用这段时间进行有益的身体运动和放松。

首先,班会成功地引起了学生对于课间安全的重视。通过讲解和实例展示,学生了解到许多可能在课间发生的安全隐患,比如追逐打闹导致的跌倒、碰撞,以及不安全使用文具及体育用具等。他们也学习了在遇到这些情况时应如何保护自己,减少受伤的风险。

其次,活动中提出的"安全'藏'心间"游戏,鼓励学生发挥创意,设计一些既安全又有趣的课间游戏。这不仅锻炼了学生的想象力和创造力,也让他们明白在游戏中遵循规则的重要性,从而避免许多不必要的危险。

本次班会虽然取得了一定的效果,但仍存在一些不足之处。例如,部分学生在讨论环节中过于羞涩,没有充分表达自己的观点。此外,班会的时间安排略显紧张,对于某些需要更深入探讨的话题,如如何正确处理突发的安全事件,没有给予足够的讨论空间。在今后的教学中,我们应该更加注重学生的安全教育和个性发展,不仅要在班会上强调,还要在日常教育中贯穿始终。同时,我们应该加强对学生的心理辅导,帮助他们建立正确的价值观和人生观,并鼓励他们积极发言,提高他们的自信心,鼓励学生将安全意识融入日常生活中,让学生明白安全是快乐的前提。

(史　丽)

第三章

和融教育主题班会课的设计目标

第一节　设计目标概述

　　和融教育作为一种教育理念,强调通过和谐、包容的教育方式,促进学生的全面发展。班会作为学校教育的重要组成部分,是实践和融教育理念的重要载体。和融教育,顾名思义,强调的是"和"与"融"的教育理念。其中,"和"指的是和谐,即强调教育过程中的和谐氛围,包括师生之间的和谐、学生之间的和谐以及学生与学习内容之间的和谐;"融"则指的是融合,即倡导不同文化、不同思想的融合,以培养学生的包容性和开放性。在和融教育的指导下,班会设计应充分体现这些理念,促进学生综合素质的提升。

　　在设计主题班会目标时,我们必须从学生的认知、情感和行为三个层次全面考虑。认知目标旨在提升学生的知识理解和批判性思维能力,确保他们对教育内容有深入理解和掌握。情感目标则着重培养学生的情感认同与共鸣,增强他们的情感沟通与表达能力,并提升他们的情感调节与适应能力。而行为目标则直接关注学生的行为习惯养成、实践能力提升以及自主管理与自我提升的能力,以确保他们能够将所学应用于实际生活中,形成良好的个人品质和社会责任感。这种全方位的目标设计,能够更好地促进学生的全面发展,培养他们成为既有知识又有情感及行动力的新时代人才。

一、提高道德素质,树立学生正确的道德规范

　　小学生正处于身心发展的关键时期,他们的道德观念和价值观正在逐渐形成。在这一阶段,通过教育和引导,培养他们的道德素质,不仅能够帮助他们树立正确的道德观念,还能引导他们形成良好的行为习惯和社会责任感。一个具备高尚道德素质的小学生,能够在日常生活中自觉遵守社会规范,尊重他人,关爱他人,这不仅有利于他们个人的健康成长,还能够为社会的和谐稳定做出贡献。因此,在设计主题班会目标时,应注重道德教育的渗透,引导学生深入理解道德规范,提高道德判断力,从而形成良好的道德行为习惯。

　　如"存善举,讲文明——四年级'文明教育'主题班会课"的班会目标是这样设计的:

　　认知目标:使学生认识到文明礼仪就在我们的身边,体会文明礼貌用语的重要性,在日常生活中要正确运用文明用语。

情感目标:培养学生讲文明、重礼仪的好品质。

行为目标:努力提高自己的文明礼仪修养,初步树立社会责任感,做一个文明礼仪的传递者。

上述主题班会目标的设计充分体现了对学生道德素质培养的重视。通过强调文明礼仪的重要性,不仅增强了学生的道德认知,让他们深入理解并认同道德规范、价值观念和道德原则,还促进了他们讲文明、重礼仪等良好道德品质的形成。同时,主题班会还引导学生将道德认知转化为实际行动,鼓励他们积极践行文明礼仪,从而培养社会责任感,实现道德行为的有效引导。这一过程有助于提高学生的道德素质,使他们在成长过程中成为具有高尚道德情操的个体。

二、增强规则意识,养成学生良好的行为方式

规则意识是维护社会秩序和个人自由的重要保障。所以,在设计主题班会课目标时,增强小学生的规则意识是至关重要的。这样的目标设计旨在引导学生能够认识到规则在日常生活和学习中的重要性,帮助他们建立起遵守规则的自觉性和责任感,学会在集体中遵循规则,尊重他人,并逐渐形成遵守规则的良好习惯。这不仅有助于维护班级秩序和纪律,还能够为学生未来的社会生活奠定坚实的道德基础。因此,在班会课目标设计时,我们要特别强调规则意识的培养,以促进学生的全面发展。

如"和和融融和你战'丢丢小怪兽'——四年级'习惯教育'主题班会课"的班会目标如下:

认知目标:通过看短视频,让学生知道什么是丢三落四,懂得自主管理物品的道理。

情感目标:借助生活情境及视频,让学生意识到丢三落四的危害,认识到学会自主管理物品的可能性,体会自己的行为对他人和集体造成的影响,感受被遗失物品的失落和无助心情,增强学生的责任感和担当精神,提高学生自主管理物品的能力。

行为目标:让学生学会自主管理物品的方法,养成良好的习惯,并能在今后的实际生活中自觉应用。

这样的班会课目标的精心设定,成功地在学生的认知、情感和行为层面中渗透了规则意识的重要性,然后通过一系列活动,特别是观看关于"丢三落四"的短视频来增强学生的规则意识。通过这一认知过程,学生将了解不良习惯(如丢三落四)的定义,并认识到其背后的行为规则。在情感层面,学生将体会到这些不良习惯的危害,理解遵守规则的重要性,以及个人行为对他人和集体的影响。这种对规则的认同和共情能力,将促使他们追求积极的行为规则,并内化为日常行为习惯,以便他们能够在生活中自觉遵守和执行规则。

三、树立正确价值观,塑造学生积极的生活态度

价值观是指导人们行为的重要准则。作为教师要有效引导小学生树立正确的价值观。所以主题班会目标应当聚焦于增强学生对社会、家庭及个人的责任感,同时强调诚实、友善、公正和勤奋等核心价值观。这不仅可以帮助学生深入理解这些价值观的内涵,而且鼓励他们在日常生活中积极践行。此外,我们还需注重培养学生的批判性思维,使他们在面对复杂的社会问题时,能够运用所学知识,做出正确的道德判断。

如"听见唠叨看见爱——三年级'感恩教育'主题班会课"的班会目标为:

认知目标:了解父母在什么情况下唠叨,明白父母的唠叨是关心、爱护孩子的一种特殊表达方式。

情感目标:能尝试理解和接纳父母的唠叨,用行动表达对父母的爱。

行为目标:引导学生正确对待父母的唠叨,共同探讨对待唠叨的好办法。

从上述班会目标的设计中可以看出,教师通过让学生了解父母唠叨背后的关心与爱护,促进他们对家庭亲情的认知和理解,强调理解和接纳父母的唠叨,并通过行动表达爱,从而培养学生感恩、孝顺的价值观,以及积极面对和解决问题的态度,塑造更加健康、积极的人生观。

四、提升知识能力,拓宽学生丰富的学习视野

知识能力是学生学习和成长的基础。在设计主题班会目标时,我们还要考虑本节课是否能够切实提升学生的知识能力。这不仅仅意味着要关注课本上的知识点,更要着眼于学生综合素质的培养。因此,主题班会目标可以结合学科内容,设计富有启发性和实践性的活动,让学生在参与过程中深化对知识的理解,拓宽知识视野。

如"挫而不折,破茧成蝶——四年级'挫折教育'主题班会课"活动过程中,教师通过组织学生小组合作开展科学小实验——神奇的纸桥,使学生明白了一张纸的支撑力很弱,而当纸张被折叠后,会形成多个折痕,也就是支撑点。橘子的重量被分散到这些支撑点上,每个支撑点的受力降低,纸桥就会托住橘子的重量了。

上例的班会设计,学生不仅直观地理解了纸张折叠后支撑力增强的原理,还学会了将理论知识应用于实践中。这种富有启发性和实践性的活动,让学生在轻松愉快的氛围中深化了对物理知识的理解,拓宽了知识视野。同时,小组合作和讨论交流的形式激发了学生的思维活跃度,培养了他们的批判性思维和创新能力。

五、促进合作团结,培养学生优秀的团队精神

团结合作不仅是学生个人成长的关键要素,更是班级和谐与进步的重要基石。一个团结合作的班级能够激发学生的学习热情,提升他们的协作能力,培养他们的集

体荣誉感和责任感。在这样的班级中,学生将学会相互尊重、互相支持,共同面对挑战和困难,形成积极向上的班级氛围,为个人的全面发展提供有力支持。因此,在设计主题班会目标时,我们需要着重考虑如何促进学生之间的团结合作,让班级成为学生共同成长的温馨家园。

如"我爱我的班——三年级'团队教育'主题班会课"的班会目标为:

认知目标:通过观看有关团结的视频让学生明白班级凝聚力的重要性,认识到在集体中团结合作的力量和意义。

情感目标:通过同心圆游戏和书写夸夸条的活动培养学生的团队意识和集体荣誉感,增强学生对班级的归属感,培养他们主动参与班级活动的意愿。

行为目标:通过集体宣誓活动培养学生团队合作的能力,使他们能够主动为班级的荣誉及和谐发展做出贡献,积极参与到班级活动中。

上述主题班会的核心目标聚焦于有效促进学生之间的团结合作。通过精心设计的视频观看、故事讲述、互动游戏和集体宣誓等活动,不仅让学生在认知上深刻理解团结合作的重要性,更在情感上体验到团队合作的乐趣和集体荣誉感,从而在行为上积极践行团结合作。这一系列目标的设计,旨在激发学生内在的动力,培养他们优秀的团队精神和协作能力,共同为班级的和谐、团结与进步贡献力量。

六、倡导文明礼仪,提升学生美好的文明形象

文明礼仪是人际交往的重要规范。在设计主题班会目标时,教师通过倡导文明礼仪,引导学生树立正确的价值观和行为准则,使他们在日常生活中展现出尊重他人、谦逊有礼的品质。这不仅有助于提升学生的个人形象,更能营造出一个和谐、友善的班级氛围。倡导文明礼仪的目标将鼓励学生从小事做起,从自身做起,通过言行举止传递出文明的力量,共同塑造一个更加美好的学习环境。

如"存善举,讲文明——四年级'文明教育'主题班会课"中的行为目标是这样设计的:努力提高自己的文明礼仪修养,初步树立社会责任感,做一个文明礼仪的传递者。

通过文明承诺签名活动让学生意识到文明礼仪不仅仅是一种外在的表现,更是一种内在的修养和品质,同时教师注重培养学生的使命感,让他们意识到自己还是社会文明的传承者和建设者。

在设计主题班会时,我们的核心追求在于实现学生的多维度、全面性的发展。这一目标涵盖了提升道德素养、巩固规则意识、塑造正确的价值观、深化知识能力、强化合作与团结精神以及弘扬文明礼仪等多个方面。通过具体而深入的案例分析,我们可以清晰地看到,为了达成这些目标,教师在主题班会设计中应重视学生的参与感和体验感。通过精心策划多样化的活动形式,有效激发学生的学习兴趣与积极性,让他们在实践中学习、在体验中成长。

第二节　案例分享

听见唠叨看见爱
——三年级"感恩教育"主题班会课

一、背景分析

1. 主题背景

立德树人是教育的根本任务,主题班会则是学生德育和品质养成的主要途径。《中小学德育工作指南》提出,德育工作的目标是培养学生的责任意识。现在的小学生正处于身心发展的关键时期,他们面临着来自学业、家庭、社交等多方面的压力。在这个阶段,小学生与家长之间的亲子关系尤为重要。在日常心理咨询中,发现许多小学生与家长之间的亲子关系紧张,尤其是在父母的"唠叨"这一问题上。孩子往往感觉父母不理解他们,觉得父母的唠叨让他们受不了,而父母则因为担心孩子而采用说教、唠叨的方式加强对孩子的掌控。

在此前提下,引导学生体会父母唠叨背后蕴含的爱,主动去理解尊老孝亲的含义,知道感恩,为父母做些力所能及的事情。

2. 学情背景

学生刚升入三年级不久,随着知识难度的提高,他们的成绩和二年级相比较有很大的落差,家长没有做好心理预期,觉得孩子上课没有认真听讲。而现在的孩子,向来是衣来伸手,饭来张口,不知道父母挣钱的艰辛,在这样的背景下,对学生进行感恩教育显得尤为重要,如果对父母的辛勤付出无动于衷,那他对师长、集体就更不会有情有义了。

3. 班情分析

总听很多学生抱怨,回到家,总是听妈妈唠叨:让写作业、不让玩手机,吃了饭把碗送到厨房、不要总是想着玩,让多看点书、和别人家的孩子比,烦死了! 通过家长会上的调查,多半家长反映孩子在家就像小皇帝、小公主一样,觉得家长做什么事情都是应该的,动不动就发脾气,面对孩子,也不知道怎么教育……

二、班会目标

认知目标:了解父母在什么情况下唠叨,明白父母的唠叨是关心、爱护孩子的一种特殊表达方式。

情感目标:能尝试理解和接纳父母的唠叨,用行动表达对父母的爱。

行为目标:引导学生正确对待父母的唠叨,共同探讨对待唠叨的好办法。

三、教学准备

班主任准备:课件、黑板贴、便利贴。
学生准备:录制音频、视频。

四、班会过程

(一) 环节一:播放歌曲,引出唠叨

1. 活动一:一首歌曲,了解唠叨

最近,听到很多同学说,和爸爸妈妈的关系好像没有之前那么和谐了,是什么原因呢?(播放歌曲)

问题1:听完这首歌,你有什么发现?

问题2:平时妈妈是怎么唠叨你的?

预设:你模仿得惟妙惟肖,老师仿佛看到了自己的妈妈,看来,同一个世界,不同的妈妈,面对自己孩子都说出了同样的唠叨。下面让我们一起看看小巍和妈妈之间又发生了怎样的故事呢?

> **设计意图**　这首歌曲的内容:小时候觉得妈妈的唠叨很讨厌,但是长大之后才反应过来妈妈对我们的唠叨,其实都是为了我们好,想让我们变得更加优秀。通过播放歌曲来调动学生的积极性,让他们不再紧张,把歌曲的内容代入自己的生活,让接下来的班会更有话说。

2. 活动二:一个场景,感受唠叨

播放视频:《小巍的烦恼》。

李巍:终于放学啦,拿起我心爱的手机,打打游戏咯!(打游戏的声音:冲啊,快,打)

妈妈:巍巍,你怎么回到家就玩游戏,先去写作业去!

李巍:知道了。(头也不抬,继续打)

妈妈有点生气地说:快,写作业去。

李巍不耐烦地说:知——道——了——(语速慢)

妈妈:你这孩子,越上学越没长进,人家明明整天学习,你就知道玩!

李巍情绪激动地说:整天就是明明,明明,他那么好,你怎么不让他当你儿子!

妈妈顿时提高了语调,生气地说:白养你这么多年,你就这样气我! 洗洗手吃饭去吧!

李巍:哦!

妈妈:咦,吃饭时别"吧唧嘴",没有规矩。

李巍:(厌烦地看了妈妈一眼)

妈妈:坐有坐相,你看看你成天弯腰驼背,跟个豆芽菜似的。(说的同时一巴掌拍在李巍背上)

李巍:天天唠叨,天天唠叨,你烦不烦呀!

妈妈:你! 你要不是我儿子,我才懒得管你!

李巍捂着耳朵:烦死了。我以后用不着你管!(砰地一下关上门,妈妈愣在原地,默不作声地哭了)

教师小结:你长大了,门却关上了,妈妈和你从此隔了一道墙。孩子们,你们可曾觉得妈妈很烦,很讨厌她的唠叨。可母爱就是这样,不怕岁月的磨炼、时光的催促,永远在一旁提醒你改正坏毛病,不管你是否领情。

设计意图 这个环节是主人公和妈妈真实拍摄的,反映的内容也是每个孩子回到家的真实写照。通过小巍的经历,让学生分别来阐述自己的烦恼,让他们感同身受,也为我们帮助小巍解决问题做好了铺垫。

(二) 环节二:链接生活,感知唠叨

活动:观察生活,寻找唠叨

除了这些,妈妈还唠叨过什么呢? 现在,咱们开一个吐槽大会,大家可以畅所欲言,尽情表达。

预测:学习不好,报了兴趣班不好好上,不听父母的话,每天就是写作业、一出去玩就吵我,和弟弟打架总是怪我,其实都是弟弟先动手……

设计意图 通过链接生活,班会的感情基调更加深入,让同学们不用举手,大胆发言,去吐槽自己爸爸妈妈的唠叨,尽情发泄,为下面"父母的温暖瞬间"做铺垫,让孩子们更加明白,有时候父母的唠叨,也是不得已的。

(三) 环节三:学会方法,直面唠叨

1. 活动一:寻求妙招,直面唠叨

哎呀,好多人吐槽妈妈的唠叨呀,可是,大家知道爸爸妈妈为什么爱唠叨吗?

预测生 A:有的父母本来就唠叨。

预测生 B:见面的时间太多。

预测生 C:父母的工作不顺心,心情不好。

也有同学能感知到唠叨背后包含的东西:

预测生 D:父母关心我们的成绩。

预测生 E:父母爱我们,为我们的成长负责任。

同学们,你们真是长大了,知道父母唠叨背后的苦心,那面对父母的唠叨,我们应该怎么解决呢?下面请同学们集思广益,讨论直面唠叨的小妙招吧!

播放视频:《小巍的烦恼》

内容:我们只是小孩子,父母又常常不听我们的,我们能让父母不唠叨,和父母好好沟通吗?

预测:小巍,我相信你,你可以和父母好好沟通。

同学们,心理学上也有一个著名的效应,叫"罗森塔尔效应",美国著名心理学家罗森塔尔来到一所小学,挑选了 8 位学生,并声称他们是最有发展前途的人,8 个月后,奇迹出现了,凡是上了名单的学生,个个成绩都有了较大的进步,且各方面都很优秀。

这 8 位同学真的有与众不同之处吗?

其实不然,他们只是随机挑选出来的,他们之所以取得那么大的进步,是因为他们内心深深地相信自己是这所小学"最有发展前途的人",相信具有很大的力量,相信会让我们变成我们想要成为的人。

所以,那些相信自己能够跟父母好好沟通的人会有更加温暖的亲子关系。

妙招 1:相信自己,可以有效沟通。

妙招 2:看见"唠叨",更要看见"关心"。

接下来,让我们一起来玩一个游戏,叫"猜一猜父母的真心话",看看你能读懂父母唠叨的言外之意吗?

"你怎么这么晚起床,你还上不上学了?"

父母想表达的真实意思是什么呢?"孩子,我怕你起得太晚会迟到。"

"这道题怎么错了那么多次,一点都不认真!"

父母想表达的真实意思是什么呢?"孩子,我希望你做作业的时候能够仔细一点!"

"又在玩手机,这眼睛还要不要了!"

父母想表达的真实意思是什么呢?"孩子,我希望你可以少玩一点手机,我怕你近视。"

你都猜出来了吗?父母唠叨的背后,其实包含着满满的爱意和关心,当我们看见了这一点,我们就更能接受和理解父母的唠叨,面对父母的唠叨时就会不那么难受,也会更好地回应他们。

也许有的同学会有疑问,关心我们就直接说出来呀,为什么非要唠唠叨叨,把话说得那么难听呢?

其实,父母也不想把话说得那么难听,一起来听听一位爸爸对这个问题是怎么说的吧。然后播放小巍爸爸的视频,内容是:"孩子,爸爸妈妈虽然是大人,但并不是所有大人都是沟通专家,都善于表达,特别是当我们生气的时候,我们有可能把对你的关心说成难听的话,这一点请你理解。爸爸妈妈也一定会慢慢改变,请你相信,不管我们怎么唠叨,我们对你的爱和关心是不变的。"

教师小结:是的,父母唠叨的背后是爱和关心,那我们理解了爸爸妈妈的意思后,又要怎么回应他们呢？

让我们再次回到前面举的例子，如果想要达到孩子和父母双方都满意的结果，我们应该怎么去回应？一起来看看。

你怎么又在玩，作业不用做了吗？

爸爸妈妈，我知道你们希望我努力学习。（这是上面所说的，要看见父母唠叨背后的关心，理解父母真实想表达的意思。）

但我真的学得有点累。（说出感受，面对不同的事情你会有不一样的感受。）

我想休息十分钟，然后就马上做作业。（这是表达需求，表达需求一定要合理，比如休息十分钟父母是有可能答应的，如果你说休息一个小时父母也许就不同意了。并且我们答应了父母的事情就一定要做到哦！）

这样可以吗？（这是共同商量，这表示我们非常尊重父母的意见。）

所以爱的语言是什么呢？

爱的语言就是"理解父母＋表达感受＋提出需求＋共同商量"，建议同学们按下暂停键，读读我们上面的例子，感受一下用爱的语言表达会有什么不同，并尝试运用到我们想要和父母沟通的事件中。

妙招3：合理表达，运用爱的语言。

接下来，老师想问同学们一个问题：

你希望你的父母是怎么样的？用两三个词语形容一下。有同学会说"民主、脾气好的、不偏心的……"

那我们怎么样可以让父母慢慢变成我们理想的父母呢？充分运用赞美的力量，我们希望父母是什么样子，就从哪方面去夸父母。

比如你希望父母是脾气好的，你可以说："妈妈，这次我做错了好几道题，您没有发火，反而耐心跟我讲解，您脾气真好！"

比如你希望父母是民主的，会尊重你意见，你可以说："爸爸，您在报补习班之前会询问我的意见，您真是民主的父母。"

比如希望父母是不偏心的，你可以说："妈妈，您没有因为弟弟妹妹小就偏袒他们，您真的很公正。"

当然，在赞美之前，我们要善于发现父母的优点，赞美的时候要真诚，经常表达对父母的赞美有利于促进亲子关系，还能让我们的父母变得越来越好呢。

妙招4：经常赞美，塑造理想父母。

设计意图　这个环节设置的是半命题，通过上面的案例，大多数同学能感受到父母的唠叨虽然让人反感，但更多的学生能够感受到唠叨背后的深意，从而表达出自己的感受，并试着去理解自己的父母。

2.活动二:播放音频:《小巍同学现在的转变》

> **设计意图**　通过播放家长发来的音频,让学生看到小巍的成长和进步,给其他学生起到示范引领的作用,也让其他学生树立信心,和爸爸妈妈之间是可以好好沟通的。

(四) 环节四:践行方法,感受爱

1.活动一:一段视频,尽显母爱

播放视频(视频的内容是妈妈早上精心准备的早餐、风雨中接送的背影……)

教师小结:同学们,爸爸妈妈的爱是伟大的,是无私的,他们为了孩子,竭尽全力、心甘情愿付出自己的一切。但是粗心和忙碌让我们忽略了太多太多的爱,请把你此时此刻心中涌动着的感激、思念、祝福、愧疚……都写给爸爸妈妈吧,让情感在今天尽情地宣泄吧!

2.活动二:一段真言,温暖唠叨

我看到大家慢慢放下了手中的笔,有同学愿意分享一下吗?

预测1:妈妈,我爱您,是您给了我生命,是您每天给我做早餐,接送我上下学。

预测2:妈妈,我就像一棵小草,是您为我精心浇水施肥,我才会茁壮成长。

预测3:妈妈,您就是我的太阳,您的存在,温暖我每分每秒。

教师小结:是啊,有了泥土,春芽才会长大;有了泥土,春芽才会开花,我们的成长离不开您呀——妈妈!妈妈的爱是三月的春晖,把温暖的光给每一棵小草,千言万语诉不尽我们对妈妈的爱;妈妈的爱像一棵大树,为我们遮风挡雨,愿我们对妈妈的爱如同绿叶般充满深情。孩子们,把充满爱意的树叶贴在感恩树上,把你们最真挚的情感留在心间。(学生把手中的便利贴贴在黑板上)

五、主题拓展,榜样引领

播放:学生做家务,帮妈妈洗脚、捶背等照片。

教师小结:通过今天的班会活动,老师希望同学们能有一颗孝心,我们的班会虽然结束了,但我们感恩的行为没有结束。希望大家从现在做起,从小事做起,把爱体现在一言一行中。去关爱我们的父母,去爱我们的老师,爱我们的学校,爱我们的朋友,爱我们身边的每一个人。

> **设计意图**　这个环节通过榜样引领,带动班级更多的同学学会感恩。感恩,不仅是要感恩自己的父母,还有身边的其他人,甚至是事物。通过这些,让学生成为一个学会理解、学会换位思考、懂得感恩的文明小学生。

六、板书设计

图 3-1　板书设计

七、班会反思

本次班会的主人公是我的"刺头学生",小团体的组建者,只要有他在的地方一定风波不断,但本着不能放弃任何一个孩子的思想,便绞尽脑汁想让他做出改变,此次班会算得上是对问题学生转化成功的案例展示。

班会伊始,我有些紧张,导致在视频播放时没有声音,有点手足无措,学生在回答问题后评价语也不够丰富,没有对学生形成相应的鼓励,所以有些同学自始至终没有回答过问题,这是我的失误。

在以后的备课中,要充分备课,组织好语言,更要多对学生的回答进行指导性评价,激发学生回答问题的动力。

本节课的环节设计上,通过学生的情景演绎,以其回到家的状态为开端,因为妈妈的唠叨,他有了很多烦恼,不知道该怎么去解决,所以小组讨论的内容便是帮助他解决这个问题,课上小组讨论积极热烈,紧接着观看小巍爸爸的视频,让学生知道大人在唠叨孩子的时候内心是怎么想的,然后播放了小巍妈妈的音频,诉说了孩子现在的状态,比起以前,有了翻天覆地的变化。最后通过榜样引领,带动更多的同学从行动上去理解、感恩父母。总体来说,学生在课堂上的表现很不错,我很意外。

我们的班会课并没有结束,学生课上想对父母说的话有很多,于是我们周三又在此基础上进行了拓展,誊写了一篇周记《写给爸爸(妈妈)的一封信》,我也拍照发给家长留念,家长们都很感动,原来孩子真的长大了,也表示之前做得不好的地方,以后要改正。

(张娇娇)

我爱我的班

——三年级"团队教育"主题班会课

一、背景分析

《中小学德育工作指南》的指导思想,明确提出了:育人为本、德育为先的原则,旨在培养学生良好思想品德和健全人格。这些理念的贯彻落实,无疑要求我们必须加强学生的集体意识教育,提升班级凝聚力。在一个团结、和谐的集体中,学生能够相互学习、共同进步,形成积极向上的价值观和良好的行为习惯。

然而,随着社会的发展,小学生的成长环境日趋复杂多元。他们来自不同的家庭背景,拥有不同的文化底蕴和个性特点,这使得班级内部的交流和合作面临着诸多挑战。在我们班级中,由于学生年龄尚小、认知有限,他们往往表现出较为强烈的自我意识,对班级整体事务缺乏足够的关心和参与。这种心态若长期持续,不仅会加剧学生之间的矛盾和冲突,还可能影响他们的学习热情和班级的整体氛围。因此,增强班级凝聚力成为我们迫切需要解决的问题。

二、班会目标

认知目标:通过观看有关团结的视频让学生明白班级凝聚力的重要性,认识到在集体中团结合作的力量和意义。

情感目标:通过同心圆游戏和书写夸夸条的活动培养学生的团队意识和集体荣誉感,增强学生对班级的归属感,培养他们主动参与班级活动的意愿。

行为目标:通过集体宣誓活动培养学生团队合作的能力,使他们能够主动为班级的荣誉及和谐发展做出贡献,积极参与到班级活动中。

三、班会准备

班主任准备:培养学生团结意识的趣味动画视频;故事素材、游戏规则、木桶效应图片;夸夸卡模板,班级活动剪影视频。

学生准备:搜集有关团结的故事。

四、班会过程

(一) 观团结视频,初识凝聚力

1. 活动一:观看团结视频明道理

(1) 播放具有团结意识的趣味动画视频。

(2) 小组讨论,分享感受。

2. 活动二:学生在小组内讲一个有关团结的故事。

设计意图 有趣的视频激发了学生的兴趣,通过观看视频,可以帮助学生理解团队凝聚力的意义和价值,促进他们更好地融入集体,增强归属感。

(二) 环节一:小组讨论,知班级短板

1. 活动一:通过故事明道理

(1) 教师讲述蚂蚁过火海的故事。

南美洲的草原上,发生过这样一件令人惊心动魄的事。一个秋日的下午,一片临河的草丛突然起火,顺着风游走的火舌像一条红色的项链,向草丛中央一个小小的丘陵包围过来。丘陵上无数的蚂蚁被逼得连连后退,它们似乎除了葬身火海已别无选择。但是就在这时,出乎意料的情形出现了,只见蚂蚁们迅速聚拢,抱成一团,滚作一个黑色的"蚁球"冲进火海。烈火将外层的蚂蚁烧得噼啪作响,然而,"蚁球"越滚越快,终于穿过火海,冲进小河。河水把"蚁球"卷向岸边,使大多数蚂蚁绝处逢生。

(2) 让学生谈谈从故事中明白的道理。

2. 活动二:木桶效应识凝聚

(1) 讲解短板理论的概念。

就像下面这张木桶的图片,无论它有多高,它盛水的高度永远取决于其中最低的那块木板,这就是著名的"短板理论"。我们的班集体也是一样,如果一个班集体就是一个木桶,那么每一个同学就是这个木桶的每一块木板。缺少了任何一块木板,这个木桶都装不了水,不能称之为木桶。

(2) 反思班级"大水桶"。

假如每个小组都有一个木桶,怎样才能让我们小组的木桶装更多的水?

思考:如果缺少了你,班级就会怎么样? 还可以盛水吗?

3. 活动三:班委大反馈

(1) 说一说:我们班最短的"木板"是什么?(目前班级中存在的问题)

(2) 播放班级不和谐行为的视频。

(3) 自我测试,明白不足之处。

① 自我测试:想想这些行为你有没有?

事不关己,高高挂起,看到同学起争执,站在旁边看热闹。

经常不佩戴红领巾,导致班级被扣分,班长提醒也不听。

路队时找别人说话,不好好走路,导致班级被领导批评。

总认为自己是最聪明的,歧视其他同学。

没有集体观念,从来不为班集体做贡献。

同学有不会做的题目,不愿意帮助他。

看到地上有纸片,觉得不关自己的事。

② 学生交流不够团结的班级行为。

教师小结:这些问题就是影响我们集体前进的"短板",同学们一定要改正。

③ 再次讨论,为了解决这些问题,我们应该怎么做呢?

教师总结:如果一个班集体是一个木桶,那么每一个同学就是这个木桶中的每一块木板。缺少了任何一块木板,这个木桶都装不了水,不能称之为木桶。所以我们做事情时,要牢记班级荣誉,善于借鉴,学习别人优点,团结班里同学,互帮互助,和睦相处,共同进步!

设计意图 通过讲述蚂蚁过火海的故事,可以帮助学生理解团队凝聚力的意义和价值,促进他们更好地融入集体,增强归属感;培养他们的团队合作精神,提高他们解决问题的能力。同时,这个故事也表达了在困境中不放弃、勇往直前的精神,鼓励学生在面对挑战时能够坚定信心,勇往直前;通过木桶效应的比喻,让学生意识到班级整体的表现和成就往往受到最薄弱环节的制约,说明重视和弥补短板的重要性,所以我们要发现自己和班级的短板,并努力提高,创建最优秀的班集体。

(三) 环节二:面对现实,学会如何团结

1. 活动一:默契同心环游戏

(1) 出示游戏规则:在讲台前将全班同学分成 6 组,每组 7 人。要求大家背靠着组成一个圈,手臂互相勾在一起,不能分开,然后所有同学保持这个姿势坐下,在主持人喊"三二一起"时,所有组员需要一起站起来,且同心圆没有分开才算胜利,速度最快的组为冠军。

(2) 共商对策,再次挑战。给参赛同学一分钟的时间去商量对策,如何才能又好又快地站起来。(板书方法)

2. 活动二:分享取胜秘诀(谈感悟)

分享此次活动感悟,同学们各抒己见,从"为什么能转败为胜,为什么一直输"来谈自己的想法。

3. 活动三:小情境,辨团结

(1) 教师出示情境,学生思考:生活中遇到这样的问题,该怎么面对?

情境一:合作小伙伴的想法不符合自己的想法,怎么办?

情境二:合作中,两人都需要某件东西,怎么办?

情境三:考试时,平时合作伙伴递来一张纸条,让你帮助他,和他对一下答案,这时候可以相互合作,达到互惠共赢吗?

(2) 学生讨论。

(3) 教师根据学生回答小结:积极沟通、分享互惠、不失诚信。

教师总结:小组成员要共同配合,听到组长的口号再一起站立;小组中每一个人都非常重要,一人落后,就会影响到小组的比赛成绩……

> **设计意图** 通过这个游戏,使学生意识到集体中虽然每个人分工不同,但都很重要。要成为优秀的人,离不开优秀的班集体,形成优秀的班集体就需要班级里每位同学的共同努力,发挥每个人不可替代的作用。

(四) 环节三:团结夸夸条,增强凝聚力

1. 活动一:书写夸夸条

在刚刚的游戏中,有的同学发挥了建言献策的作用,有的同学发挥了力气大的优势,有的同学起到了协调团队的作用。咱们的班集体也是这样,有善于学习的,有性格可喜的,有多才多艺的。大家趁此机会可以思考一下,平常有没有哪些同学的闪光点给你留下了深刻的印象,可以在老师下发的"团结夸夸条"上写出来。

(1) 出示团结夸夸卡。(夸夸卡设计成小树形状)

(2) 明确要求:可以写一个同桌、好朋友、平常交流比较少的同学,可以参考兴趣爱好、性格特点、能力品格等,请同学们发挥"人间显微镜"的能力,具体事例越详细越好。

(3) 学生书写夸夸卡。

2. 活动二:互送夸夸卡,谈谈感受

收到夸夸卡的学生把夸夸卡粘贴到班级夸夸墙上。(寓意一棵棵树汇聚成森林)

> **设计意图** 人的行为通过优点激励的方式,如表扬性语言赞美,往往有变他律为自律自觉、化约束为自我拓潜的作用。通过书写表扬信的方式,让学生知道自己被肯定、被关注,有助于增强其自信心;通过互相表扬,让学生感受到班级的温暖和团结,有助于增强班级凝聚力。

(五) 环节四:我们的约定,创最好的班级

我们来到了这个班级,我们一起就是一个集体,班级里的每一个同学都是特别而又不可取代的,为了让我们所处的集体更好,我们需要做出部分改变,创造最好的班级,还需要我们时刻想着为班级付出,做一些力所能及的小事,那么班级就会越来越好,而我们每个人也会越来越好。

1. 活动一:集体宣誓

我是班级的小主人,

班级的事情就是我的事情;

集体的进步,

就是每一个人的进步;

三(1)班是最棒的班级!

我爱我的班!

2. 活动二:观看集体活动剪影和视频

教师播放开学以来班级参加的所有活动的留影做成的视频,以及个人风采展示图片。

3. 活动三:共同制订行动计划

(1) 出示团结建议条。

① 我们班目前存在_____方面的问题,我们今后应该这样做:_____。

② 为增强我们班的凝聚力,我准备以后这样做:_____。

(2) 学生写想法并交流。

设计意图　通过宣誓并一起回顾学生在一起经历的点点滴滴,不断激发他们的情感,引导他们感悟:班级就是我们温暖的家,我爱我的家! 这个环节主要让学生明白,创最好的班级,增强班级凝聚力需要大家共同的努力,不光体现在言语上,更要付诸实际行动,落实在每天点点滴滴的小事中。

五、延伸后拓展

(1) 每周写一次夸夸条,在班内互换。

(2) 开展"热爱班级星"评选活动,每月一次的量化小总结选出"热爱班级星"颁发奖状,引导学生向身边的榜样学习。

(3) 班主任小结:也许我们每个人不是最优秀的,但我们在一起就能组成一个最优秀的集体。希望每一个同学都努力地提升自己的高度,让我们携手并肩,向阳而生,逐光前行! 相信我们的班集体定会成为你们未来人生最美丽的回忆。

设计意图　强调班集体建设的重要性,并呼吁每个同学都能为班级的进步和成长贡献自己的力量。通过提升自己的高度,不仅能够促进个人发展,也能为班级创造更好的氛围和条件。

六、板书设计

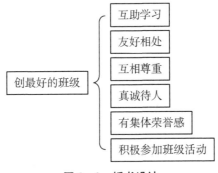

图 3‐2　板书设计

七、班会反思

在这次班会中,我设计了一系列活动,旨在通过互动、讨论和游戏等形式,让学生深入理解团结合作的重要性,并激发他们对班级的归属感和责任感。

首先,我播放了一段关于团结的视频,希望能引发学生的共鸣。从学生的表情中,我能感受到他们被视频中的故事所打动。接着,我通过"短板理论"的讲解,引导学生认识到班级中每个人的重要性,以及团队协作的必要性。然而,在这一环节中,我发现部分学生对于"短板理论"的理解还不够深入,需要我在后续的教学中进一步解释和强化。

在"默契同心环小游戏"环节,学生表现出了极高的热情和参与度。他们积极配合,努力完成任务,展现了良好的团队合作精神。然而,在游戏过程中,我也发现了一些问题,如部分学生过于追求个人表现,忽视了团队协作的重要性。这让我意识到,在未来的教学中,我需要更加注重培养学生的团队意识和合作精神。

在"夸夸条"环节,学生纷纷写下对同学的赞美之词,这让我深感欣慰。通过这个环节,学生不仅学会了欣赏他人的优点,还增强了彼此之间的了解和信任。然而,我也注意到,有些学生在写夸夸条时显得犹豫不决,可能是因为他们对班级同学的了解还不够深入。这提醒我要在日常教学中,更加注重班级内部的交流和互动,让学生们更好地了解彼此。

最后,在"我们的约定,创最好的班级"环节,学生们纷纷表示要为班级的荣誉和进步贡献自己的力量。他们写下了自己的承诺和目标,展现了对班级的热爱和责任感。

我相信,在大家的共同努力下,我们班一定能够变得更加团结、和谐和优秀。

(范晓倩)

存善举,讲文明

——四年级"文明教育"主题班会课

一、班会背景

随着社会的快速发展,人们的生活节奏越来越快,竞争压力也越来越大。在这样的背景下,一些人可能会忽视文明礼仪,甚至出现不文明、不友善的行为。这些行为不仅影响了社会形象,也给他人带来了不便。我们需要通过班会活动,引导学生认识到文明行为的重要性。

学校肩负着培养德智体美全面发展型人才的重任,应该引导他们树立正确的价值观和道德观。通过班会活动,可以让学生更加深入地了解文明行为的内涵,增强他们的文明意识和心存善举的习惯。

四年级学生正处于身心发展的关键时期,他们好奇心强、模仿能力强,同时也具备较强的学习能力和可塑性。在这个阶段,引导他们树立正确的价值观和道德观尤为重要。通过班会活动,我们可以让学生了解文明行为的重要性,培养他们的文明意识和心存善举的习惯。

二、班会目标

认知目标:使学生认识到文明礼仪就在我们的身边,体会文明礼貌用语的重要性,在日常生活中要正确运用文明用语。

情感目标:培养学生讲文明、重礼仪的好品质。

行为目标:努力提高自己的文明礼仪修养,初步树立社会责任感,做一个文明礼仪的传递者。

三、班会重难点

活动重点:培养学生讲文明、重礼仪的好品质。

活动难点:树立社会责任感,做一个文明礼仪的传递者。

四、班会准备

教师准备:课件、视频、花瓣贴纸,情景模拟会场布置。

学生准备:搜集日常生活中不文明的现象和关于文明礼仪的故事。

五、班会过程

(一) 视频导入,引出主题

1. 播放视频:文明就在身边。

古人云:"不学礼,无以立"。"人无礼则不生,事无礼则不成,国无礼则不宁。"中国自古以来就是礼仪之邦,文明礼貌是中华民族的优良传统,作为新一代的小学生,更不能忘记传统,应该力争做一个存善举、讲文明的小学生,让文明之花常开心中,将文明之美传播四方。

2. 学生讲述关于文明礼仪的小故事。

> **设计意图** 学生通过观看视频,直观感受到文明礼仪的重要性,并通过课下查阅资料,收集文明礼仪小故事,了解日常生活中的文明礼仪,知道文明就在我们身边。

(二) 环节一:千里之行,始于文明

培养学生讲文明、重礼仪的好品质。

(1) 文明礼貌问卷调查(见图 3-3)。

图 3-3　文明礼貌问卷调查

（2）文明是路上相遇时的微笑,是同学有困难时的热情帮助,是平时与人相处的亲切,是见到师长时的问早问好,是不小心撞到对方时的一声"对不起"……生活中,文明无处不在,让我们一起来看下都有哪些温暖时刻吧!(课件播放:帮助他人的视频)

教师:看完以后,你有什么感受呢?

（1）学生讨论并交流,教师巡视并指导。

（2）小组代表上台汇报。

（3）教师对学生的分享进行点评,强调讲文明的重要性。

班主任小结:同学们,文明就在我们的一言一行中,让我们做文明之事,挑起传承礼仪的使命。

> **设计意图**　通过观看日常暖心小片段,让学生们看到社会上的一些文明现象,体会到暖心的瞬间,从而感受到中国作为礼仪之邦,中华人民刻在骨子里的善良与文明,给他们在内心埋下一颗种善举的种子。并结合调查问卷,查找自己的优缺点,有则改之,无则加勉。

（三）环节二:身临其境,情感分享

1. 活动一:文明礼仪小剧场

情景一:下课后,小李在座位上喝水,小明路过时不小心把他的水杯碰倒了,踢了一脚走了过去,小李和小明争吵了起来。

情景二:就餐时,小红不小心把骨头吐到了对面同学的碗里,随后若无其事地接着吃饭。

通过刚才的场景,你觉得这些同学的做法正确吗? 那么正确的做法应该是什么呢? 请同学们各抒己见。(可以根据时间要求请数位同学来说一说不同场景的正确做法)

（1）学生讨论并交流。

（2）教师巡视各组,给予必要的引导和帮助。

（3）每组选派一名代表上台分享小组讨论的成果,其他学生可以提问或补充意见。

（4）教师对学生的分享进行点评,强调讲文明、懂礼貌的重要性。

班主任小结:同学们,中国在历史上是世界公认的"礼仪之邦"。文明礼貌是中华民族的优良传统。一个亲切的微笑,不仅展示出你的美丽,还拉近了人与人之间的距离。一句友善的话语,不仅显示出你的素质,更创造了一个和谐的环境。

> **设计意图**　从学生身边日常发生的小事入手,既是对学生不文明行为的一种提醒,又是正视自己不足,从而进行改正的一种措施。通过看别人的事例,联想到自己,有则改之,无则加勉。

2. 活动二:诗朗诵《文明之歌》

文明是一朵花,绚丽芬芳。

它不仅美化我们的环境,更净化我们的心灵。

文明是一座山,四季常青,象征着永恒和稳定。

文明是一首歌,热情奔放,激发我们的激情和活力。

我们是跨世纪的少年,我们要做新时代文明的代言,让文明礼仪在心中生根发芽,让中华美德永相伴。

> **设计意图** 通过深情的诗朗诵,表达对文明的赞美。引导学生树立正确的文明观念。同时,让学生感受到诗歌的韵律和美感,提升他们的审美情趣。

(四)环节三:生生共鸣,主题探索

(1)开展一些与文明礼仪相关的公益活动,如"文明交通劝导""环保宣传"等,让学生在实践中为社会做出贡献,培养他们的社会责任感和奉献精神。

> **设计意图** 通过一系列有意义的活动,让学生在实践中学习和体验文明礼仪的重要性,培养他们的文明意识和良好的行为习惯。这有助于提高整个社会的文明程度,促进人与人之间的相互尊重和和谐相处。

班主任小结:文明不仅体现在校园里,在日常生活中我们也要不间断学习各种文明文化。

(2)照镜子,找不足。

甲:首先来看看发生在我们身边的一些不文明现象(课件播放视频:身边一些不文明的现象),再来看一下咱们班的墙壁,原本被粉刷得干干净净的墙壁,现在却被一些不文明的行为弄脏了;再来看看我们的课桌,本来好好的课桌却被我们的同学乱涂乱画,也许这些行为不是你做的,但也反映出了以前坐在这儿的同学的不文明行为;再看看我们楼道的情况,小纸团、糖纸等随处可见,还有卫生工具胡乱摆放,这都反映出我们的一些不良习惯;还有我们班级的教室门,被某些同学踢得满是脚印,真是让人心疼。

乙:老师用相机记录了一些发生在校园里的现象,大家是不是深有感触呢?身为小学生的我们要遵守学校的规章制度,不但要讲卫生,更要讲文明。亲爱的同学们,预备铃已经响了,同学们在干什么呢?我们一起来看看。瞧,他们在一起自编自导了情景剧《预备铃响了》,请观看他们的表演。

设计意图　校园是我们学习的地方,教室更是我们生活的地方。优美的环境是我们需要的,一个好的环境,更需要我们共同努力。锻炼学生从身边的小事做起,养成良好的生活习惯。

(五)环节四:心声誓约,郑重承诺

树立社会责任感,做一个文明礼仪的传递者。

(1)文明承诺签名活动。

① 每位学生在文明承诺书上签名,承诺将文明礼仪融入日常生活。

② 将承诺书张贴在班级显眼位置,作为提醒和激励。

设计意图　通过签名活动,让学生意识到文明礼仪不仅仅是一种外在的表现,更是一种内在的修养和品质。培养学生的使命感,让他们意识到自己是社会文明的传承者和建设者。

(2)现在就有请小演员给大家带来一段顺口溜,让我们把文明牢记心间。

> 你拍一,我拍一,讲文明来懂礼仪;
> 你拍二,我拍二,同学团结又友爱;
> 你拍三,我拍三,礼貌用语记心间;
> 你拍四,我拍四,清洁卫生做值日;
> 你拍五,我拍五,关心集体孝父母;
> 你拍六,我拍六,爱护公物保环境;
> 你拍七,我拍七,互帮互助争第一;
> 你拍八,我拍八,校园开遍文明花;
> 你拍九,我拍九,齐心协力争创优;
> 你拍十,我拍十,我们敬爱好老师;
> 公民道德要牢记,文明少年树新风。

设计意图　通过朗朗上口、易于记忆的语言,让学生快速掌握文明礼仪的基本规范和重要性,并激发他们自觉遵守文明礼仪的意愿和行动。

拓展延伸:"我与文明礼仪的约定"小花瓣。

班主任小结:同学们,让我们从一片片小小的花瓣开始,或许是每天对见到的人一个微笑,或许是帮助老人过马路,或许是路上捡起一张纸片,或许是借给同学一支铅笔。不管是什么行为,都是我们心存善举的体现。完成后,我们将这些花瓣贴在教

室的一面墙上,然后开出属于我们班的花朵,这不仅仅是一朵花,它代表着我们的爱心,也是我们作为中华儿女的骄傲。

> **设计意图** 让学生从一些力所能及的小事做起,看到自己的成果由一片片花瓣直到开出一朵朵美丽的花朵,享受善举的魅力,收获文明的喜悦。

班主任小结:亲爱的同学们,文明礼貌是一粒最有生命力的种子,作为一名学生,作为中华民族的后代,我们有义务、有责任弘扬我们的文明礼仪传统,树立良好的自身形象。只要心里播下这粒种子,它就会在我们的精神世界里生根、发芽、开花、结果,那么,我们的社会就会变得更加美好!

六、板书设计

存善举,讲文明

文明就在身边

心存善念,做文明之事

七、教学反思

中国自古以来就是礼仪之邦,讲文明、懂礼貌、心存善举是中华民族的优良传统。但从学生日常表现来看,个别学生对文明礼仪的理解还不够深刻,所以借助本次主题班会,让学生牢记传统,力争做一个存善举、讲文明的小学生,让文明之花常开心中,把文明之美到处传播。

这节课我从培养学生讲文明、重礼仪的好品质,文明礼仪小剧场,文明礼仪我知道、树立社会责任感,做一个文明礼仪的传递者四个方面开展。由学生身边经常发生的一些不文明现象入手,通过调查问卷、情境比较、观看视频等方式让学生找出不文明之处,然后联想到自己有没有这类现象,从而达到有则改之,无则加勉的效果。又通过顺口溜、情景剧场的方式,帮助学生牢记文明礼仪,真正理解文明礼仪的重要性,以便在生活中可以更好地使用礼仪,把中华民族优秀的传统文化发扬光大。在教学过程中,我发现学生对情景剧表演非常感兴趣,他们能够积极地参与表演,身临其境。表演结束后,小组代表又分享了自己的见解。

通过本次班会活动,学生对文明礼仪有了更加深入的了解,并掌握了基本的文明礼仪知识和技能。同时,学生的文明意识也得到了提高,他们在日常生活中能够自觉遵守公共秩序、尊重他人、保持环境整洁等文明行为习惯。此外,本次活动还促进了学生之间的交流与合作,增强了班级凝聚力。

同时,我还积极引导学生了解日常生活中的文明礼仪,但学生在这方面了解不深,如就餐礼仪、公共场合的基本规则等。在后续的教学中,我将更加注重培养学生的社会文明礼仪,把礼仪潜移默化地引入学生的日常生活中,让文明的种子撒遍生活的每一个角落,让文明之花越开越盛。

(邓梦含)

和和融融和你战"丢丢小怪兽"

——四年级"习惯教育"主题班会课

一、背景分析

近年来,教育部门愈发重视学生的习惯养成教育,特别是对丢三落四等不良习惯的纠正工作。根据《中小学德育工作指南》的明确指导,培养学生良好的行为习惯已成为德育工作的核心任务之一。为此,我们需从引导学生学习制订计划、合理安排时间、有效整理物品等多个方面入手,全面助力他们养成良好的学习和生活习惯,进而促进他们的全面发展。

小学阶段无疑是培养学生良好习惯的关键时期。经过日常观察和课前深入调研,我们发现四年级学生普遍存在丢三落四的问题。讲台上无人认领的物品日益增多,这不仅严重影响了学生的学习效率,还给他们的日常生活带来了诸多不便。因此,我们深感有必要引导学生深刻认识到丢三落四的危害性,并提供切实可行的解决方案,帮助他们逐步养成良好的习惯。

鉴于此,本次班会课将针对学生实际存在的问题,以让学生学会整理物品的好方法为主要目标,通过一系列的互动环节和实践操作,帮助学生掌握整理技巧,培养他们的条理性和自律性,从而为他们未来的成长奠定坚实的基础。

二、教育目标及重难点

1. 教育目标

认知目标:通过看短视频,让学生知道什么是丢三落四,懂得自主管理物品的道理。

情感目标:借助生活情境及视频,让学生意识到丢三落四的危害,认识到学会自主管理物品的可能性,体会自己的行为对他人和集体造成的影响,感受被遗失物品的失落和无助心情,增强学生的责任感和担当精神,提高学生自主管理物品的能力。

行为目标:让学生学会自主管理物品的方法,养成良好的习惯,并能在今后的实际生活中自觉应用。

2. 活动重点

(1)让学生认识到丢三落四行为的危害,如影响学习、生活、人际关系等。

(2)帮助学生找到并改正丢三落四的坏习惯,提高自我管理能力。

3. 活动难点

（1）如何生动有趣地呈现丢三落四的危害，让学生产生共鸣。

（2）如何引导学生认识到自己的丢三落四行为，并积极寻求改变。

（3）如何保持活动的互动性和参与性，让学生能够积极参与并从中受益。

三、班会准备

班主任准备：活动设计纸（实践活动使用）；学校吉祥物"和和融融"玩偶套装和怪兽图片；失物招领盒；班主任所需要的音乐、PPT；小音频《尺子的心声》《怪兽的心声》；情景剧表演训练。

学生准备：学生给角色"和和融融"及丢丢怪兽配音；笔、夹板；参与情景剧的学生进行排练。

四、班会过程

（一）情景导入：引出"丢三落四"主题

播放视频：保安爷爷遇到了一些麻烦事，在校门口经常出现有同学忘带一些学习及生活用品，导致每天都会有家长来学校送物品。还有在周六或周日，家长到学校来拿学生忘在教室里的作业，保安爷爷来来回回上下楼要跑好几趟！这样的情况什么时候才能好转？

学生说一说在班内是否发生过类似的事情。

根据丢三落四的事例引出"和和融融"，让它们想办法。（既然丢三落四给身边人带来那么多麻烦，一定要解决它！）

> **设计意图** 情景导入更能激发学生的兴趣，通过小视频中保安爷爷的发声，让学生了解目前自身所存在不好的习惯，为下一个环节，即从自身找问题发现"丢三落四"小怪兽就在身边做好铺垫。

（二）环节一：问题呈现——小怪兽在身边

1. 活动一：分享经验

（1）学生通过自由发言，讲述因丢东西或粗心亲身经历的事例及带来的后果。学生边说，教师边把提前准备好的关于坏习惯的一些词（如马虎、粗心、丢失等）粘贴在黑板上，分析我们班有这么多同学自身存在着坏习惯。

例如：有一次，在学校下课铃声刚刚响起，我就立刻站起来去找我的好朋友玩，当时我回头看了看桌子上的学习用品，什么也没收拾，心想，等会儿再收拾吧。过了一会儿，我回到自己座位上收拾东西时，却发现笔不见了，我在周边找了一圈都没找到。导致我在写作业时没有笔用。

（听了学生们说了这么多丢东西的事例，和和融融也有话说。）

（2）丢三落四会影响同学之间的情谊，真是个坏东西！引出主要角色"丢丢怪兽"。（音频播放"丢丢怪兽"自我介绍。）

出示失物招领盒，展示班内同学丢失的物品。

2. 活动二：尺子的心声

（1）课件播放音频，聆听尺子的心声，全体学生闭上双眼用心感受。

尺子发声：我是一把尺子，我的小主人是李晓华，我和他是形影不离的好朋友，我帮他画图、画线、制作手抄报、做笔记……可是有一天，主人的身体被丢丢小怪兽占领了。从那儿以后，我去过垃圾桶，到过桌子下面，甚至有时被其他小朋友踩在脚下，最后，我被人捡起，从此我就在暗无天日的失物招领盒里度过了一天又一天难熬的日子。

（2）角色转换：如果此时，你是这把尺子，你会有什么感受？（我会很害怕，我会失望。）

（3）继续听一听尺子接下来经历了什么。

尺子发声：我在黑暗中等啊等，多么希望小主人来找我呀。直到有一天，一名值日生扫地时把我扫出来，放在失物招领盒里。但是，直到现在我还是没有等到我的小主人。

（4）再次出示失物招领盒，查看里面除了尺子之外，还有什么？

衣服、红领巾、橡皮、本子……（大家丢了这么多东西，看来是"丢丢怪兽"又变强大了！）

（丢丢怪兽发声：嘿嘿，谢谢你们丢三落四，使我的能量满满，哈哈哈。）学生通过语言表达、角色的转变、用心体会，认识到了自己身上的问题，从而激起学生想打败"丢三落四"小怪兽的决心。

设计意图　从学生身边的事情出发，发现问题，让学生体会丢失尺子无助的心情，激发学生改掉丢三落四的坏习惯。

（三）环节二：多样呈现——小怪兽的大烦恼

1. 活动一："手忙脚乱"接力赛

（1）游戏准备：

将参与者分成六个小组，每组6～7人。

准备一系列接力任务，如传递乒乓球、拼图、解密码锁等。

为每个任务设置一些"遗忘"元素，如缺少一个拼图块、密码锁的某个数字被遮挡等。

（2）游戏过程：

每个小组的成员需要依次完成接力任务，并将任务棒传递给下一个成员。

当遇到"遗忘"元素时，小组需要合作解决或找到替代方案。

记录每个小组完成任务的总时间，用时最短且错误最少的小组获胜。

> **设计意图** 通过接力赛的形式,让参与者体验到团队合作中因丢三落四而导致的延误和混乱,从而认识到注意力和细节的重要性。

2. 活动二:情景剧小品

角色 B:一位经常丢三落四的顾客。

超市收银员:认真负责的收银员。

其他顾客:作为背景角色,增添现场氛围。(场景:超市内部,货架之间,结账区)

(1) 场景一:进入超市

(角色 B 兴高采烈地走进超市,东张西望,显然没有带购物清单)

角色 B(自言自语):"哎呀,这次一定得买全了,可是……购物清单又忘在家里了!"(角色 B 开始在货架间漫无目的地挑选商品)

(2) 场景二:选购商品

(角色 B 拿起一个巧克力盒,看了看又放下,然后又拿起一瓶饮料,犹豫片刻又放回货架)

角色 B(嘀咕):"这个好像不错,但那个也不错……算了,都买了!"(角色 B 将一堆看似随意的商品放进购物车,其中包括一些明显不是必需品的东西)

(3) 场景三:遗漏关键物品

(角色 B 走到蔬菜区,突然停下脚步,似乎想起了什么)

角色 B(拍头):"哎呀,我忘了买鸡蛋了! 这可是早餐必备啊!"(角色 B 急忙跑回鸡蛋区,却发现购物车被其他顾客不小心推远了,于是又急忙找回购物车)

(4) 场景四:结账时的尴尬

(角色 B 推着满载而归的购物车来到结账区)

收银员(微笑):"您好,请出示您的会员卡,可以享受优惠哦。"角色 B(摸遍全身,一脸茫然):"啊? 会员卡? 我……我好像没带……"(收银员露出遗憾的表情,角色 B 则是一脸懊悔)

(5) 场景五:反思与教训

(角色 B 拎着一大堆东西走出超市,脸上写满了懊恼)

角色 B(自言自语):"唉,这次真是得不偿失啊! 下次一定要记得带购物清单和会员卡!"

(角色 B 突然停下脚步,似乎又想起了什么)

角色 B(惊叫):"等等,我好像忘了买酱油了!"(角色 B 无奈地摇头,再次转身走进超市)

设计意图 这个情景剧通过夸张的情节和幽默的表演,生动展示了角色B因为丢三落四在购物过程中遇到的麻烦和损失。观众在欢笑之余,也能深刻感受到丢三落四给生活带来的不便和困扰。

(四) 环节三:问题解决——打败小怪兽

1. 活动一:小组讨论,头脑风暴

(1) 领取任务方式:以刮刮乐的方式获得属于自己小组讨论的问题。

(2) 讨论形式:

以小组为单位,组长安排记录员及时在任务单(见表3-1)上做好记录,发言人做好为小组发言的准备,同学们各抒己见总结出既实用又有效的方法改掉这些坏习惯。对回答问题的学生给予奖励(奖品:和和融融吉祥物小贴纸)以鼓励他们善于思考、勤于动脑。在学生反馈时,把提前备好的方法图片粘贴在黑板上。

表3-1 任务单

序号	现象	办法
1	回到家写作业,却忘记老师布置的作业是什么	
2	美术课上,画笔却在家里	
3	在考试时,水笔没墨水了	
4	下课时只顾着玩,凳子未归位,把同学绊倒了	
5	做练习题时漏做题	
6	作业完成后先睡了,明天早上再整理书包	

例如:我选择的是2号现象(忘带学习用品),之前我也有过忘带东西的现象,发现像这种情况确实给自己带来很多不便,以及给父母带来不少麻烦。分析事情之后,我觉得能避免忘带学习用品的方法是"提前检查"。(及时粘贴在黑板上)

2. 活动二:角色扮演,情境大通关

角色设定:小吕是我们班的一名小男生,他总是急匆匆的,经常忘记带课本、作业或者其他物品。

情节设计:小吕忘记带课本去学校,导致上课无法参与讨论,被老师批评。放学后,小吕忘记拿作业本回家,无法完成作业,第二天被老师留校。

不良后果:小吕因为丢三落四,不仅影响了自己的学习,还给老师留下了不好的印象,同时也给家长带来了额外的负担。

解决方法:小吕可以制作一个每日清单,列出需要携带的物品,出门前逐一检查。家长可以给小吕适当的提醒和惩罚,帮助他意识到丢三落四的危害性。

设计意图 本环节学生通过结合生活中的例子,畅谈战败"丢丢小怪兽"的办法。另外,以表演情景剧的形式让学生从中发现改掉丢三落四坏习惯的好方法。

(五) 环节四:贡献力量——冻结小怪兽

1. 活动一:编儿歌,记方法

丢三落四"小妙招"

丢三落四不可怕,只要我们有方法。

固定地方容易找,提前检查不会差。

勤做标记弄不丢,丢丢怪兽远离他。

把好方法归纳出一首儿歌,选取学生耳熟能详的伴奏,师生互动拍手歌唱。

2. 活动二:互动游戏,知方法

"故事接龙记忆赛":请1、2组学生上台讲述一个关于丢三落四的小故事,每位学生每次只讲一部分。让参与者接龙,补充故事的内容,同时需要记住前面讲过的情节。故事中可以穿插一些需要记忆的关键信息或物品。最后,回顾整个故事,检查参与者是否记住了所有的关键信息。

设计意图 设计富有趣味性的互动游戏,不仅能有效调动课堂氛围,还能使参与者在轻松愉悦的环境中深刻认识到丢三落四的问题,进而提升记忆力。这样的活动能激发学生的参与热情,使他们从中获得实实在在的益处。

3. 活动三:迁移运用——封印小怪兽

(1)分发"封印贴纸",根据学生在校、居家的管理物品情况,对7天都没有丢三落四的学生颁发"自主管理小能手"奖章。

> **丢丢小怪兽魔法封印**
>
> 我准备用(□想想后果;□固定地方;□提前检查;□物品归类;□及时收纳;□其他)把"丢丢怪""封印"住,并接受同学、老师和家长的监督,不做丢三落四的小朋友。
>
> 我一周打败了( )只"丢丢怪",成功把它们"封印"了。
>
>

图 3-4 丢丢小怪兽封印单

设计意图 丢丢小怪兽封印单(见图3-4),主要引导学生解决生活中常见的小问题,灵活运用好方法。通过和和融融战败"丢丢小怪兽",引导学生将自主管理物品的好习惯落实到日常生活中,鼓励学生坚持下去,逐步养成好习惯。

(2) 根据板书内容,教师引导学生使用好方法打败坏习惯代表词,来消灭"丢丢小怪兽"身上的能量值,指数为零时也是"丢丢小怪兽"从大家面前消失的时刻。(此环节的设计起到巩固方法的作用)

经过本次班会,同学们深刻认识到丢三落四的危害,并积极探讨如何纠正这一不良习惯。通过分享经历和聆听尺子的心声,大家体会到了失物者的无助与失落,增强了责任感和自主管理物品的能力。同时,班会活动生动有趣,同学们的参与度高,达到了预期的教育目标。希望同学们能够将在班会上学到的方法和理念应用到日常生活中,养成良好的习惯,为自己的学习和生活打下坚实的基础。相信在未来的日子里,大家一定能够战胜"丢丢小怪兽",成为更加优秀、自主、有责任感的人。

五、拓展延伸

在我们身边一定还存在很多类似"丢丢怪"的小怪兽,相信同学们能聚集强大的智慧,在生活中一一去战胜它们,养成良好的习惯!

每周评选"自主管理小能手",鼓励学生长期坚持。

每周班会课反馈失物招领盒的情况,及时总结。

班主任小结:通过这样的班会活动,可以帮助学生认识到自己的不良习惯,并积极采取措施加以纠正。同时,也可以培养学生的责任感和自律意识,促进他们的全面发展。

六、板书设计

图3-5 板书设计

七、班会反思

在这次以"丢三落四"为主题的班会活动中,我们通过多种形式引导学生认识到丢三落四的危害,并积极寻找解决办法。活动结束后,我对整个班会进行了反思,总结了以下几点:

1. 主题明确,针对性强

本次班会的主题是"丢三落四",我们通过一系列活动让学生深刻认识到这个问题,并提出了具体的解决方案。同时,我们针对学生日常生活中的实际情况,设计了一系列有趣的活动,让学生更加直观地感受到丢三落四的后果。

2. 目标设置,能力培养

我们可以帮助学生认识到丢三落四的危害,掌握克服丢三落四的方法,增强学生的责任感和自律性,提高学生的团队协作能力,树立正确的价值观和人生观。

3. 互动性强,参与度高

在活动过程中,我们采用了小组讨论、游戏体验、唱儿歌等多种形式,让学生积极参与其中。学生在轻松愉快的氛围中互相交流,分享自己的经验和看法,达到了很好的互动效果。

4. 引导有效,效果显著

通过这次班会活动,学生深刻认识到了丢三落四的危害,并积极寻找解决办法。在活动过程中,我们及时给予学生指导和帮助,让他们更好地完成任务。同时,我们也鼓励学生在日常生活中的各个方面都要注意细节,避免出现丢三落四的情况。

5. 改进方向

虽然本次班会活动取得了一定的效果,但仍存在一些不足之处。在之后的班会活动中,我们可以从以下几个方面进行改进:

(1)增加趣味性和互动性,我们可以设计更多有趣的游戏和互动环节,让学生在轻松愉快的氛围中学习知识、提高能力。

(2)加强引导和帮助,在活动过程中,我们需要更加关注学生的表现和需求,及时给予指导和帮助。同时,我们也可以提供一些具体的解决方案和措施,让学生更好地掌握解决问题的技巧和方法。

(3)持续跟进和评估,在班会活动结束后,我们需要持续跟进学生的表现和进步情况,及时评估活动效果。如果发现存在不足之处或需要改进的地方,我们可以及时进行调整和改进。同时,我们也可以鼓励学生之间互相交流和分享经验,共同进步和提高。

（刘苗苗）

挫而不折，破茧成蝶

——四年级"挫折教育"主题班会课

一、背景分析

近年来，学生自残、轻生等极端事件在全国各地时有发生。究其原因，多是学生对挫折的认识不足、承受能力不够和应对方法不科学。现在的孩子面临着作业问题、交友问题，甚至有类似起外号这种的变相欺凌等问题。

升入中年级的学生，心思变得越来越敏感，但承受挫折的能力还不强，面对生活中的困惑，有些学生的家长认为这都是一些无关紧要的小事，并不会放在心上，所以这部分不被理解的学生，或选择默默承受，或自寻解决之策。生活中的这些困惑、这些挫折，若不能及时得到妥善处理，将对学生的心灵造成无法逆转的伤害。所以为了帮助学生认识挫折，学会从不同的角度去看待挫折，进而战胜挫折，特开展本次主题班会。

二、班会目标

认知目标：帮助学生正确认识挫折，增强他们的抗挫能力。

情感目标：纠正学生的认知误区，帮助他们树立正确的挫折观。

行动目标：帮助学生从不同角度去看待挫折，进而提高学生应对挫折的能力。

三、班会准备

班主任准备：课件、视频；半张 A4 纸，两个一次性纸杯，一个橘子。

学生准备：战胜挫折的名人事例；情景剧；勇于面对挫折的任务事例。

四、班会过程

（一）视频导入：引入挫折

（1）播放《鹬》动画片，请同学说一说："看了这个视频，你有什么感受？"

（2）过渡语：人生不是一帆风顺的，生活中有很多和片中一样类似的挫折和磨难，但挫折并不可怕，它是我们前进路上的垫脚石，今天，我们就来认识挫折，了解挫折，寻找方法，进而战胜挫折，让它成为我们前进的助力。（板书：认识→了解→方法→战胜）

> **设计意图** 借助生动有趣的动画片,引导学生深刻认识到,无论是人类还是动物,生活中都不可能永远风平浪静。每个人或每个生灵,都会遭遇挫折和磨难的洗礼。让他们明白应以辩证的眼光看待这些挑战。有些挫折,就如同人生路上的垫脚石,它们铺就了我们成长的阶梯,推动我们一步步迈向更高更远的未来,只有勇敢地面对并克服它们,才能书写出更加精彩的人生篇章。

(二) 环节一:做实验,知挫折

1. 活动一:掰手腕

失败的同学说感受。

2. 活动二:做一个科学小实验——神奇的纸桥

(把 A4 纸放在两个水杯中间,小组合作讨论:如何才能用 A4 纸撑起一个橘子?)

实验完成后小组派代表说一说各小组所采用的方法。

实验原理:一张纸的支撑力很弱,而当纸张被折叠后,会形成多个折痕,也就是支撑点。橘子的重量被分散到这些支撑点上,每个支撑点的受力降低,纸桥就会托住橘子的重量了。

实验感悟:通过辩论,得出结论,人生并不是一帆风顺的,挫折有时候也是人生的馈赠,经历挫折能够增强生命的韧性,经历挫折是成长的必经之路。

过渡语:挫折是生活的常态,也是我们成长的契机。(板书为"认识:生活常态,成长契机")

> **设计意图** 本环节特别设置了掰手腕的游戏,旨在让学生亲身体验挫折的无处不在。不仅在生活中,就连我们平常的游戏中也会遭遇失败。通过这样的游戏,让学生能够深刻认识到,失败并不是一件可怕的事情,而是成长过程中的必经之路。同时,本环节还设计了小实验,旨在让学生明白挫折并不总是坏事。它可能会成为我们成长的阶梯,让我们的成长经历更加丰富多彩。挫折让人生更加美好,更加有意义。正是有了挫折,我们的耐挫能力才会得以提升,人生才会更加绚丽多姿。

(三) 环节二:直面挫折,树力量

1. 活动一:观看视频,谈感悟

(1) 简单介绍崔万志:崔万志,1976 年生于安徽合肥肥东县,因小儿麻痹症行动不便。他刻苦学习,考入石河子大学经济管理专业。毕业后,因残疾求职受阻,他选择自主创业,从摆地摊起步,后涉足电子商务领域。他现为合肥浩强电子商务公司董事长,拥有多个服装品牌,并获得多项荣誉。他的人生经历充满了坚韧与拼搏精神。

（2）播放崔万志演讲视频《不抱怨，靠自己》。

（3）讨论：看到视频你想说什么？

2. 活动二：说一说你知道的勇于面对挫折的名人事例

教师小结：他是一个连路都走不稳、连话都说不清楚的人。他能登上这样的舞台，你能想到他背后的艰辛吗？我想每个人都是表示怀疑的态度。但他却不以为然，表现得非常自信。在这种超乎寻常的自信与超凡的坚持下，最终崔万志取得了成功。

设计意图　本环节通过让学生观看崔万志不畏挫折、勇敢逆袭的励志视频，同时分享了一系列名人战胜挫折的感人故事，引导学生深刻领悟：人生之路充满坎坷，不如意事常有八九，没有谁的人生能够一帆风顺。然而，正是面对挫折时的积极心态，成就了无数辉煌的人生。鼓励学生坚信自我，因为只有相信自己，人生才会拥有更多的选择和可能，才能书写出属于自己的精彩篇章。

（四）环节三：挑战挫折，知方法

1. 活动一：分析案例，共议对策

小华同学在上小学三年级时因爸爸工作调动的原因被迫转学，但是到了新学校以后，别人都不愿意跟她玩，她的成绩也不断下滑，如果你是她的同学，你该如何帮助她走出困境，融入集体？

（1）学生分小组进行讨论。组长带领同学对本组的观点进行整理。

（2）各分组展示，精彩纷呈。

2. 活动二：你的挫折我来听

（1）请同学们在便利贴上写下自己曾经遇到过的挫折。

（2）小组交流：你经历过的挫折有哪些呢？你是以什么心态来面对这些挫折的？经历过这些挫折以后你的心情如何？在小组内和同学们交流。

过渡语：通过了解，我们发现，挫折的类型多种多样，每一种都可能对我们的心理和行为产生深远影响。（板书为"了解：类型多样，深远影响"）

设计意图　本环节精心策划了一场以真人真事改编的情景剧表演，生动再现了校园中学生遭遇挫折的情景。通过情景剧的演绎，巧妙地引出了一系列关键问题，并鼓励学生向优秀校友学习，从中汲取应对挫折的智慧。这样的设计，旨在从实际操作层面深化班会课的意义，让学生在思考与交流中归纳并丰富战胜挫折的方法。这一过程不仅加深了学生对挫折的生活化理解，更促使他们在表演、思考和交流中实现自我教育，成长为更加坚强、自信的人。

(五) 环节四:不怕挫折,扬帆启航

1. 活动一:勇敢交流会

看了这么多、听了这么多关于勇敢的故事,你们自己想不想做"勇敢侠"? 其实,想要做勇敢侠也是有小秘诀的,以小组为单位说一说该如何应对你刚才写下的这些挫折,看看哪个小组的锦囊妙计更好。

预设:

(1) 发泄:心中有痛苦,可以选择多种方法发泄,如找朋友倾诉、唱歌、旅游。

(2) 信念:坚定自己的信念,相信自己一定可以做到。

(3) 责任:看到自己的责任,知道自己被需要。

(4) 坚强:不报以负面情绪,要激活正面的、积极的情绪,顺其自然。

(5) 相信:相信困难是锤炼、磨砺和洗礼自己的机会,相信自己会走出困境,明天会更好。

(6) 不逃避、不抱怨、不自卑,以积极的心态去寻找解决问题的方法,勇敢、自信地去面对人生中的每一次挫折。

过渡语:战胜挫折的方法有很多,只要我们用积极的心态去面对,在必要时积极寻求帮助和支持,就一定能够克服。(板书为"方法:积极心态,求助支持")

2. 活动二:歌曲齐唱,做强者

全班齐唱《左手右手》。

> **设计意图** 通过举办"勇敢交流会"这一富有创意的活动,我们鼓励学生积极探索面对挫折的多元策略,引导他们成为生活中的"勇敢侠"。这一活动旨在帮助学生树立正确的挫折观,学会以不同视角审视并战胜挫折。在交流会的尾声,我们组织齐唱鼓舞人心的歌曲,以激昂的旋律和深情的歌词,进一步激发学生的勇气和信心,让他们在面对挫折时能够勇往直前,不断成长。

(六) 班主任小结

成功往往垂青于那些敢于挑战失败、无畏前行的人。鲁迅先生曾深刻指出:"真正的勇士,敢于直面惨淡的人生,敢于正视淋漓的鲜血。"今日的班会,不仅让我们重新认识了挫折这一生命旅程中的常客,更让我们深刻领悟到挫折无处不在,但关键在于我们如何去面对它。通过学会从不同角度审视挫折,我们逐渐掌握了将其转化为成长动力的智慧,将挫折变成通往成功之路的坚实垫脚石。

在此,我衷心祝愿每一位同学在未来的日子里,都能如勇士般勇敢,无畏地面对生活中的每一次挫折与挑战。愿你们逆风飞翔,以坚定的信念和不懈的努力,最终战胜挫折,书写属于自己的辉煌篇章!

设计意图　通过班主任小结,本节课的知识脉络得以系统梳理,情感共鸣得以升华。这一环节不仅帮助学生巩固了所学内容,更在他们脑海中建构起了完整的知识和情感构架。通过这样的梳理,学生能够更好地将本节课的所学所感,灵活运用到实际生活中,实现知识与情感的完美结合,促进个人全面发展。

五、拓展后延伸

表 3-2　汇总表

日期	遇到的挫折	感受/反应	应对方法	践行结果(例如:问题得到解决、心态得到调整等)

六、板书设计

挫折之路

认识→了解→方法→战胜

认识:生活常态,成长契机

了解:类型多样,影响深远

方法:积极心态,求助支持

七、班会反思

1. 根据当前形势,确定主题

学生发展的需要:当前社会竞争激烈,学生在学习、生活、人际关系等方面都可能遇到各种竞争和挫折。而当代的孩子往往比较脆弱,遇到挫折时承受能力很差,通过挫折主题班会,可以帮助学生正确看待挫折,提高应对挫折的能力,培养学生的坚韧性和抗挫性。

2. 仔细斟酌,明确目标

(1)在现代社会,学生面临各种各样的压力和挑战,如学业压力、人际关系困扰等。很多学生在面对挫折时,容易产生消极情绪,失去信心和动力,甚至产生自我否定。因此,挫折主题队会的目标之一就是要帮助学生正确认识挫折,增强他们的抗挫能力。

(2)有些学生对挫折的理解存在误区,认为挫折就是失败。这种错误的认知可能会导致学生在面对挫折时产生过度的焦虑和恐惧,进而影响他们的学习和生活。因此,挫折主题队会的目标之二就是要纠正学生的认知误区,帮助他们树立正确的挫折观。

(3)学生在面对挫折时,往往缺乏有效的应对策略和技巧。他们可能不知道如何调整自己的心态,如何重新振作精神,如何寻求帮助和支持。因此,挫折主题队会的目标之三就是要提高学生应对挫折的能力,培养他们积极应对困难的态度和行为习惯。

3. 活动延伸,教育延续

为锻炼学生的实践能力和反思意识,我们设计了"拓展延伸环节"活动。学生需用表格记录两周内的挫折、感受、应对策略及结果。这不仅能加深知识理解,还能将知识转化为行动,助其面对挑战、调整心态、解决问题,从而不断成长进步。

(张雪云)

第四章

和融教育主题班会课的主题确定

第一节　主题确定概述

和融教育更关注每位学生都是独特的个体,他们有不同的兴趣、能力、学习方式和需求。强调在教育过程中应尊重每个学生的差异,为学生提供个性化的资源和支持。注重引导学生个性化发展,激发学生的潜能,为学生的长远发展打下坚实的基础。因此在和融班会课的主题确定中,尤为重视学生的身心健康发展、班级特色文化建设、学生自我管理与完善等方面。这对于促进班级的持续发展与学生的成长有着重要的意义。

一、发现学生学习中的实际问题

在主题班会课的选题中,发现并探讨学生学习中的实际问题是一个主要的话题。这不仅有助于学生解决当前的学习困扰,还能促进他们形成良好的学习习惯和态度。通过组织开展这样的班会课,教师可以更准确地把握学生的学习需求,调整教学策略和方法,帮助学生解决学习难题,提高学习效率。而学生也可以围绕共同的学习问题展开讨论,分享经验和建议,不仅有助于解决他们共同存在的问题,而且还能增进同学之间的交流和了解,增强班级凝聚力。

例如"点亮'瞳'真,守护'睛'彩——六年级'自律教育'主题班会课",教师在课前进行大量的分析,发现班上戴眼镜的学生越来越多,从与学生的对话中了解到学生放学回家后经常接触电子产品且用眼不科学。针对这样的问题,教师从眼睛的作用、保护眼睛的重要性及明确保护眼睛的方法三个方面来设计主题班会的内容。让学生学习明白保护眼睛的方法和技巧,培养他们的健康意识和自我保护能力,解决用眼过度的问题,提高了学生的护眼意识。

二、掌握学生成长中的思想动态

学生成长中的思想,是一个复杂而多变的过程,它随着学生年龄的增长、知识的累积以及生活经验的丰富而不断发展。在青少年时期,学生的世界观、人生观和价值观还尚未形成,他们容易受到家庭、学校、社会等各方面的影响。因此,我们需要在这个阶段为学生提供正确的引导和良好的教育环境,帮助他们树立正确的思想观念。随着学生年龄的增长,他们开始逐渐形成自己的独立思考能力,不再完全依赖他人。他们会对各种问题进行深入的探究和思考,形成自己独特的见解和观点。随着社会的不断发展和进步,新的思想观念和技术不断涌现,学生需要不断学习和更新自己的知识体系,以适应社会的变化和发展。同时,他们也需要学会批判性思维,对新的思想观念进行理性分析和判断,避免盲目跟风和被误导。

例如"Ta,就是我们的好榜样——五年级'榜样教育'主题班会课"。教师引用"人固有一死,或重于泰山,或轻于鸿毛",想要让学生明白什么样的人重于泰山,可以成为人们心目中的榜样。而这一节主题班会设计背景如下:五年级学生正处于青春期初期,对身边的事物和人有着强烈的好奇心和模仿欲望,但又缺乏正确的价值观和行为准则。学生明白了什么是榜样,谁可以成为他们的榜样。因此,教师期望组织这一主题班会,帮助学生认识到榜样的力量和作用,引导他们选择和学习正确的榜样,培养他们的自我榜样意识和行为,增强他们的道德情操和社会责任感。

三、抓住学生生活中的偶发事件

教师善于抓住学生生活中的偶发事件开展主题班会教育是一个既实际又生动的方式,这既能帮助学生深入思考并学会应对生活中可能出现的问题和挑战,而且又能引导学生明辨是非,树立正确的行为观念。首先,班主任或班会组织者需要细心观察学生在校园生活中的互动,留意那些具有教育意义的偶发事件。这些事件可能包括学生之间的误会、冲突、合作成功或失败等。在选择事件时,要确保其具有普遍性和代表性,能够引起大多数学生的共鸣。确定偶发事件后,需要进一步挖掘其背后的教育价值。例如,一个学生之间的误会事件,可以引发关于沟通、理解和尊重的讨论;一个合作成功的事件,可以强调团队合作的重要性;而一个冲突解决的过程,则可以展示如何有效解决问题和调解矛盾。

例如"外号止步,美号启航——五年级'尊重教育'主题班会课"的主题确定来源于教师针对五年级学生的特点,发现他们正处于性格和自我认知快速发展的阶段,对同伴的评价极易影响他们的自信心。于是设计了"外号止步,美号启航"为主题的班会课。引导学生认识到起外号行为的潜在负面影响,掌握从正面积极的角度去看待和评价同学,从而促进班级内的正向互动和友谊的加深。通过引导学生用"美号"替代外号,培养他们的语言美感,加强他们对道德规范的认识和遵守。

四、选择社会时事中的热点话题

选择社会时事中的热点话题是一个非常有意义的方式。时事热点往往与社会问题和公共利益密切相关,通过讨论这些话题,学生能更深入地了解社会现状,从而增强他们的社会责任感和使命感。时事热点往往具有复杂性和多面性,讨论这些话题需要学生具备批判性思维和分析能力。学生在参与讨论中能够锻炼思辨能力,提高解决问题的能力。因此,教师或组织学生在选择热点话题时要定期浏览新闻网站、社交媒体等媒体平台,关注时事热点话题的报道和分析。在设计前应征求学生的意见,了解他们的兴趣趋向。这就可以确保选择的主题与学生的兴趣和需求相契合。另外,那些具有普遍性和代表性的话题更能够引起大多数学生的共鸣和思考。

比如,近期防欺凌是全社会密切关注的一个话题,在"外号止步,美号启航"这节主题班会"烦恼我诉说"的环节中,教师通过播放"虎妞"被起外号"母老虎"的短视频,引发学生讨论班级里是否也存在类似欺凌现象,从而促进学生深入理解外号对个人心理健康的潜在负面影响,增强他们的同理心和责任感,减少此类欺凌现象的再次发生。通过讨论交流,学生能够反思自己的行为,认识到尊重他人的重要性,从而在日常生活中更加注意自己的言行,避免伤害他人。

五、紧扣传统文化中的节令民俗

传统文化中的节令民俗是中华民族智慧的结晶,蕴含着丰富的历史、文化和精神内涵。通过紧扣这些节令民俗来确定班会教育主题,可以使学生更加深入地了解传统文化,感受民族文化的博大精深,激发学生对传统文化的热爱,培养他们的民族自豪感和归属感。节令民俗往往与人们的日常生活息息相关,具有浓郁的生活气息和趣味性。开展这样的主题班会可以使班会内容更加丰富多彩,更具吸引力。我们可以通过设计相关的活动、游戏和讨论,让学生更加积极地参与进来,提高他们的参与度和体验感。因为学生来自不同的家庭背景和文化环境,他们对传统文化的了解和认知可能存在差异,通过紧扣节令民俗来确定班会主题,可以为学生提供一个交流和分享的平台,使之在互动中增进相互了解,促进文化交流和融合。

例如:"月圆人团圆——五年级'传统文化'主题班会课",通过制作月饼、赏月、吟诗等活动,让学生了解中秋节的起源、习俗和文化内涵,同时感受团圆和幸福的氛围。

总之,紧扣传统文化中的节令民俗来确定班会主题,不仅有助于加深学生对中国优秀传统文化的了解与认同,还能增强他们的文化自信。同时,通过设计相关活动,结合现代元素,注重互动体验以及强化教育意义等方式,可以让主题班会更加生动、有趣和有意义。

六、落实红色文化中的信念教育

当主题班会的主题确定落实在红色文化中的信念教育时,这样的班会旨在引导学生深入了解和感悟红色文化所蕴含的革命精神和崇高信念,从而培养他们的爱国情怀和坚定的理想信念。红色文化是中国共产党领导人民在革命、建设和改革实践中形成的先进文化,它蕴含着丰富的革命精神和厚重的历史文化内涵。在主题班会教育中,首先要明确红色文化的核心内涵,包括革命精神、英雄主义、集体主义、爱国主义等,确保班会内容的准确性和深刻度。为了让学生能更好地理解和接受红色文化中的信念教育,班会课还可以设计多样化的教育活动。例如,讲述革命故事、观看红色影片、参观革命纪念地等方式,让学生亲身感受红色文化的魅力;可以组织学生进行小组讨论、主题演讲、情景剧表演等活动,让他们积极参与其中,加深对红色文化的理解和感悟。

一个精心挑选且贴切的主题不仅为班会设定了明确的方向,而且为学生提供了一个聚焦学习、思考和交流的平台。可以激发学生的兴趣,增强班级的凝聚力,还能够拓展学生的视野,传递正能量,并促进家校之间的紧密合作。一个正确且恰当的主题还能够确保班会活动的高效性,使得每一位学生都能从中获得收获和成长。因此,在确定班会主题时,我们应深思熟虑,保证主题的针对性和实效性,真正为学生创造一个有意义、有价值的班会教育体验。

第二节 案例分享

点亮"瞳"真,守护"睛"彩
——六年级"自律教育"主题班会课

一、背景分析

随着数字化时代的到来,电子设备已成为学生生活中不可或缺的一部分,随之而来的是对视力健康的挑战,特别是对于成长阶段的六年级学生而言,面临着越来越多的用眼压力,比如:长时间盯着电子屏幕阅读时姿势不当、长时间看书缺乏必要的休息。这些不良的用眼习惯普遍存在,导致近视率不断攀升,视力健康问题日益凸显。这次的班会主题和眼睛息息相关,主要是因为眼睛是我们身体不可缺少的部分,是人类智慧的窗口。通过这次班会,让学生更多地了解正确用眼的习惯,对于保护视力、预防眼疾具有非常重要的意义。拥有健康的眼睛能够让我们更好地观察世界,获取更多的信息。

基于我们班的学生不能深刻意识到眼睛在我们生活和学习中的重要性,各种原因导致戴眼镜的学生越来越多,例如:孩子每天在学校写作业、看书,由于姿势不正确导致近视;因为我们班都是走读生,放学回家时难免会接触一些电子产品,我便设计了此次"点亮'瞳'真,守护'睛'彩"活动。在小学综合实践活动中,本次的班会让学生通过学习明白保护眼睛的方法和技巧,让学生知道眼睛的重要性,培养他们的健康意识和自我保护能力,解决了用眼过度的问题,提高学生的护眼意识,保护视力健康,促进他们的全面发展。

二、班会目标

认知目标:让学生知道眼睛的重要性,知道用眼过度会有什么伤害。
情感目标:让学生知道懂得保护眼睛的重要性,提高保护眼睛的意识。
行为目标:掌握保护眼睛的方法,更好地保护好眼睛。

三、班会准备

班主任准备:课件、调查问卷、练习单、眼罩、小组讨论记录卡、板贴、相关视频、奖品。

学生准备:填写调查问卷。

四、班会过程

(一)导入:趣味猜谜

1.活动一:猜谜语

"两边小屋左右分,要到睡觉才关门,小屋能把万物收,难放一粒小灰尘。"学生自由猜谜语,接着导入主题:眼睛。点亮"瞳"真,守护"睛"彩。

2.活动二:说眼睛

师生自由交流眼睛可以帮助我们做什么,小组内互相观察同桌的眼睛,用一句话夸一夸对方的眼睛。

> **设计意图**　通过猜谜语和同学互相夸赞对方导入新课,激发学生的学习兴趣,锻炼学生的口语表达能力,学生能用欣赏的眼光来看待对方,让班里每个学生都能参与其中,明确班会主题的内容。

(二)环节一:游戏体验,知眼睛作用

1.活动一:体验游戏"走直线"

课件出示规则:在做游戏前教师用眼罩把学生的眼睛蒙上,学生能沿着直线走到另一头,就算挑战成功。让一位学生上台表演,其他同学评比。

2.活动二:链接生活来感知

学生联系生活实际说一说,如果没有了眼睛,我们在生活中会遭遇哪些问题。引导学生感知没有眼睛,我们的生活就会一片混乱,通过游戏体验与联系生活实际进一步感受眼睛的重要。

> **设计意图**　每个孩子都非常喜欢玩,我便利用孩子们爱玩的特点,通过游戏体验,不仅提高了学生的注意力,还活跃了整个课堂的氛围,让学生大胆地说出自己的感受,在游戏中不知不觉感受到有一双眼睛是多么的幸福。

(三)环节二:链接生活,明护眼有必要

1.活动一:不眨眼小挑战

学生挑战看视频30秒不眨眼。挑战成功的同学和挑战失败的同学分别谈一谈

自己的感受。(课件出示"全飞秒手术"第一视角视频)

> **设计意图** 通过30秒不眨眼挑战视频这一个环节,每个学生都有一颗敢于冒险的心,大多数学生只要一听到挑战,注意力就会提高很多,同时充分地让每个学生都能参与这一环节中,最后让他们说出自己挑战后的感受,为下面的用眼数据大合集作铺垫。

2. 活动二:用眼数据大合集

微信连线,在线视频:请班里的眼科医生家长给学生讲一讲近几年的用眼过度大数据以及佩戴眼镜和处处依赖眼镜的坏处。

视频内容:亲爱的六(8)班的孩子们,大家好,我是宋雨轩的妈妈,很荣幸被邀请今天给孩子们连线讲一些有关眼睛方面的知识。眼睛是心灵的窗户,拥有一双明亮的眼睛是一件很幸福的事情。孩子们,你们知道眼球的结构吗?眼球是视器的主要部分,位于眶内,后端由视神经连于间脑。据统计,我国的盲人达到500万,占全世界盲人总数的18%,而且每年约有45万人失明,这意味着几乎每分钟就会出现一例新的盲人。2022年全国小学生近视率是35.6%。视力不良率分别为7~12岁的小学生。所以保护视力我们刻不容缓。阿姨希望你们平时一定要保护好自己的眼睛,那么更广阔、更明净的天空才会属于你们。

班主任小结:听了雨轩妈妈给我们科普的知识,我们知道了眼睛很重要,所以我们平时还要多让眼睛休息休息,不然眼睛也会受伤的。

> **设计意图** 和班里的眼科医生家长连线,委托家长找一些近几年来真实的大数据,让学生更加在乎自己的眼睛,同时知道眼睛是我们身体部位的重要组成之一,平时只有让眼睛适当休息,合理分配好时间,才能更好地保护眼睛。

(四) 环节三:巧妙支招,护眼之法我能行

1. 活动一:用眼过度怎么办,护眼妙招我分享

小组一起讨论,请学生说一说在我们生活中有哪些可以保护眼睛的好方法。

预设一:要始终保持教室内充足的光线,在光线不足的情况下要及时打开灯;在看电视和操作电脑或者看手机时,要保持一定的用眼距离,还要注意自己的坐姿。

预设二:要养成良好的读书和写字习惯,读写的姿势要端正,背部要伸直,颈部保持直立,做到"三个一",也就是眼睛离书本一尺,手指距笔尖一寸,胸脯与桌子隔一拳。不正确的握笔姿势和不良的读书习惯要随时纠正。走路和乘车时也不要看书,不要躺着看书,不在光线过强或过暗的地方看书;平时还要保证充足的睡眠,充足的睡眠是消除疲劳、恢复学习能力的重要原因,同时也是保持身体健康的主要

因素。

预设三:多做户外运动,经常远眺,使眼睛得到休息,调节视力,解除疲劳。不偏食,多吃奶制品、鱼蛋、肉等,少吃糖果和含糖高的食品,合理安排我们的饮食结构,从饮食中获取充分的营养物质,多吃蔬菜,尤其是胡萝卜等多种维生素的食品。

2.活动二:护眼分享我善用

说一说几张图片中的小朋友都是哪里做错了。如果是你,你该怎么做?

教师板书进行小结:从刚才第三组和第五组同学的回答中,我们可以把它们归类为用眼习惯;从刚才第七组回答中,我们可以把它们归类为饮食习惯,只要我们能按时执行这些,肯定能跟近视说"拜拜"。

> **设计意图**　通过导入、做游戏、谈感受、观察图片中让学生知道眼睛是多么重要,同时小组内分享一些护眼小妙招,联系生活实际让学生知道平时该如何保护好眼睛,学后都能当一名护眼小卫士。

(五)环节四:身临其境,养成好习惯

1.活动一:情景剧《闹闹近视了》

(1)课件播放情景剧:闹闹是一个活泼可爱的小男孩,他最喜欢看电视,只要一有空就会看电视,离电视机还特别近,渐渐地他总觉得眼前有一层雾,什么都看不清。起初,闹闹并没有太在意,他觉得可能只是暂时的疲劳。过了一段时间还是没有好转,闹闹只好去医院配了一副眼镜。戴上眼镜,闹闹又可以看见东西了。于是闹闹戴着眼镜继续看电视。又过了一段时间,闹闹就算戴上眼镜也看不清东西,闹闹疑惑了:"为什么现在我戴上眼镜还看不清东西呢?"同学们,你知道这是为什么吗?

(2)学生谈感受:闹闹长时间近距离地看电视,所以他近视了;闹闹没有合理安排用眼的时间。

2.活动二:链接生活谈一谈

链接自己的生活说一说,自己是否也遇到过像闹闹这样的情况。

说一说,经过今天的学习,接下来面对这样的情况时自己又会怎么做。

班主任小结:我们的眼睛很重要,如果没有保护好眼睛就会影响视力,造成近视。眼镜只是缓解视力,并不能治疗近视,所以即使戴上眼镜,如果不注意保护眼睛,视力还会继续下降。

> **设计意图**　一些学生会认为眼睛近视没有关系,可以戴眼镜。通过这个情景剧就是让学生明白戴眼镜只是缓解,不是根除,让学生更加重视保护眼睛。只有养成良好的用眼习惯,才能让我们的眼睛保持健康,更好地观察世界、感受生活。

五、班会活动延伸教育

活动内容:"我与健康视力的约定"许愿卡。

同学拿出老师给他们准备的许愿卡,先在第一张写下自己对眼睛的承诺,再拿出另一张 21 天挑战卡。

（1）教师发起活动:让我们从一张张小小的许愿卡开始,书写自己对眼睛的承诺。或许是每天保证足够的户外活动时间,或许是遵守每隔 20 分钟远眺 20 秒的规则。不管是什么承诺,都是我们对自己眼睛健康的责任。每天挑战成功就在后面做个自己喜欢的标记,21 天后进行统计。完成后,我们将这些许愿卡贴在教室的一面墙上,形成我们的许愿墙,这不仅仅是一面墙,它代表着我们的决心,也是我们彼此监督和支持的见证。

（2）学生书写自己的视力保护目标和承诺,形成"许愿墙",鼓励大家相互监督和支持。

六、班会小结

回顾本次主题班会的主要内容和学习成果,总结学生在活动中的表现和收获,鼓励他们继续保持对眼睛健康的关注和兴趣,积极参与更多的实践活动,提高自己的生活质量和幸福感。因为保护眼睛是一个长期的过程,而不是三天打鱼两天晒网,于是我便设计了 21 天挑战卡,让学生彼此之间互相监督。不知不觉中他们之间也会形成一种比赛,使 21 天打卡更有效。不光是打卡,还要时常提醒学生在日常生活中要注意保护眼睛,做到科学用眼,合理休息,共同构建一个明亮的世界。

七、班会反思

在这次以"保护眼睛"为主题的班会中,我们全班同学都积极参与其中,深入了解了眼睛的重要性以及保护眼睛的方法。通过这节班会课,我们班学生不仅提高了对眼睛健康的重要程度,还学会了如何在日常生活中有效保护视力。本节课最成功的一处是刚开始的蒙着眼睛走直线,有效地吸引了学生的注意力。其次,在班会的高潮部分,我邀请了家长为学生讲解如何正确用眼和护眼。家长详细介绍了近几年不注意用眼导致一系列后果的大数据和平时用眼时的注意事项,如保持适当的阅读距离、让眼睛定期休息、避免在光线过暗或过亮的环境下用眼等,使学生增长了不少知识。同时,我也希望将这次班会的成果分享给更多的人,让更多的人了解保护眼睛的重要性,共同守护我们的"心灵之窗"。不过,我发现学生在保护眼睛的过程中还存在一些问题和困难,如不知道如何正确使用眼睛、不知道如何缓解眼睛疲劳等。在后续的教学中,我将更加注重培养学生的健康意识和自我保护能力,帮助他们更好地保护眼睛。

（尹冰洁）

情绪探索之旅

——三年级"情绪教育"主题班会课

一、背景分析

近年来,随着生活节奏的加快,学生面对的各种压力和情绪问题也日益增多。三年级学生心理发展迅速,开始认识并尝试理解、表达情绪。但由于年龄原因,自律性差,面对负面情绪时,缺乏有效的应对策略。

班会以"情绪小侦探"为切入点,通过一系列活动引导学生关注自己的情绪变化,了解情绪产生的原因及影响,学习有效的情绪调节方法,培养学生的情绪管理能力。同时,通过小组合作和互动交流的形式展开问题的讨论与解决,增强班级的凝聚力,提高学生的沟通能力、人际交往能力和解决问题能力。在当今社会中,情绪问题已经成为影响学生身心健康发展的重要因素之一。因此,开展以"情绪探索之旅"为主题的班会有着重要的现实意义和教育价值。

二、班会目标

认知目标:理解对不同事件的观念或想法会引发不同的情绪。

情感目标:通过分享个人经历和参与游戏活动,培养积极、健康的情绪态度并学会以开放、接纳的态度面对自己的情绪。

行为目标:有效地运用所学策略进行自我调节,形成良好的情绪管理习惯。

三、班会准备

班主任准备:准备课件,用于展示讲解内容;收集一些学生不愉快或困扰的事情,作为小组讨论的素材;准备情绪记录表,供学生记录自己的情绪体验。

学生准备:头饰、玩具道具;提前排练情景剧《玩玩具》,以便在课堂上进行表演。

四、班会过程

(一) 游戏导入

1. 活动一:互动游戏

教师出示场景,让学生猜一猜场景中人物的情绪,并用表情或者动作表示。

场景一:今天语文课上,王明同学积极回答问题,老师表扬王明回答问题自信大方。(骄傲/自豪)

场景二:下课的时候,小红想找好朋友小明下棋,可小明却和其他同学出去玩了。(失望/沮丧)

场景三:放学的时候,突然下雨了,张立同学发现自己没有带伞。(焦虑/不安)

场景四:晚上做完作业,朱莉想看会儿电视,妈妈却要她再写几道练习题。(不满/烦躁)

2. 活动二:分享体验

(1)同学们,你们刚才通过表情或者动作所表达的情绪是什么呢?谁愿意分享一下?(指名回答)

(2)谁来说一说我们的情绪都有哪些特点?

班主任小结:情绪,是对一系列主观认知经验的通称,是多种感觉、思想和行为综合产生的心理和生理状态。最普遍、通俗的情绪有喜、怒、哀、惊、恐、爱、恨等。

> **设计意图** 通过暖身游戏,引导学生觉察自己情绪的多样性和易变性,营造轻松的课堂氛围。同时,以三年级学生日常生活中的真实情景为例,引发学生情感共鸣,调动学生参与的积极性,为本节课的顺利开展做好铺垫。

(二) 环节一:情绪探索——我为什么快乐

情绪就像是我们的朋友,与我们形影不离。那么我们为什么会拥有不同的情绪呢?小侦探们,让我们一起来探索这个问题的答案吧!

1. 活动一:快乐记忆大搜索

(1)引导分享:你们还记得什么时候感到特别快乐吗?是在什么情况下呢?

(2)小组交流:小组内互相分享自己的快乐记忆,并描述快乐的场景、当时的心情以及为什么觉得快乐。

(3)全班分享:每个小组选出几个代表,在全班范围内分享快乐故事。其他学生倾听,并尝试感受分享者的快乐情绪。

总结提炼:教师总结学生们分享的快乐时刻,提炼出快乐可能来源于哪些方面,如家庭的温暖、朋友的陪伴、成功的体验等。

2. 活动二:快乐创作坊

(1)准备好绘画纸、彩色笔、贴纸等创作材料。

(2)如果快乐是一种颜色,它会是什么颜色呢?如果快乐是一种形状,它又会是什么样子呢?请用绘画或拼贴的方式,将自己的快乐表达出来。

(3)开始创作,大胆发挥想象力,用自己的方式表现快乐。

(4)上台展示自己的作品,并介绍自己的作品,分享创作过程中的想法和感受。

班主任小结:通过小侦探们的探索,我们知道了不同的事情可能会引发我们产生不同的情绪,情绪的世界真是奇妙无比!

设计意图　利用小学中年级学生喜欢的形式,引导学生回忆并分享自己感到快乐的时刻,增强对快乐情绪的认知和体验。通过艺术创作的方式,让学生表达自己对快乐的理解和感受,进一步加深对快乐情绪的体验和认知。通过联系生活实际思考,引导学生分享自己的不同情感经历,感知除了快乐以外的其他情绪,进而关注自己的情绪变化,了解情绪产生的原因及影响。

(三) 环节二:亲身体验——想法大不同

面对同一件事情,不同的人可能会有不同的情绪体验。小侦探们,让我们一起走进侦探小剧场来深入体验并了解这一点吧!

1. 活动一:表演情景剧《玩玩具》

剧情:姐姐和妹妹一起在客厅玩玩具,妹妹不经姐姐允许拿走了姐姐的玩具,姐姐把玩具从妹妹手中拿回来的同时,妹妹不小心摔倒了,并大哭了起来。妈妈闻声赶来后责怪了姐姐。

(1) 采访观看的同学:你们觉得此时姐姐的情绪是怎样的? 为什么会有这样的情绪?

(2) 思考:为什么同样面对妈妈的批评,大家会有不同的想法以及情绪呢? 是什么影响了我们的情绪体验?

2. 活动二:互换角色,重现情景剧

(1) 姐姐、妹妹、妈妈扮演者互换角色,再次即兴表演。

(2) 表演结束后,采访人物与之前体验有什么不同。

(3) 说一说在表演过程中自己的心理活动。

教师小结:有时候面对同样一件事,由于我们的想法不同,会导致我们的情绪体验也不一样。也就是说,我们的想法会影响我们的情绪。

(4) 采访姐姐的表演者:你觉得此时怎么转变想法才能改变生气、难受或者焦虑的情绪呢?

设计意图　通过情景剧的活动体验,拉近学生与课程主题的距离,为学生提供一个感受和思考情绪的心理空间。引导学生理解同一件事的想法不同而引发的情绪体验也不同,深入理解事情的两面性。

(四) 环节三:神奇站点——情绪变变变

通过之前的情景剧,我们知道了改变想法可以让我们获得好心情。现在老师要带领小侦探们走进神奇站点——情绪变变变。

1. 活动一:合作探究寻方法

(1) 教师发给每个小组一些提前搜集的班级同学生气或者难受的情景。

（2）小组内讨论交流：请同学们一起想办法改变他们的想法，让他们变得平静或者开心，并把改变后的想法记录在表格中（见表4-1）。

表4-1　情绪对比表

事件	原来的想法	原来的情绪	改变情绪的方法	改变后的情绪（请打"√"）
上课的时候，小亮因为做小动作被老师批评了	被老师批评很丢脸	不开心		平静 开心
竞选班长时，小红落选了	大家都不喜欢我	难过		平静 开心
小光的好朋友不理他了，又有了新朋友	我被抛弃了	难过		平静 开心
妈妈陪弟弟玩，不辅导我写作业	妈妈不爱我了	生气		平静 开心

（3）小组代表展示分享讨论成果。

（4）其他同学质疑、补充。

（5）教师点拨指导调节情绪的方法，如：深呼吸、积极思考、寻求支持等。

2. 活动二：习得方法巧运用

（1）模拟再现表格中的情景，运用老师所教的方法获得积极的情绪体验。

（2）谈一谈自己的真实体验。

班主任小结：生活千姿百态，我们的情感体验也是丰富多彩，尝试着改变想法，或许可以让自己的心情有大大的转变，相信同学们只要遇事多冷静下来想一想，一定能成为自己情绪的小主人！

设计意图　在课堂上呈现的案例来源于学生的日常，通过小组交流、讨论的形式完成小组指定任务，集思广益，作用于学生，靠近学生的最近发展区，引发学生感知生活中的情绪并思考转变情绪的方式，从而最终学习使用积极乐观的心态面对问题。

（五）环节四：合理调节——学会管理情绪

1. 活动一：认识情绪管理的重要性

（1）通过故事或情境引入，让学生认识到情绪管理的重要性。讲述班内学生因情绪失控而引发冲突的小故事，引发学生共鸣。

（2）列举一些常见的情绪词汇，如开心、生气、难过等，并尝试用面部表情、动作或声音来表达这些情绪。

（3）组内讨论不同情绪的特点及其对个人行为的影响。

2. 活动二:学会管理情绪

（1）通过角色扮演或模拟情境的方式,让学生尝试运用这些方法进行情绪调节。

（2）小组讨论并分享自己在日常生活中遇到的情绪问题以及如何运用所学方法进行调节的经历。

（六）教师总结——升华主题

情绪管理对个人成长尤为重要,其实情绪没有好坏之分,当我们了解了情绪产生的原因,并能尝试着去改变自己的想法,我们就能在生活中收获好心情。希望大家将所学的情绪调节方法应用到日常生活中,并随时记录自己的成长与变化。

> **设计意图** 通过梳理本课的学习内容,帮助学生回顾本节课中学习的思路、生成的结论,引导学生直观地了解情绪产生是正常的、可控的,从而激发学生正确表达情绪的意愿。

五、班会后延伸教育

（1）请同学们坚持每天填写"我的情绪记录表"（见表4-2）,坚持一个星期后,看看自己会有哪些变化?

（2）坚持填写"我的情绪记录表"一个月后分享感受,评选"情绪管理小达人"。

> **设计意图** 让学生根据表格学会情绪管理,在每天进行记录的过程中学会反思自己的不足,以每天记录填写来督促学生养成良好的习惯,学习管理情绪,争做情绪的小主人。

表4-2 我的情绪记录表

日期	情绪	事情	想法	改变情绪的方法	改变后的想法	改变后的情绪

六、板书设计

情绪探索之旅

积极情绪：快乐、兴奋、喜悦

消极情绪：悲伤、愤怒、焦虑

立场不同、想法不同、情绪不同

七、班会反思

本次主题班会是一次有益的尝试和实验，对于学生的成长和发展具有重要意义，我针对本次班会做出以下反思：

1. 主题选择

选择情绪管理作为主题，是因为情绪管理对于学生的身心健康和人际关系发展具有重要意义。通过这次班会，我希望学生能够认识到情绪管理的重要性，并学习一些实用的情绪调节方法。

2. 活动设计

在活动设计方面，我采用了多种形式，包括讲座、小组讨论、角色扮演等，以增加学生的参与度和体验感。但在实际操作中，我发现小组讨论和角色扮演环节有些混乱，部分学生没有积极参与。

3. 互动交流

在班会过程中，我鼓励学生积极参与互动交流，分享自己的感受和经验。但在实际操作中，我发现有些学生比较害羞，不愿意主动分享，需要进一步引导和鼓励。

4. 氛围营造

为了营造一个轻松、愉快的氛围，我在班会开始前播放了一些轻音乐，并在教室布置上下了些功夫。但在实际操作中，我发现部分学生还是有些拘谨，需要进一步营造放松的氛围。

5. 反馈机制

本次班会没有设置完善的反馈机制，无法及时了解学生的感受和意见。未来可以设置一个反馈表或进行口头调查，以便更好地了解学生的需求和意见。

6. 总结与展望

通过本次班会，学生不仅学会了如何识别、表达和调节自己的情绪，还提高了自我认知和自我管理能力，并掌握了一些实用的情绪调节方法。但也存在一些问题和不足之处。在今后的班会课程中，我会增加趣味性和互动性更强的课堂活动，吸引学生参与。未来我将继续努力，不断优化班会内容和形式，为学生提供更加丰富、有意义的成长体验。

（石宜鑫）

外号止步，美号启航

——五年级"尊重教育"主题班会课

一、背景分析

在当前教育体系中，教育部强调五育并举的全面发展理念，旨在培养学生全面发展的素质教育。在这一大背景下，同学间的人际关系处理成为德育教育中的重要一环。学生之间互相起外号，会影响班级的和谐氛围。针对五年级学生的特点，他们正处于性格和自我认知快速发展的阶段，对同伴的评价极易影响他们的自信心。通过这节主题班会课，不仅可以引导学生认识到起外号行为的潜在负面影响，还能激发他们从积极的角度看待和评价同学，从而促进班级内的正向互动和友谊的加深。此外，该主题班会课也是对学生进行德育的实践，通过引导学生用"美名"替代外号，培养他们的语言美感，加强他们对道德规范的认识和遵守，体现了五育并举的教育理念。

二、班会目标

认知目标：通过了解班级中被起外号的学生，认识到这种行为对个人和集体可能产生的负面影响。

情感目标：通过讨论和活动，激发学生对同学的尊重和同情心，理解每个人的独特性和价值。

行为目标：能够在日常生活中自觉避免使用负面外号，用正面的语言表达对同学的认可和鼓励。

三、班会准备

班主任准备：班会方案设计；课前进行系列调查表；案例收集。

学生准备：搜集相关视频，学生名字的美好寓意，制作"留言卡"；美号创意思考。

四、班会过程

（一）谈话导入，引出"外号"这一主题

班主任直接与学生进行谈话，以班主任的名字——"李静"为契机进行交流，让学生猜一猜有什么美好的含义。有的学生认为班主任应该是一位安静的老师，有的学生认为班主任是一位文静的老师，有的学生认为班主任应该是个美好且有智慧的老师。

班主任总结：大家说得都非常好，通过大家的发言我发现咱们班的孩子都是聪明、睿智的孩子。

(二)环节一:"美号我来解"

1. 活动一

班主任以播放小视频的形式从学生名字的美好含义去引导学生发现每个名字背后的美好寓意,进一步解读学生名字。

预设:

学生甲:"徐辛"代表权威刚强,意志坚定,勇往直前。

学生乙:"常锦浩"名字寓意为有吸引力,"锦"代表前程似锦、锦上添花;"浩"代表着浩然正气、学识渊博。

设计意图 通过展示每个人名字的美好寓意,促进学生之间的相互了解和尊重。在这个环节中,学生不仅能够展现自己,也能更好地了解和欣赏他人,为班会营造一个积极、包容和尊重的氛围。

2. 活动二

班主任带领学生玩一次"幸运大转盘"的小游戏,以老师掌握转盘转动开始,学生喊停的形式结束,抽中的这个学生成为焦点,以谁的名字谁分享的方式,来了解班内某个学生名字的美好内涵,更好地理解名字对于自己的意义。

班主任总结:通过大家的发言,我发现大家都是勤思考、善动脑的孩子。同学们,咱们每个人的名字不仅好听,还很有意义,名字里都包含了父母对我们的爱,包含着他们对我们的期望,所以其他人在喊我们名字的同时,也是把美好的祝愿送给我们。

设计意图 这个游戏环节的意图在于增加班会的互动性和趣味性,同时促进学生之间的正面交流和相互认可。通过这种方式,学生不仅能够更加深入地了解同伴,还能学习如何从积极的角度看待和欣赏他人,并能让每个学生都感受到自己是班级不可分割的一部分,被珍视和尊重。

(三)环节二:"烦恼我诉说"

1. 活动一

学生跟着教师的镜头看一个案例:

教师导入"虎妞"被起名外号为"母老虎"的短视频,从而所产生的一系列烦恼。

小组讨论交流:

故事深入——看完这个视频,让学生说一说自己班内有没有这种情况发生,先给大家一分钟的时间思考,再以小组为单位来说一说班级里类似的现象。

设计意图　这个环节在于促进学生深入理解外号对个人心理健康的潜在负面影响,增强他们的同理心和责任感。通过讨论交流,学生能够反思自己的行为,认识到尊重他人的重要性,从而在日常生活中更加注意自己的言行,避免伤害他人。

　　2. 活动二

　　预设:班主任进行一个采访,起外号的学生和被起外号的学生分别讲述感受,让学生一起来倾听他们的心声。

　　学生甲:被起外号给我带来的烦恼与伤害是……

　　学生乙:我给××起外号,给他带来的烦恼和伤害是……

　　班主任总结:给别人取不善意的外号,会给别人带来伤害。带有嘲笑的、不雅的、不善的、贬义的外号是让人不开心的,都会给他人带来烦恼,甚至会伤害到别人!

　　设计意图　这个设计的意图在于直接面对问题,促使学生从真实案例中深刻理解外号的负面影响。这种直接的、个人化的分享更容易触动学生的情感,激发他们的同理心,从而引发自我反思和行为改变。

　　(四) 环节三:烦恼我来解

　　1. 活动一

　　教师出示对"被起外号的情况"系列调查图(见图4-1):

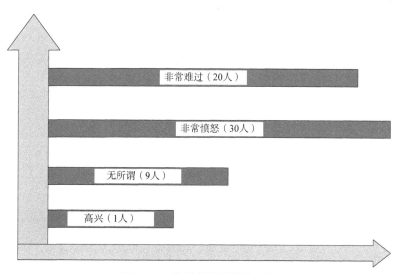

图4-1　被别人取外号的心情

2. 活动二

班主任出示问题并分小组进行讨论:

(1) 说一说你是否有过相同的经历。是谁给你起了什么外号,并给你带来了哪些伤害,你当时的感受如何?

(2) 你以后应该怎么做? 你明白(学会)了什么?

预设:

班主任:你当时为什么给她取外号? 当时你是怎么想的呢?

生 1:当时我是想跟他开玩笑,并没有侮辱他的意思,我以后一定不会再随便给人起外号了。

生 2:当别人再给我起外号时,我一定要大声说"不要",并告诉老师!

班主任:对,同学们。在以后的学习和生活中,当你再碰到类似的情况明白要怎么做了吗? 对于取外号的学生,以后一定要注意尊重别人,而被取外号的学生,也要大声地说"不"!

(五) 环节四:真情我留言

1. 活动一

班主任出示给学生的留言卡(见图 4 - 2),引导学生填写:

留言卡

_____:

　　因为我给你取的外号让你_____,我感到_____,我以后会_____。

　　希望我们一直都是好朋友哦!

×××

×年×月

图 4 - 2　留言卡

班主任可以播放相关的音乐,创设情境,渲染气氛,让学生认真填写留言卡。

预设:

学生朗读留言卡,对应学生说:我原谅你了,我们还可以做好朋友。

学生朗读留言卡结束,对应学生送给他一个拥抱。

学生朗读留言卡,对应学生送给他一个微笑,并相互握手。

班主任小结:听了大家的留言,看了你们的互动,老师真的感到特别欣慰,勇于改正错误的小战士,还有心胸开阔的达人们,老师不禁为你们感到骄傲。

> **设计意图** 这一环节通过书写留言卡,学生可以在不直接面对面的情况下,更加深入、真诚地表达自己的感受和思考。对于被取外号的学生,这是一个表达内心伤感和希望得到理解与尊重的机会;对于取外号的学生,这是一个反思自己行为、表达歉意和愿意改变的机会。

2. 活动二

通过理解每个孩子名字的美好寓意,教师引导学生给起外号的这些孩子再分别取一个"美号"吧。并且比一比谁取的名字最好听、最美好吧!

预设:

学生徐辛起立:老师,我给娄睿辰起的外号是"咖啡豆",我想以后称呼他为"咖啡侠",因为他在我心中就像侠士一样,很有英雄风范。

学生王佑起立:老师,我给黄梓豪起的外号是"黄桃罐头",我想以后称呼他为"黄帅",扭转他在班级同学心目中的形象。

何奕锦(荷兰豆)、王浩阳(小松鼠)、叶梦珂(朵拉)、张弈辰(大胖子)……

> **设计意图** 这一环节在于促进学生从负面的标签转向积极的被认可与鼓励,学生被鼓励思考并创造出反映同学积极特质和优点的昵称,不仅有助于修复之前因负面外号可能造成的伤害关系,还能促进班级成员之间的正面互动和相互尊重。

3. 活动三

通过刚才"美号"的聆听,班主任组织学生进行"美号"小天使的选取。选出小天使并举行一个隆重的颁奖典礼。

(根据课堂的容量以及时间的进度,活动二和活动三可以适当增加或者删减。)

班主任小结:其实称呼是用来表达爱的,有些我们的玩笑,别人会觉得不舒服。当你听到不舒服的外号时,咱们可以试着勇敢地说出自己的感受,提出我们的希望,必要的时候,可以寻找老师、家长的帮助。

> **设计意图** 这个环节通过正式的认可和奖励机制,强化了正面行为的价值,鼓励学生积极参与与构建一个更加和谐、尊重的班级环境。它不仅提升了学生对于积极行为的认同感和归属感,还激发了其他学生效仿的动力,从而进一步促进了班级内积极互动和正面评价的文化。

教师总结:亲爱的同学们,通过本节课的学习,我希望你们从今天的课程中学到的不仅仅是如何避免给别人取外号,更重要的是学会如何用尊重和理解去对待每一个人。让我们共同努力,用我们的善良和理解,为我们的班级营造一个更加和谐、友爱的环境。我为有你们这样愿意学习和成长的学生而感到骄傲。

> **设计意图** 本次班会通过一系列精心设计的活动和讨论,引导学生深刻认识到尊重他人和理解多样性的重要性。我们共同探讨了取外号的行为及其背后可能隐藏的偏见和误解,通过留言卡、美号小天使推选等环节,不仅修复了因误解产生的裂痕,还加深了同学们之间的相互理解和尊重。

五、班会后延伸教育

(1)"感恩信"写作:请同学们思考在生活中对你有帮助和影响的人,可能是家人、朋友、老师或同学,给他们写一封感恩信。

(2)"我看到的你"分享活动:在接下来的一周内,每个同学需要观察班级中的其他同学,找到他们身上的积极特质或值得赞扬的行为,并在下一次班会上进行分享。

六、班会反思

在今天的班会中,我们通过一系列活动和讨论,让每位同学都有机会反思自己的行为及其对他人的影响。这次班会不仅是一个学习和成长的机会,也是一个加深同学间相互理解和尊重的过程。首先,通过对取外号行为的讨论,我们揭示了这种行为背后可能存在的偏见和误解。通过分享被取外号的学生的感受,同学们有机会从另一个角度看待这个问题,认识到轻率的言行可能给别人带来的伤害。其次,"美号小天使"推选环节,不仅修复了因误解产生的裂痕,还加深了同学们之间的相互理解和尊重。通过正面的互动和认可,我们看到了班级氛围的积极变化,同学们在相互鼓励和支持中成长。然而,班会的举办也暴露出我们还需要在某些方面做出改进。例如,如何让每位同学都能积极参与到班会中来,而不是仅仅成为旁观者,这是我们需要思考的问题。此外,如何将班会中学到的内容更好地应用到日常生活中,也是我们接下来需要关注的重点。总之,这次班会是一个良好的开始,它不仅让同学们认识到尊重与理解的重要性,也促进了学生素养的整体提升。作为班主任,我将继续关注同学们的成长,鼓励他们将今天学到的知识和理念应用到生活中,不断提升自己,为构建和谐社会贡献自己的力量。同时,我也会反思和改进我们的班会活动,确保每次班会都能为同学们的成长提供有意义的支持。

七、班会板书设计

外号止步,美号启航

团结友爱 拒绝外号

（李 静）

Ta,就是我们的好榜样

——五年级"榜样教育"主题班会课

一、背景分析

1. 社会背景

当前,随着社会经济的发展和经济结构的变革。一方面,社会主义核心价值体系和中华传统美德仍然占据社会的主流,起着主导的作用;另一方面,背信弃义、见利忘义影响着社会风气。需要全社会树立起鲜明正确的价值导向,促进社会主义核心价值体系建设。

2. 学情分析

五年级学生正处于青春期初期,对身边的事物和人有着强烈的好奇心和模仿欲望,但又缺乏正确的价值观和行为准则。因此,通过本次班会,可以帮助学生认识到榜样的力量和作用,引导他们选择和学习正确的榜样,培养他们的自我榜样意识和行为,增强他们的道德情操和社会责任感。

3. 班级现状

调查发现,大部分学生和优秀的孩子坐在一起,会变得越来越优秀;但是,和调皮的孩子在一起时,就会逐渐散漫起来。这是一种自制力不够强的表现。我们要引导学生心中始终有一个标杆,时刻规范自己的行为。

二、班会目标

认知目标:通过评选榜样活动,使学生进一步了解榜样在我们身边的作用以及学习身边同学的优点。

情感目标:通过班会活动,让学生树立了正确的价值取向和行为准则,感受榜样无穷的力量,不断提升自我。

行为目标:通过学习榜样的勤奋与坚持,培养学生良好的道德品质。

三、班会准备

教师准备:课件、调查问卷、榜样存折卡、小品、榜样树、榜样卡片、小记者采访、奖品等。

学生准备:完成调查问卷。

四、班会过程

(一) 诗歌导入,引出主题

榜样是激人奋进的赞歌,榜样是指引方向的灯塔,榜样更是一种力量,是一种向上的牵引力。"一个好的榜样胜过千言万语的说教。"当我们面对困难和挑战时,是榜样的力量鼓舞着我们勇往直前;当我们迷茫和困惑时,是榜样的智慧指引着我们找到正确的方向。

下面请欣赏学生诗歌朗诵《榜样的力量》:

妈妈说:每个人都应该找到自己的榜样;

爸爸说:榜样,是克服困难的力量;

老师说:榜样,有无穷无尽的智慧;

我说:榜样,你在我的心间藏!

......

设计意图 诗歌朗诵是一种生动有趣的活动形式,能够激发学生的兴趣和参与热情,吸引学生的注意力和好奇心,让学生在轻松愉悦的氛围中,感受到榜样的力量。同时,我也希望学生能够以榜样为引领,努力成为更好的自己。

(二) 环节一:寻觅榜样

1. 活动一:猜榜样识其人

从双耳失聪到清华博士,江梦南开启了人生的"困难模式",靠着数倍于同龄人的努力,一路"升级打怪",历经无数坎坷,克服重重困难,向着梦想不断前行。她以无比坚韧的顽强拼搏精神,书写出了不屈不挠的奋斗篇章,每一位了解她故事的人,都为之深深感动。

从南方的小村庄到世界顶级赛场,苏炳添从未停下奔跑的脚步。苏炳添刷新了男子 100 米亚洲纪录,这份成绩来自于数年如一日的艰苦训练以及无数次的坚守。

伟人之所以"卓越超凡",并非因为天资聪颖,而因他们付出了巨大的努力,更因他们"不以物喜,不以己悲"的执着追求。夜里病痛的折磨、无穷无尽的测试、屡败屡战的结果、一无所知的未来。杂交水稻之路荆棘丛生,袁老用数十年不停歇的坚韧,穿越千山万水追寻太阳,用胸膛中最深沉的热情,寻访泥土孕育的传奇。

> **设计意图**　让学生了解成功人士背后的故事和付出,他们的成功经历和奋斗精神能够激励学生不断追求进步和成长。只有勤奋学习、坚持不懈,才能取得成功。这种激励作用可以激发学生的积极性和主动性,促使他们不断挑战自己、超越自己,实现个人价值和梦想。

班主任小结:没有随随便便的成功,只有夜以继日的努力,为他们的坚持奋斗而感动。

2. 活动二:榜样知其行

(1) 聆听故事,认识榜样的力量。

鲁迅先生从小认真学习。少年时,在江南水师学堂读书,第一学期成绩优异,学校奖给他一枚金质奖章。他立即拿到南京鼓楼街头卖掉,然后买了几本书,又买了一串红辣椒。每当晚上寒冷时,夜读难耐,他便摘下一个辣椒,放在嘴里嚼着,直辣得额头冒汗。他就用这种办法驱寒坚持读书。正是因为刻苦读书,后来他成为我国著名的文学家。

(2) 播放视频资料,思考:乐鑫同学是怎么做到勤学的?

> **设计意图**　通过故事、视频等形式展示榜样的成就和事迹,让学生深入了解他们背后的故事和付出。引导学生探讨榜样对自己产生的影响和启示,激发内心的正能量。

(三) 环节二:身边榜样

1. 活动一:猜猜他是谁

(1) 出示班级榜样的资料,猜猜他是谁。

(2) 学生猜榜样,随机采访榜上有名者。

(3) 出示课前调查表:谁是我心中的榜样,他具有怎么样的品质特征。

(4) 学生进行沟通交流,知道榜样有哪些地方值得大家学习。

> **设计意图**　激发学生的好奇心和探索精神,引导他们去发现身边的优秀人物,从而树立正确的价值观和人生观。学习他们的经验,反思自己的行为和态度,明确自己的目标和方向。培养学生的自主学习能力、思维能力和创新能力,为他们的未来发展打下坚实的基础。

2. 活动二:角色扮演

(1) 通过角色扮演的方式,生动地再现榜样人物的事迹。

选择一些历史上的伟人、当代的名人或者身边的优秀人物作为榜样。同时,要确保这些榜样人物具有积极、健康向上的品质和行为习惯,能够带来正能量。

(2) 事迹给大家带来什么样的力量?

(音乐渲染:选择一些激昂奋进的背景音乐,营造积极向上的班会氛围。)

设计意图 让学生以"角色扮演"的方式亲身体验,提高他们的积极性和自信心。帮助学生认识到自己的不足和需要改进的地方。通过反思自己与榜样的差距,可以发现自己的问题所在,从而有针对性地进行改进和提高。同时,榜样事例也能够帮助学生培养良好的品德和道德观念,促进个人全面发展。

(四) 环节三:学习榜样

1. 活动一:观看校园采访视频(榜样)

设计意图 让学生直观地了解身边的榜样人物。这些榜样人物可能是学生身边的同学、老师或者其他校园工作人员,他们在学习、生活、品德等方面表现出色,是值得学习和借鉴的对象。通过观看校园采访视频,学生可以更加深入地了解这些榜样人物的事迹和经历,感受到他们的优秀品质和行为习惯,从而激发自己向榜样看齐的动力和决心。

2. 活动二:学习榜样

(1) 说出你身边的榜样,他们哪些地方最值得你学习?

(2) 分小组讨论:怎么样向他们学习? 有什么好的方法和策略?

(3) 分享交流。

预设:

(1) 靠近榜样:平时多与榜样接触,多观察。

(2) 罗列优点:把榜样的优点和所做的值得你学习的事写下来。

设计意图 向榜样学习,引导学生认识到勤奋、坚持、勇敢等品质的重要性,帮助他们树立正确的人生观和价值观。

3. 活动三:榜样承诺精神

(1) 学生写下自己的承诺,可以是学习目标或者如何学习榜样的方法。

（2）学生交流分享。

> **设计意图**　让学生写下自己的承诺,是为了引导他们明确自己的目标和方向,激发他们的内在动力和自我驱动力,同时,承诺也是一种自我约束和自我激励的方式,可以帮助学生养成良好的学习习惯和行为习惯,提高他们的自我管理能力。

班主任小结:在生活的角落中,总有那么一种精神,引领我们奋发图强;总有那么一种力量,让我们信心倍增;总有那么一种人格,指引我们不断前行。让我们向榜样学习,向榜样看齐,我们将无坚不摧、无往不胜!

榜样离我们很近,先锋就在我们身边。让我们一起学习榜样精神,汲取成长力量。

（五）环节四:榜样践行

1. 活动一:欣赏小品《榜样的力量》

> **设计意图**　通过欣赏身边的榜样事迹,引导学生要心中有榜样、有目标。做优秀、努力的自己,成为他人眼中学习的榜样。

班主任小结:学会发现人性的优点,找到支撑梦想的力量。

2. 活动二:感恩身边的榜样

（1）在感恩卡上写上你心中的榜样。

（2）制作感恩卡,写下你的感谢言语,向榜样传达感谢之情。

（3）将感恩卡粘贴在榜样树上。

> **设计意图**　"有志者,事竟成。"从现在开始,我们要做一个有理想、有目标的小学生,向我们心目中的榜样学习,用自己的行动来证明我们是有责任、有担当的小学生。

班主任小结:榜样有着无穷的力量,他们可以激发我们的热情和潜能,帮助我们克服困难。他们是我们前进路上的灯塔,是我们永远追求的目标和理想。

（六）课外延伸

榜样存折:把每天做的好人好事,记录在榜样存折卡(见图4-3)上,期末评选出班级"榜样小明星"。

优点	我的事迹	存入	支取	总计	操作员

图 4-3　榜样存折

设计意图　通过"榜样存折"的形式,学生可以记录日常生活中或者学习中的榜样事迹,根据存入的总量评选出"榜样小明星"。同时,被评为"榜样小明星"的学生也会得到认可和鼓励,这将进一步激发学生的内在动力和自我驱动力,促使学生继续保持和发扬榜样的力量。

五、板书设计

Ta,就是我们的好榜样

学习时代榜样

发现身边榜样

争做未来榜样

六、班会反思

在本次"Ta,就是我们的好榜样"的主题班会中,我深刻地反思了活动的各个环节,对目标达成度、内容深度、互动环节、情感渲染和后续影响等方面进行了细致的评估。

首先,关于目标达成度,我设定了帮助学生树立正确榜样意识、激发行动力量为主要目标。通过观察学生在班会中的表现,我认为目标基本达成,大多数学生能够明确榜样的重要性,并表示将在生活中积极寻找和模仿优秀的人。

其次,互动环节是本次班会的亮点,学生积极参与,分享了自己心目中的榜样和受其影响的经历。这不仅增强了班级凝聚力,也使得榜样形象更加生动具体。

再次,是情感渲染方面,我通过播放校园视频、演绎小品等方式,努力营造出积极向上的氛围。大部分学生被感染,表现出强烈的情感共鸣。

最后,是后续影响,我计划通过日常观察和与学生的交流,进一步了解班会对学生产生的长期影响。目前看来,不少学生在日常行为中已经开始学习他们所崇敬的榜样,这让我深感欣慰。

榜样就在我们身边,他可能是你身边的每一个人,他存在于我们每一言每一行里。同学们,我们能够正视自己,正视我们身边的人,明确我们身边的榜样,那么我们就向榜样学习,为自己要评选的小榜样而勤奋努力,早日实现自己的目标。

整节班会课下来,从知、情、意、行各个方面都有一个提升,更加坚定了学生树立正确的人生观、价值观和情感观。

但是,对于学生整个人生三观而言,并不是一节班会课就能体现出来的,我们仍然要从日常生活中,从点滴小事上,以身作则,用榜样的精神时刻引领学生,真正做到为党育人,为国育才,培养堪当民族复兴大任的时代新人。

人生旅途中,每个人都需要一盏明灯。榜样就是那盏指引我们前行的明灯。

(许　琳)

讲文明,重礼仪,从我做起

——一年级"文明教育"主题班会课

一、背景分析

因为我们是刚踏入一年级的小朋友,各种习惯、行为举止、礼貌用语等都需要我们慢慢地培养。因此开展"文明礼仪"主题班会尤为重要。

现在的学生大多是独生子女,虽然他们从小在学校接受正面教育,具有一定的辨别是非的能力,但因父母及家人的过度宠爱而变得刁蛮任性,一切都以自我为中心,不懂得最基本的文明礼仪,违反纪律、顶撞老师的现象屡有发生。因此,教育学生要讲文明、重礼仪,从我做起,从点滴小事做起,提高青少年文明素养已成当务之急。

在我们现实生活中,文明礼貌用语常常挂在每个人的嘴边,但实际做到的应该不太多。例如:有些成年人不能够注重个人的语言文明,久而久之对社会和家庭造成不好的影响。说话文明有礼是我们心灵美的表现,是一种良好的社会公德,它会使人与人之间的关系更融洽。讲话文明和礼貌待人,这也是文明礼貌的基本要求,我们要把这些要求融入日常生活当中去。让我们一起行动起来吧,争做一个文明有礼的小学生。

二、班会目标

认知目标:通过本次主题班会课,使学生认识到文明礼仪就在我们身边,体会文明礼貌用语的重要性,在日常生活中要正确使用文明用语。

情感目标:培养学生讲文明、讲礼貌的好品质。通过本次活动,班级呈现出和谐的氛围。

行为目标:通过主题班会活动,培养学生从我做起,从一点一滴做起,努力提高自己的文明礼仪修养,初步树立社会责任感,做一个文明礼仪的传递者。

三、班会重点及难点

重点:通过此次主题班会活动,使学生知道文明礼貌的重要性,养成讲文明、懂礼貌的好习惯。

难点:让学生知道文明礼貌用语,感受礼貌用语在生活中有着重要作用。

四、班会准备

教师准备:录制视频;搜集校园中出现的不文明现象的图片;制作班会需要的课件。

学生准备:学生情景剧的演出准备。

五、班会过程

(一) 视频导入,引入主题

活动内容:播放视频《文明只需一小步》

故事情节:这是一个反面教材短视频,里面有随意停放自行车的人,也有在公园里面吃完零食后转身就走的人……

(1)通过观看视频,你们有什么想说的? 小组进行讨论,并说明原因。

小组汇报:他们的行为是非常错误的,而且这样的做法也很危险,例如,视频中有个阿姨从高空抛物,如果下面有人的话,会给人造成很大伤害……

(2)猜一猜视频的后期会发生什么变化。

生 A:可能扔完东西就直接走了。

生 B:也有可能他意识到了自己的错误,这些东西没有扔。

在这个地方我并没有揭晓答案,而是给学生一种期待,视频后期到底发生了什么变化呢? 最后我会揭晓答案。由此,引出本节课的主题。

(3)引入主题"讲文明,重礼仪,从我做起"。

在我们日常生活中这样的例子有很多,想一想,在平常生活中你们是怎么做的呢? 从视频中可以让学生理解、宽容、包容他人,学会谦让、礼貌待人的态度,与同学团结友爱。因为我们是全国文明校园,所以要用我们的行为举止、文明用语感染每一个人。

> **设计意图** 通过播放《文明只需一小步》的视频,让学生知道,文明礼仪处处都在我们身边,我们要时刻记住,我们是全国文明校园,你的一举一动、一言一行都不只代表着你自己,还代表着学校和社会。

(二) 环节一:知礼仪

1. 活动一

同学们看到"知礼仪"三个字时,你们的反应是什么? 想一想。

展示:指说话做事要有礼貌。

礼仪就是对礼节、礼貌、仪态和仪式的统称,是人们在社会交往活动中,为了相互尊重,在仪容、仪表、仪态、仪式、言谈举止等方面约定俗成的、共同认可的行为规范。

2. 活动二

(1)观看现代讲礼仪的典型人物视频。

(2)说一说班级里面讲礼貌、知礼仪的同学。

通过活动让学生观看视频以及说一说班级里面讲礼貌的同学,知道文明礼仪的重要性。

> **设计意图** 通过第一环节,让学生懂得礼仪的基本概念。文明礼仪是中华民族的优良传统,作为新时代的少年儿童,我们更不能忘记优良传统,应争做一名讲文明、懂礼貌的好学生,让文明礼仪之花常开在心中。

(三) 环节二:讲礼貌之校园

请同学们想一想,校园里面会有哪些不礼貌的行为呢?(同桌互相说一说)

上课乱说话,对老师不礼貌不尊重;说脏话、乱丢垃圾、碰到别人之后立马就走;见到老师不打招呼;在墙上或者是桌子上乱刻乱画。

1. 活动一

通过课件出示一些不文明的校园图片。

想一想:这些现象会给校园带来哪些不好影响?请组内认真讨论。

展示:把校园的环境都破坏了,影响了整个校园。

如果换成是你,会怎么做呢?

学生纷纷回答道:我会见到垃圾主动捡起来,这样校园会更加美丽;当我遇到困难时,我会很有礼貌地请求于别人,我会说:“请你帮助一下好吗?”

感同身受,自我反思。

通过课件播放视频和图片,从学生的表情上来看,大多数的学生都已经明白了礼貌和不礼貌的区别。

2. 活动二

教师在校园里面进行“校园随手拍”,给学生观看视频或者图片。请学生谈谈想法。

> **设计意图** 设计这个环节是因为学生大部分的时间都会在学校,校园是一个活泼且文明的环境,我们不仅要学好文化知识,还要自觉遵守学校的校风校训,做一个讲礼貌的好少年。例如:在课堂上有问题要举手,教师让回答问题时要主动站起来;下课时,同学之间要团结友爱,不追跑不打闹,相互谦让,要多说“谢谢”“不客气”,形成一个文明和谐的校园。

(四) 环节三：讲礼貌之家庭

课件播放视频《家庭礼貌》。

故事情节：天气转凉了，奶奶给小明拿了一件外套让他穿上，小明很不耐烦地说："不用你管，不要理我。"

1. 活动一

大家通过观看视频有没有什么感受呢？谈一谈、说一说。

生1：天气冷了，奶奶让明明穿件衣服时，明明却很不耐烦地说不穿，奶奶听了很无奈，也很伤心。不尊老爱幼，对奶奶说话的语气很不礼貌。

生2：如果我是奶奶的话，我会不理他的，我也不会同他说话，让他自己体会一下我当时的心情。

2. 活动二

通过观看这个视频，对待长辈我们应该怎么做呢？

小组进行讨论，说一说你们在家里面有没有这样的行为，通过观看这个视频，你今后应该怎样做？和大家一起分享。

3. 活动三

情景表演。

> **设计意图** 通过观看视频以及情景表演，让学生知道要尊敬长辈，不顶撞长辈，不对长辈说一些不文明的语言，对待长辈要孝顺懂事、懂得感恩，关心亲友，不能顶撞他们、不称呼他们的大名。在家中，自己的事情自己做，并且试着帮助爸爸妈妈或者爷爷奶奶做一些力所能及的事情。

4. 活动四

文明礼貌，我们应做到哪些呢？（学生先独立思考，再与组内进行小组讨论）

生1：互相尊重、不说脏话，升降国旗时肃立行礼；见到老师和长辈要主动问好、不直呼长辈的姓名。

生2：和同学之间要团结友爱和睦相处，爱护校园里的花草树木。

> **设计意图** 我设计本环节，是通过前两个环节延伸，让学生自己总结和归纳，这样学生的印象会更深刻。

5. 活动五

请同学们想一想最常用的礼貌用语有哪些？（学生独立思考）

生：请、您、您好、谢谢、对不起、没关系、再见。

设计意图 通过这个环节,可以让学生知道这些在嘴边直接说出来的就是我们常用的礼貌用语。

(五)环节四:身临其境,互换角色演练

1. 请几位学生上台表演不同的情景剧

场景一:请同学们表演课间不礼貌的行为。

请思考,通过几位同学表演,他们的行为对吗?

场景二:请同学们表演如果有问题时你会怎么问别人呢?

2. 接下来请同学们跟着视频一起唱《文明礼仪歌》

文明礼仪歌

少先队员要做到,讲文明,讲礼貌。

唱着童谣去学校,路遇老师先问好。

同学相见说声早,礼仪常规最重要。

进校要走人行道,不穿操场和跑道。

上下楼梯不乱跑,遵守规则向右靠。

看见纸屑勤弯腰,爱护环境莫忘了。

上课听讲神不跑,积极发言勤思考。

下课不追不打闹,文明玩耍就是好。

(六)教师小结:引领价值观念

亲爱的同学们,礼貌是一粒最有生命力的种子,作为一名学生,我们有义务、有责任弘扬我们的礼仪传统,树立良好的自身形象。只要心里播下这粒种子,它就会在我们的精神世界里生根、开花、结果,那么我们的社会就会更美好! 希望通过这次活动,能让我们真正理解文明礼仪的重要性,让我们把文明的种子撒遍生活的每一个角落,让文明之花越开越盛,开遍家庭、校园、社会!

设计意图 通过班主任总结,学生知道文明礼貌就在身边,要和它们常常做朋友,幸福感会加倍。

六、板书设计

讲文明,重礼仪,从我做起

最常用的礼貌用语有:请、您、您好、谢谢、对不起、没关系、再见。

文明礼貌我们应做到哪些呢?

(1)不说不礼貌的话。

(2)不直呼长辈名字。

（3）不说脏话，不做不礼貌的行为。

（4）见到老师和长辈要主动问好。

七、班会延伸

（1）在我们生活中、校园中，你能记录一些关于礼貌的视频吗？期待大家的作品。

（2）学什么都要贵在坚持，近期我会做个小调查，学生可以相互监督，一天、一周、一个月后会在记录本中出现什么样的情况？

八、班会反思

刚从幼儿园踏入一年级的小朋友，对文明礼貌的知识还有些浅薄，甚至是懵懂的，这都需要我们点滴培养，要让他们知道中国是一个有着五千年历史的文明古国，中华民族大地上哺育了一代又一代勤劳善良、乐于助人、知书达理的中华儿女。孔子曰："不学礼，无以立。"泱泱华夏有无数先人为礼仪而"发声"，也因"礼仪之邦"而闻名于世，而在当代，无论是相遇时的一句"你好"，还是公交车上的相互礼让，都展现出了当代青少年的文明品德。

本次的主题班会，我采用了学生观看视频、演示情景剧等活动形式，让他们认识到七大礼貌用语：请、您、您好、谢谢、对不起、没关系、再见。不说不礼貌的话语，不直呼长辈的名字。因为一年级刚好是培养良好习惯的基础，本次召开的主题班会也很适合低年级儿童，让学生了解到文明礼貌的重要性，同时也培养了他们对礼貌用语的意识。学生纷纷表示，以后会更加注意自己的言行举止。

在日常生活中，我们也会带领学生一起了解校园的基本礼仪知识，培养他们讲文明、懂礼貌的意识。更重要的是让他们有了主人翁的意识，懂得了讲文明、重礼仪。本次的主题班会召开得很成功，学生也意识到了讲礼貌、懂礼仪的重要性，从课堂上都可以看出学生对本节课认识的体现。同时我也感到很欣慰，我相信未来的日子里，学生对文明礼貌这节课会有更深层次的理解。以后他们会知道中国是一个有着五千年历史文明的大国，素来有着"礼仪之邦"的美誉。对于新时代下的中国人来说，礼仪是我们生活中不可缺少的重要组成部分。懂文明、知礼仪，需要依靠我们每一个人时刻牢记、严格要求。文明礼仪隐藏在每一个"您、请、谢谢"之中，隐藏在每一次微笑、握手、点头之间。让我们携手同行，共同书写"文明礼仪"新篇章。

（刘　盼）

第五章

和融教育主题班会课的内容选择

第一节　内容选择概述

和融教育在选择内容时,基于社会文化理论、自我决定理论以及情感教育理论的指导思想,结合和融教育的核心理念,注重尊重差异,寻求共同点,促进学生彼此间的理解与合作,重视学生的生活实际,聚焦学生的兴趣爱好,这不仅确保了班会内容选择的科学性和实践性,还关注学生的实际需求,促进他们的全面发展。

一、紧扣主题,把准方向

教师在设计班会课前应选准主题,把准方向,因为每一个主题都会涉及班级集体的建设、班级文化的建设、学生的成长,因此,教师应该善于走近学生,了解学生的内心世界,知道学生的所思所想所求,同时教师还可以引导学生参与思考他们感兴趣的教育主题,鼓励他们自主发现和解决问题。

在"画出我的'生命线'——五年级'理想教育'主题班会课"中,教师通过带着学生进行"生命流沙"的游戏体验活动,以帮助学生直观感受到生命的有限性。学生对自己画"生命线"表现出浓厚的兴趣,并从中获得了"过去辉煌也好、挫败也罢,都已经成为往事,生命最重要的是未来"的体会,每个人都要绘制未来蓝图。要想人生有意义,就得有理想有抱负,理想不仅要树立,更重要的是实现。随后,通过讲述三只毛毛虫的故事(三只毛毛虫因为面对苹果树做出的选择不同,所以结果不同),让学生感悟到不能做一个生活没有目标、一生盲目、毫无人生规划的人。相反,我们要树立远大的目标和理想,并克服困难、努力实现。

二、基于班情,问题导向

在班会课的内容选择上,教师应深入了解班级情况,观察学生的日常表现,了解他们的兴趣、特长和存在的问题。与学生、家长和任课教师进行沟通,收集更多关于班级的信息,分析班级的整体氛围、学习状态以及人际关系等方面的情况,并由此具体分析以问题为导向筛选相关教育内容,从而提升班会课的针对性。

在"传承礼仪,浸润文明——五年级'文明教育'主题班会课"中,从本班学生基本情况开展。教师发现学生大多娇生惯养,虽然他们从小在学校接受正面教育,具有一定的辨别是非的能力,但因父母及家人的过度宠爱而变得有些任性,常常不自觉地以自我为中心,不懂文明礼仪,不讲卫生。因此,教师组织开展传承礼仪教育势在必行。

通过教师介绍典型事例,学生了解了先锋人物事迹,对文明礼仪有了深度理解。随后,学生对有关文明礼仪方面进行展演,学生深刻体会到文明礼仪的重要性,作为一名小学生,有义务、有责任弘扬我们的礼仪传统,树立良好的自身形象。让文明的种子撒遍生活的每一个角落,让文明之花越开越盛,开遍家庭、校园、社会!

三、贴近生活,符合实际

要使班会课贴近生活、符合实际,我们可以选择与学生日常生活紧密相关的主题,如"如何高效利用课余时间""健康饮食小贴士""面对压力,我们如何调整心态"等,确保主题能够引起学生的共鸣,让他们感到班会课的内容与自己的生活息息相关。在主题班会课中,教师可以引入一些与学生生活紧密相关的实际案例,通过分析案例,引导学生思考并找到解决问题的方法,使他们能够在现实生活中运用所学知识。关注学生是否将所学内容应用到实际生活中,引导学生进行反思,思考自己在班会课中学到了什么,如何将这些知识应用到实际生活中去。

在"怦然心动的整理'魔法'——三年级'劳动教育'主题班会课"中,教师针对学生存在缺乏必要的整理习惯和整理能力的现实问题,通过组织班级里身边榜样做示范,从学生每天接触的书包入手,现场示范、方法提炼,将整理书包的步骤系统化、可操作化,激发学生的活动积极性,增强学生整理的自信。情景剧首尾呼应,再次强调养成整理好习惯给一个人带来的积极影响。通过情景剧表演师徒结对的方式,发挥团队的力量,促进学生良好整理习惯的养成,使学生认识到一个整洁有序的学习环境有助于提高学习效率和降低学习压力。

四、来自学生,真实亲切

和融教育倡导"从学生的生活出发",认为每个学生的经验都是独特且宝贵的资源。通过真实案例分享,能够增强学生的参与度和兴趣,使教育内容更加个性化和生活化。学生分享真实的生活案例,可以使学习内容更具实效性和感染力,能够让学生在学习中获得深刻的认知和情感体验。实施方面,建议从案例收集、情境模拟和教师引导三个方面进行。

在"怦然心动的整理'魔法'——三年级'劳动教育'主题班会课"设计中,教师充分利用学生的真实生活案例,使课程更加生动和贴近实际。教师首先通过趣味游戏环节巧妙导入主题,吸引学生注意力,激发学生的参与热情;接着分享与整理相关的小故事,增强学生的情感共鸣和理解;然后,通过引导学生在生活中寻找整理榜样,发挥示范带头作用;最后,总结出简明易记的"魔法口诀",帮助学生系统掌握整理方法,传递正能量。通过这种设计,该主题班会在真实情境中提升了学生的认知和情感体验,增强了教育效果和影响力。

由此可见,通过具体的实施方法和案例设计,教师在内容选择上能够有效地利用学生的真实生活案例,主题班会课程更加生动、实用且贴近学生的需求,从而促进他们在真实情境中获得深刻的认知和情感体验,增强教育的效果和影响力。

五、聚焦兴趣,激发阐述

和融教育倡导"发现每个孩子的光芒",强调识别并肯定每个学生的兴趣与潜能,并为他们提供发展个性和特长的机会。具体实施方法包括兴趣探索、展示与分享等活动。教师可以根据学生的个人兴趣选择班会主题,从而激发他们的内在动机和积极参与的热情。自我决定理论认为支持学生的自主性、能力感和归属感能够有效地提高学习动机和参与度。围绕学生兴趣进行的活动设计可以使班会内容更加多元和有趣,让学生在活动中感受到自己的重要性和成就感。

在"一起去快乐星球——三年级'健康教育'主题班会课"设计中,教师根据学生的兴趣进行分组,让他们设计并组建自己的"快乐星球",模拟不同社会角色和职业的任务,借此了解各种知识和技能的重要性,并通过展示和分享他们的"星球"设想,进一步深化对知识和能力的理解与运用。

从案例分析中我们可以发现,在选择主题班会内容时,教师不仅需要关注和利用学生的兴趣来增强他们的学习动机,还要培养他们的探索精神和创新能力,使每个学生都能在自己擅长和热爱的领域中找到成就感,发掘潜力并获得成长。这种以学生兴趣为导向的班会设计,提升了教育的实效性和吸引力,有助于提高学生的自信心和自主学习能力,同时也为班集体营造了一个积极、包容的学习氛围。

六、反映内心,表达情感

和融教育强调"情感的力量",认为教育应关注学生的情感发展和心理健康。教师应引导学生识别、理解和表达自己的情感,以促进他们的情感智力和心理健康发展。根据情感教育理论,情感的识别与表达是学生心理健康和人际关系发展的重要组成部分。在具体实施方法上,可以通过情感故事分享、情景模拟、角色扮演等多种形式,引导学生深刻理解和体验情感的多样性和复杂性。

在"传承礼仪,浸润文明——五年级'文明教育'主题班会课"设计中,教师通过多媒体展示礼仪文化,让学生理解礼仪背后的文化和历史,激发他们的爱国情感和文化自豪感,同时组织礼仪实践活动,比如礼仪展示、文明竞赛,让学生在体验中感受到文明礼仪的重要性。或者在"画出我的'生命线'——五年级'理想教育'主题班会课"设计中,教师通过引导学生绘画和描述自己的"生命线",让学生表达他们对于未来的期待和人生目标,并组织情感故事分享环节,学生通过倾听彼此的故事,从中体会和理解不同的情感世界,增强共情能力。

和融教育主题班会在情感教育和情感表达的内容选择上,不仅能够帮助学生建立积极健康的心理状态,还能培养他们的同理心和社会责任感,使他们在复杂的社会环境中成为情感丰富、心理健康且具有同情心和责任感的个体。

第二节　案例分享

不做校园里的"孤勇者"
——六年级"友爱教育"主题班会课

一、背景分析

《中华人民共和国未成年人保护法》第三十九条规定:学校应当建立学生欺凌防控工作制度,对教职员工、学生等开展防治学生欺凌的教育和培训。《全国依法治校示范校创建指南(中小学)》也指出,学校要建立学生欺凌防控工作机制,定期开展防欺凌教育。

校园欺凌对学生身心健康造成了严重危害,现已成为家长、学校和社会共同关注的焦点。我校学生中,有一部分是留守儿童,还有一部分学生的父母忙于工作,对孩子疏于管教,导致孩子维权意识模糊,受到伤害也不能及时反馈给教师或家长。

六年级学生正处于青春叛逆期,逆反心理强,厌烦说教,易冲动,法律意识和生命安全意识淡薄,导致一些学生成为校园暴力的主要施暴人和受害者。

二、班会目标

认知目标:了解校园欺凌的定义、主要表现形式、产生的原因及校园欺凌对受害者和整个校园环境造成的危害。

情感目标:培养学生对校园欺凌行为的敏感性和警觉性,增强正义感的同时培养学生的同情心和同理心,能够理解和关心受到欺凌的同学。

行为目标:掌握应对校园欺凌的正确方法,提高自我保护能力。规范自身言行,不参与欺凌行为,同时鼓励和帮助受到欺凌的同学,用实际行动维护校园的和谐稳定。

三、班会准备

教师准备:课件、视频、鸡蛋、方便面和石头。
学生准备:排练情景剧;拍摄视频录像、友情小故事。

四、班会过程

(一)视频导入,引出主题
民主和谐的校园氛围是我们认真学习的保障,但是在看似平静的校园里,不和谐的因素仍然存在——校园欺凌。

（1）观看视频——《少年的你》，了解校园欺凌的特征。

校园欺凌事件给欢欢（被欺凌者）造成了巨大的伤害，她开始恐惧上学，并且患上了中度焦虑和重度抑郁症。校园欺凌危害巨大，我们要杜绝此类悲剧的发生，一定要勇敢地对校园欺凌说"不"。

（2）出示课题：不做校园里的"孤勇者"——拒绝欺凌，与善同行。

设计意图　视频导入贴合实际，告诉学生校园欺凌离我们的学习生活并不遥远，懂得校园欺凌的危害，明确本次班会的主题及意义。

（二）环节一：解读情境，认识欺凌行为

1. 活动一：同学间的磕磕绊绊——不要错把矛盾当欺凌

旁白：欢欢是一个既听话又乖巧的女孩，她的性格很内向，但是成绩优异，在班内担任语文课代表的职务。

情境介绍——语文老师让欢欢发作业，在发作业时，她漏发了一本，并把这本作业混在自己的书本中一起背回了家。第二天，因为没有完成作业而担心被批评的小军得知是欢欢没有发给自己作业后，冲着她抱怨，指责她不负责任，由于她的失职让老师误会了自己，害得自己被老师批评。欢欢听了后既内疚又委屈，难过地哭了。

小结：故事中小军的行为是否属于校园欺凌？为什么？（欢欢和小军之间不存在欺凌，他们之间是同学们在交往中常遇到的小摩擦。）

2. 活动二：新闻时时新——了解真正的校园欺凌

（1）案例一：某校一位初一女生因打小报告，被同学记恨，课间被 5 位同学带到卫生间进行侮辱、殴打，导致这名同学脾脏破裂，伤势严重。

（2）案例二：2024 年 3 月 10 日下午，河北省邯郸市肥乡区 13 岁初一学生王某某失联。3 月 11 日，王某某遗体在一处蔬菜大棚内被发现，涉嫌杀害他的是同班同学——3 名十三四岁的少年。涉案的张某某、李某、马某某 3 名未成年犯罪嫌疑人被公安机关全部抓获。

设计意图　通过情景表演和视频的对比，让学生更加生动地了解什么是校园欺凌。明白校园欺凌绝对不是同学之间的小矛盾，而是一种伤害他人、破坏和谐，甚至是违法犯罪的行为。

（三）环节二：感受友善，营造和谐校园

1. 活动一：团结力量大——互助友善守平安

（1）播放关于团结友善的感人故事或视频，引发学生的共鸣，让学生了解友善待人与团队合作的内涵和价值。

（2）邀请学生分享自己或自己身边发生的团结友善的事例,可以是同学之间的互助、师生之间的关爱等。

（3）组织学生进行小组讨论,探讨如何在校园生活中践行团结友善的价值观。鼓励学生提出具体的建议和措施。

2. 活动二:齐心定公约——我的班级我做主

制订公约:在充分讨论的基础上,引导学生共同制订一份关于抵制欺凌、倡导团结友善的班级公约,指导学生的日常行为。

集体宣誓:以班级为单位集体宣誓,共同抵制校园暴力。让学生共同承诺遵守公约,共同营造和谐友善的校园环境。

> **设计意图** 让学生深刻理解友善待人与团队合作在成长道路上的重要性,让学生亲身感受团结互助带来的快乐,体验友情的温暖,进而树立起坚决抵制欺凌、倡导团结友善的坚定信念。

(四) 环节三:情景展现,应对欺凌方法

1. 活动一:及时化解矛盾引发的欺凌

旁白:小军和欢欢的故事还在继续,他们接下来又会发生什么呢? 请第二组同学为大家展示。

（1）情境介绍:晨晨和菲菲要求欢欢把作业借给自己抄,欢欢拒绝了他们的要求并把这件事告诉了老师。老师批评了晨晨和菲菲,表扬了欢欢。走出办公室后,晨晨挥了挥拳头对欢欢说:"就你事多,以后小心点!"其他同学也跟着附和。回到教室后,菲菲称欢欢是"耳报神""马屁精",其他同学也这样叫她。欢欢难过地流下了眼泪。

（2）交流讨论:如果你遇到了和主人公欢欢同样的情况,你会怎么处理?

> **设计意图** 让学生懂得和同学发生矛盾以后要及时化解矛盾,开诚布公地交流,耐心诚恳的态度是处理问题的有效方法。有了矛盾,千万不能任其发展,因为很多校园欺凌的起源就是一些看似微不足道的小事,要防患于未然。

2. 活动二:拒绝忍让——当欺凌成为习惯

播放视频:欢欢的遭遇仍在继续。自从那次事件后,欢欢的生活悄然改变。她的书包里时常发现小虫子,新穿的白色运动鞋也常被人故意踩踏;桌肚里更是莫名其妙地堆满垃圾。同学们给她起外号,大声嘲笑,她的朋友日渐稀少,性格内向的欢欢变得更加沉默寡言。她常独自行动,无人时偷偷抹泪。然而,她并未将此事告知家长和老师,而是选择默默承受。这些欺凌者看到欢欢不敢反抗,更加肆无忌惮,有人会拿走她的财物,有人会动手殴打她……

（1）总结校园欺凌高发时段、常见形式。

① 高发时段:课间休息、午休的时间、没有老师看管的活动时间、上学放学的途中。

② 校园欺凌高发区域:教室内、楼道走廊内、学校厕所、学生宿舍、操场和校园周边等。

③ 常见的形式:语言欺凌、社交孤立、谩骂嘲笑、个人财物受到侵害、殴打等。

小结:面对校园欺凌,沉默并非良策。忍让在欺凌者眼中是懦弱的体现。遭受欺凌时,应勇敢地说"不"！要第一时间站起来反抗欺凌。

（2）遭遇校园欺凌怎么办?

① 保持镇定。

② 求救,向路人呼救求助,采用异常动作引起周围人注意。

③ 人身安全永远是第一位的。试着通过警示性的语言击退对方,或者通过有策略的谈话和借助环境来使自己摆脱困境,但是不要去激怒对方。

④ 在学校不主动与同学发生冲突,一旦发生及时找老师解决。

⑤ 不管遭遇了怎样的恐吓,都要告诉家长,不要自己承受身体和心理上的创伤。

设计意图　让学生明白当遭遇欺凌时一定要及时说"不",学会合理地应对欺凌。妥协和忍让不会让欺凌停止,反而会助长欺凌者的士气。

（五）环节四:足够强大,抵制校园欺凌

1. 活动一:播放歌曲——唤起勇气

播放音乐:《孤勇者》歌曲中有一句歌词是:"爱你孤身走暗巷,爱你不跪的模样,爱你对峙过绝望不肯哭一场……"这首歌曲也告诉我们,遇到困难不可怕,可怕的是不敢直面困难。所以,遇到校园欺凌,我们要敢于面对,直面内心的恐惧！

2. 活动二:情景实验——落实行动

（1）拿出提前准备好的道具:方便面、鸡蛋和石头,让学生完成小实验。

① 让学生分别握住方便面;捏住鸡蛋;敲打石头。

② 说出自己在此过程中的发现:用手握住面块,面块很快就会碎裂;轻轻捏鸡蛋,它则毫发无伤。然而,若用力扔鸡蛋,它便会摔碎;尝试用手打石头,手会感到疼痛。

小结:方便面之所以易碎,是因为其质地脆弱;鸡蛋容易被打破,则是因为外壳不够坚硬。然而,石头却不同,只要你足够强大,无人能够伤害你。因此,我们应当像石头一样坚强,决不允许他人随意欺凌我们。

（2）生活中面对欺凌该怎么做?

① 坚决不能做校园欺凌者,谨记"己所不欲,勿施于人"的原则,自己不愿做的事情,也不应强迫他人去做,我们要远离校园施暴行为。

② 一旦发现同学受到欺凌,我们应勇敢地站出来,制止这种不良行为。

③ 若自己不幸成为校园欺凌的受害者,应立即告知老师和家长,要勇敢地面对并反抗。

记住:老师、父母和学校都会是你坚实的后盾,我们齐心协力共同将欺凌行为扼杀在萌芽状态。

> **设计意图** 旨在提升学生的意识和认知,培养尊重与包容的价值观,学习有效应对欺凌的方法,构建和谐友爱的校园环境,以及培养社会责任感和公民意识。

(六) 班会后延伸教育

(1) 鼓励学生将自己在课后践行友善的行为记录下来,可以是文字、图片或视频等形式。这些记录可以是帮助同学解决困难、参与班级活动、维护校园环境等具体事例。

(2) 向家长发送一封关于抵制欺凌、践行友善的信,让家长了解学校在这方面的教育理念和要求,并请家长在家庭中引导孩子树立正确的价值观和行为习惯。

五、板书设计

不做校园里的"孤勇者"

自信大方为基石,摒弃唯诺显勇气。
玩笑之中辨恶意,底线明确显真意。
社交欺凌莫惧怕,讨好之态须抛弃。
身体欺凌当反击,师长助力定可依。
人多势众智为先,离开现场寻援力。

六、班会反思

本次主题班会旨在增强学生的自我保护意识,教会他们如何识别和应对校园欺凌行为。

在班会内容的设计上力求理论与实践相结合,通过生动具体的案例和深入讨论,让学生深刻认识到欺凌行为的危害性和不可接受性,引导学生探讨友善的重要性,并鼓励他们思考如何以积极、友善的态度面对同学,共同营造和谐友善的校园环境。

在班会的实施过程中注重学生的参与和体验,通过游戏、角色扮演等形式,让学生在轻松愉快的氛围中学习和体验友善的力量。学生积极发言,分享自己的经历和看法,展现出对友善教育的兴趣和热情。

本次班会的不足之处是:部分学生在面对欺凌行为时仍显得过于胆怯和退缩,缺乏应对的勇气和策略。这使我意识到,未来在班会中需要更加注重培养学生的自信和勇气,让他们敢于面对和抵制欺凌行为。同时,我也认识到班会的影响力有限,仅仅依靠一次班会难以完全改变学生的行为和态度。因此,我决定将友善教育融入日常的教学和管理工作中,通过长期的引导和熏陶,让学生真正树立起友善和团结的价值观。

这次主题班会为我带来了宝贵的经验和反思。在未来的工作中,我将继续努力,不断完善教学方法和内容,为学生的健康成长和校园的和谐稳定贡献自己的力量。

（张　凤）

一起去快乐星球

——三年级"健康教育"主题班会课

一、背景分析

1. 主题分析

众所周知,三年级是小学阶段的分水岭,正是"以自我为中心"向"去自我中心"的过渡阶段,但仍以"以自我为中心"的心理倾向为主。因此,在与同学、家长的人际交往中,学生也常常表现出"以自我为中心",不去考虑他人感受,遇到不顺心的事,情绪反应强烈,波动很大。

2. 班级情况分析

通过问卷调查,对班内学生的日常情绪进行了解时,我们发现部分同学在生活和学习上遇到困难时,会有很大的情绪波动,例如:不能按时完成作业很气恼,朋友交往时容易发生口角,对学习和上课产生了一种逆反心理等。基于以上学情分析,在班级里开展控制情绪,学会正确人际交往的主题班会课显得十分必要。

二、班会目标

认知目标:正确认识并了解情绪是什么,学会控制情绪的方法。

情感目标:通过观看视频和小组讨论、展示等环节,让小学生认识到学会正确控制情绪的重要性,并学会正确合理地发泄情绪。

行为目标:能将学会的正确控制情绪的方法应用到生活中去,以积极健康的情绪、乐观的态度对待身边的同学、家长,快乐地学习、成长。

三、班会重难点

班会重点:感知情绪,学会正确控制情绪的方法。

班会难点:在不同的生活情境中学会正确使用习得的方法控制情绪,能够以积极健康的态度面对周围的同学和家长。

四、班会准备

教师准备:课件、黑板贴、福袋、豆子。
学生准备:录制视频。

五、班会过程

(一) 创设情境,激趣导入

教师粘贴怪兽图画。教师谈话引出生活中的情绪小怪兽,它以我们的坏脾气为食,每次我们生气、发怒,都会使它变得越来越强大。地球也被愤怒的黑雾笼罩着。请三(1)班的小朋友化身快乐小战士,找出打败坏情绪的办法,一起战胜怪兽!

(二) 环节一:认识情绪,了解情绪

1. 活动一:抓豆游戏,感受情绪变化

(1) 游戏前,明规则。

教师说明抽福袋游戏规则:学生在教师这里抽取福袋,福袋里装了红色、蓝色、黄色三种颜色的小球,如果抽中红色,会获得教师准备的一份小礼物;如果抽中蓝色,将会受到一次惩罚;如果抽中黄色,则是无奖无罚,平安回到位置上。抽完之后要告诉教师自己的心情变化。

(2) 抽福袋,感情绪。

教师小结:同学们说了很多情绪,这些就是我们生活中常见的一些情绪,它们都是多种感觉、思想和行为的综合下产生的一种心理和生理状态,都是正常的。

> **设计意图** 这一环节我通过抽豆子的游戏,不仅让学生快速进入课堂,也活跃了气氛,提高了学生的注意力,调动学生的积极参与性,使学生放松身心,初步感受情绪,为下面的环节做铺垫。同时,这一环节也让学生认识到,情绪是多样的。

2. 活动二:分析表情,猜测变化原因

(1) 观表情,猜心情。

学生认真观察教师手中的两组人物表情的图片,说一说图片中的人物都是什么心情,再说一说自己的分析。(图片分为两类:一类是愤怒、生气;一类是开心、高兴。)

(2) 猜原因,感心情。

学生猜一猜图片中的人物发生了什么事,他们因为什么而开心,又因为什么而生气。

(3) 师小结,知情绪。

图片中有的人物喜笑颜开，手舞足蹈，看他们就知道发生了好事，这种情绪叫作积极情绪（板书：积极情绪）。看到图片里的人泪流满面，怒目圆睁，就知道他们发生了不好的事情，这种情绪叫作消极情绪（板书：消极情绪）。事情有好坏之分，但是情绪并没有，无论是积极情绪还是消极情绪，都是我们在面对事情时的一种正确的心理反应。但是长期处在消极的情绪中，不仅让情绪怪兽变得越来越强大，还会危害我们的身心健康，让我们变得焦虑、愤恨、抑郁、免疫力下降，从而增加患上各种疾病的风险。由此可见，消极情绪对我们的危害之大。

> **设计意图**　这一环节，通过图片让学生分析什么是积极情绪、什么是消极情绪。在总结时，教师特意说明，消极情绪也是正常的情绪，让学生能够正确地面对自己的情绪变化。

（三）环节二：通过案例，认识两种情绪

1. 活动一：观看视频，认识"愤怒"情绪

（1）看视频。

学生观看一段视频，了解视频中的主人公在愤怒的情绪之下做出了什么事。（观看哈利·波特使用魔法把姨妈变成气球的一段视频。）

视频内容：因为姨妈先辱骂哈利·波特的父母，在多次激怒哈利·波特的情况下，哈利·波特彻底愤怒了，于是使用了魔法，把姨妈变成了气球，直至飞到了天上。

（2）说感受。

学生交流分享看完视频之后的感受。

有的同学认为不应该这样做，那毕竟是他的姨妈，语言上的辱骂不应该让她受到如此重的惩罚；有的同学认为姨妈变成气球也是活该，谁让她先辱骂别人。

教师引导学生体会哈利·波特把姨妈变成气球时，处于一种什么样的情绪之中。（生气、愤怒、冲动。）

教师小结：人有被尊重的需要，也有发泄情绪的需要，但是在愤怒的情绪之中，我们往往会造成无法想象、无法挽回的后果，在事后也会产生后悔。

活动二：继续播放视频，了解愤怒情绪引发的后果。

（观看视频：哈利·波特因为随意使用魔法而登上校园法庭。）

2. 活动二：生活实例，还原真实情景

（1）情景剧感受。

无独有偶，在我们生活中也有一件这样的事情，主人公也在愤怒的情况下做出了令自己后悔的事，下面请同学上台来演一演。

情景剧一：

数学考试的试卷发下来了，很多同学都考了 90 多分，甚至还有同学考了 100 分，只有小涵拿着自己满是红叉叉的试卷，正在伤心。

小涵:我这次考了70分,是不是我太笨了?

小恒:你就是个笨蛋,这么简单的试卷才考了70分。你的字写得也不好看,卷面还脏,怪不得你只考70分呢!

小恒:哼!就你这笨脑子,什么时候都考不好。

小涵:你才笨呢!(生气)

小恒:有本事你也考我这个分数啊!(说完亮出自己考了96分的试卷,并向小涵做了个鬼脸)

小涵:你太坏了,我要告诉老师。(委屈、伤心)

小恒:考这个分数还好意思告诉老师,来啊,都看看,看看这个笨蛋,这么简单的试卷只考了70分。(说完就拿着小涵的试卷在班里传起来)

小涵:小恒,你怎么这样,你快把我的试卷还给我!

小恒:不还,就不还,来啊!快来看,小涵70分的试卷。

终于,小涵再也忍不了了,她握紧拳头,怒目圆睁,上前和小恒扭打起来。

师:同学们,看完这个情景剧,你们有什么想说的吗?

师:与此同时,在班级还发生了一件同样的事,但结果却不相同。

情景剧二:

小童:我这次只考了70分。

小豪:你怎么这么笨,才考了70分。你的字写得也不好看,卷面还脏。怪不得你只考70分呢。

小童心想:我这次只考了70分,确实有一部分原因是字体不规范,卷面不干净导致的。

小童:我会努力的,下次考试我一定能考好。

小豪:哼!就你这笨脑子,什么时候都考不好。

小童:没事,我慢慢学就好了,你学习那么好,你教教我呗?(这声夸奖,让想要打击小童的小豪瞬间不好意思起来)

小豪:那好吧,把你的试卷拿出来吧!

(2)链接生活反思。

生活中,你因为坏情绪的刺激,做过哪些冲动行为?这些行为带来了怎样严重的后果?

设计意图 我通过情景剧,让学生看一看在班级里时常发生的一种坏情绪,以及在与同学发生口角时引发的冲动行为,并让学生反思,这种情绪和行为带来的后果,从而让学生明白改变坏情绪的重要性。这里运用了一个事件、两种结果,其目的是引出下一个环节。

（四）环节三：学习方法，能够合理运用

1. 活动一：结合案例，了解 ABC 理论

（1）认识情绪 ABC 理论。

为什么面对同一件事，会出现两种不同的结果呢？面对生活中的坏情绪，我们应该如何应对？其实美国心理学家埃利斯曾提出一个 ABC 理论。A 是指诱发性事件；B 是指个体在遇到诱发事件之后相应而生的信念，即他对这一事件的看法、解释和评价；C 是指特定情景下，个体的情绪及行为的结果。通常人们会认为，人的情绪的行为反应是直接由诱发性事件 A 引起的，即 A 引起了 C。

情景：因为小恒打击、辱骂了小涵，所以让小涵产生了和小恒扭打在一起的行为。那么我们该怎么改变呢？

（2）小组讨论，交流方法。

小涵在成绩不好的情况下，给了自己消极的想法，认为自己怎么学都学不好，于是引发了后面和小恒发生口角的结果。而小童在面对成绩不好的情况下，给了自己积极的想法，认为只要努力学，下次就能考好。所以产生了小豪帮助小童学习的结果。

师：同学们，你们认为一个人情绪变化的原因，跟事件有关系吗？（学生谈感受）

教师小结：这就是情绪的力量，积极的情绪让人在面对事情时有积极的想法，消极的情绪让人在面对事情时有消极的想法。我们得到的结果也不尽相同。

2. 活动二：结合案例，巩固 ABC 理论

（1）故事引路。

故事简介：战国时期，靠近北部边城，住着一个老人，名叫塞翁。塞翁养了许多马，一天，他的马群中忽然有一匹马走失了。邻居们听说这件事，跑来安慰，劝他不必太着急，年龄大了，多注意身体。塞翁见有人劝慰，笑了笑说：丢了一匹马损失不大，没准会带来什么福气呢。

邻居听了塞翁的话，心里觉得很好笑。马丢了，明明是件坏事，他却认为也许是好事，显然是自我安慰而已。过了几天，丢失的马不仅自动返回家，还带回一匹匈奴的骏马。

（2）链接经验，分析塞翁失马的原因。

> **设计意图**　这一环节我们学习了埃利斯的 ABC 理论，明白一个相同的事件也许会因为不同的情绪产生不同的想法，而得出不同的结果。同时在活动二中，让学生根据塞翁失马的案例进行方法实践，巩固了 ABC 理论。

(五) 环节四:集思广益,寻找更多金点子

1. 活动一:结合表格,进行头脑风暴

出示并发放问题表格(见表 5-1),小组内成员讨论,选出最佳的解决方案。(小组讨论,教师从旁引导)

表 5-1　问题表

事件	原来的想法	原来的心情	改变的方法	改变后的想法	改变后的心情
上课时,我违反纪律被老师批评了	很丢脸	不开心			
我在和朋友玩耍时说了脏话	我感到很羞愧	不开心			
妈妈说要带我出去玩,可她却爽约了	我不要再相信妈妈了	很生气			
我当上了组长,小组成员却很少跟我说话	我觉得被孤立了	很伤心			

讨论结束,小组分享。

预设:

生 1:我们小组分析了第一个问题,上课时违反纪律本就是不对的,我们建议他使用"换位思考"的方法,明白老师这样做是为了他好,老师在关心他、关注他。这样一番开导后,他的心情也就好起来了。(板书:换位思考)

生 2:我们小组分析了第三个问题,她因为妈妈没有带她去游乐场而生气,可以用"转移注意力"的方法,可以让她先找一个自己感兴趣的事情做,转移自己因为没能去成游乐园而生气的注意力,之后可以找妈妈问问为什么失信。(板书:找感兴趣的事,转移注意力)

生 3:我们小组选择的是最后一个,他当上组长后,感觉小组成员孤立了他,我们组商量的方法是可以通过和父母倾诉的方法来缓解消极情绪,让父母为他舒缓情绪,他也会因为把这件事情说出来,消极情绪得到缓解。我们组还商量了一个办法,要是不想跟父母倾诉,还可以以"写日记"的形式记录下来,在写日记的过程中思考该怎么解决现在的困境,了解小组成员为什么不跟"我"说话了,是自己的原因,还是小组其他成员的原因。

生 4:我们组讨论的是第二个,说脏话的那个。我们组认为,因为他说了脏话,感觉到很羞愧,所以在他看来,也认为说脏话是一件不对的事,只是一时没有控制住。

他可以直接跟朋友说清楚,自己当时做得不对,希望朋友监督自己,如果不好意思直接说,也可以以写信的方式表达。

> **设计意图** 给每一位同学交流的空间,学生不断接受新的信息和他人的反馈,在谈话中学会正确处理消极情绪,以积极的态度和周围的人交往。

2. 活动二:运用方法,体验快乐情绪

(1) 生活中,你还有哪些减缓或消除坏情绪的方法,收集好积极能量,带着能量开启打败情绪怪兽之旅。

① 寻找自己喜欢的事,转移注意力。

② 向同学、父母倾诉,弱化坏情绪。

(2) 链接生活,再现方法。

各小组代表上台抽取情景盲盒,小组合作演出情景并提出解决办法。

情景1:小红上课和同桌说话被老师批评。

情景2:和好朋友发生口角。

情景3:同桌的钢笔丢失了,却怀疑是我偷拿的。

六、课后延伸活动

进行一项"控制情绪21天挑战打卡"活动。挑战开始前,在卡片上填写"挑战成功"的奖励,以激励学生尽可能在21天内控制坏情绪。如果和同学、家长发生口角矛盾时,尝试使用我们学习过的坏情绪处理方法来解决问题。

> **设计意图** 这一环节旨在让学生将转变坏情绪的方法从理论转化为实际行动,以成功后的奖励为激励,以21天习惯养成的最佳期为打卡时间,让学生在此过程中处理坏情绪、解决坏情绪,养成不随意宣泄坏情绪的好习惯。

生活中,有的同学遇到不顺心的事,便会肆意宣泄情绪,可越这样,事情就会变得越难处理,最终形成恶性循环。发脾气谁都会,但收得住坏情绪才是一个人真正的本事,学会调节和控制情绪,保持乐观心态,我们的生活就是快乐的,我们的地球就是快乐的星球。

教师小结:我们的正义能量打败了邪恶的情绪怪兽,随着同学们的愤怒脾气越来越少,情绪怪兽再也没办法出来了,围绕在地球周围的黑雾也渐渐散去,我们的地球变成了一个快乐的星球。亲爱的同学们,让我们选择正确的方法控制好自己的情绪,快乐生活、快乐学习、快乐成长。最后让我们在一首快乐的歌曲《开心往前飞》中结束

这次班会吧。（播放音乐）

七、板书设计

一起去快乐星球

ABC 理论
找同学、家人倾诉
转移注意力
……

图 5-1　板书设计

八、班会反思

这节课是一节关于情绪的主题班会课，我建立了一个和谐、积极的教育教学氛围，利用观看视频、表演情景剧等活动，使学生在这堂课动起来，提高学生的课堂参与度，同时在这些活动中让学生明白控制情绪可以避免很多让自己后悔的行为，学会控制情绪的方法。但在环节二的材料选择中，可以更直观、更贴近现实一些，这样的话更容易让学生感同身受。

（苏瑞洁）

怦然心动的整理"魔法"

——三年级"劳动教育"主题班会课

一、背景分析

习近平总书记在全国教育大会上强调："要在学生中弘扬劳动精神，教育引导学生崇尚劳动、尊重劳动，懂得劳动最光荣、劳动最崇高、劳动最伟大、劳动最美丽的道理，长大后能够辛勤劳动、诚实劳动、创造性劳动。"

在此之前，教育部就多次强调孩子要培养自理能力，学会自己的事情自己做。2020 年，教育部印发的《大中小学劳动教育指导纲要（试行）》中，建议孩子要从小培养收纳整理的能力以及树立自己的事情自己做的意识等观念。

许多孩子都是家里的"团宠"，除了学习之外的许多事情都由家长代劳，以至于长大自己独立生活后，做最基本的家务都成问题。三年级的孩子大部分能够整理好自己的学习用品,但仍有部分学生缺乏必要的整理习惯和整理能力。

所以,此次班会课,旨在进一步提升学生的整理收纳能力,引导学生从学会整理物品到学会整理房间,养成整理的良好习惯。

二、班会目标

认知目标:通过观看相关视频,懂得为什么要学会整理自己的东西。

情感目标:调查了解学生整理习惯现状,并拍摄相应的照片,让学生发现自身问题并说出解决办法。

行为目标:编写情景剧,准备好情景剧所需道具,同时组织学生排练情景剧。搜集相关素材,制作班会课件、视频等,提前动员学生分组。

三、班会准备

班主任准备:关于"整理"的相关视频;调查了解学生整理情况现状,并整理拍摄相应的照片。

学生准备:提前让学生以表格形式记录自己平时在整理物品时的相关小妙招。

四、班会过程

(一)游戏导入,活跃氛围

教师讲述一个关于魔法书包的小故事,激发学生的兴趣和好奇心,通过故事引出班会主题,为后续环节做铺垫。

(二)环节一:分享整理故事,探寻"魔法"

课前小调查:调查班内同学整理物品的实际情况(见图5-2)。

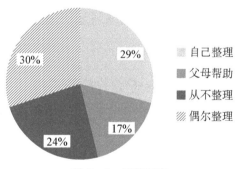

图5-2　课前调查

1. 校园情景剧——情景回放(视频)

情景剧剧情:前一天晚上,小明写完作业就把笔一扔,欢快地跑出去玩。妈妈喊他把东西整理好,小明头也不回地说:"明天收拾也来得及。"第二天一早,小明收拾书包准备上学,突然发现少了一本口算练习册。他抱怨着四处寻找,可半天也没找到,最后上学还迟到了。组长来收作业的时候,他在书包里翻找了好久,又发现落下了语文作业,被老师批评了。

学生交流讨论:为什么小明第二天上学差点迟到还落下了作业? 是什么原因造成的?

2. 生活故事会——感知整理

师:你在生活中有没有遇到过类似的事情?

四人小组互相交流。小组成员依次交流自己因为没有及时整理遇到的麻烦事。教师巡视聆听,请同学在全班交流。

> **设计意图** "回归生活"是德育课堂的基本理念,只有课堂和学生的实际生活建立紧密联系,才能唤醒学生的真实感受。本环节通过情景剧观看、生活经历分享等形式,引导学生从熟悉的生活场景中感受学会整理的重要性,为后面的活动奠定基础。

(三) 环节二:学习整理榜样,感悟力量

整理有序的学习用具能够让我们快速找到需要的文具,避免时间浪费在寻找上。

通过整理学习用具,我们可以更好地集中注意力在学习上,提高学习效率。

整洁的书包可以减少学习过程中因杂乱无章而造成的分心。

> **设计意图** 用学生身边的优秀榜样做示范,可以充分发挥同伴教育的作用。从学生每天接触的书包入手,通过现场示范、方法提炼,将整理书包的步骤系统化、可操作化,降低了学生学习的难度,给学生扎实的方法指导。当场颁发"书包整理小达人"奖状,能够有效激发学生的活动积极性,增强学生整理的自信心。

(四) 环节三:贯通整理"魔法",释放"魔力"

(1)图片对比:课件出示把书包和抽屉整理得最整齐的图片,再出示一张东西摆放乱糟糟的图片,两者对比,请学生说一说希望自己的书包和抽屉是哪一张图片的样子。

(2)请班级中把书包和抽屉整理得最棒的学生上台,现场示范如何快速有序整理自己的书包,其他学生观摩学习。

(3)其他同学交流总结这位同学整理书包的秘诀,教师把关键词板书在黑板上。

(4)现场比赛:全班按照总结出来的整理书包口诀,现场比赛整理书包,当场评选出"书包整理小达人",颁发奖状。

(5)教育宣传,学榜样,给学生树立正确价值观,学会整理对自身、对他人和社会都有意义。

设计意图 在进行方法指导的同时,以学生喜闻乐见的比赛形式,引导学生进一步提高整理能力,从学会整理自己的学习用品到学会整理集体生活空间,充分认识到无论是个人还是集体,只有保持良好的整理习惯,才能更好地学习和生活。

(五)环节四:传递整理"魔法",延伸主题

1. 整理情景剧——自我成长

(1)情景剧表演:班级"小糊涂"在同学、家长、老师的帮助下学会整理,完成蜕变的故事。

(2)请"小糊涂"分享学会整理带来的改变。

2. 许一份承诺——传递整理"魔法"

(1)师徒结对。根据课前学生整理习惯的养成情况,选出"整理师傅",让"整理徒弟"现场拜师。

(2)制订计划。2人一组,师傅指导徒弟制订为期一个月的整理计划,完成"争做整理小达人"打卡记录表。在今后的一个月中,师徒互相监督,认真完成个人学习用品、教室认领包干区和个人房间的整理任务,并记录下来。

3. 全体学生集体承诺:从今天起,学会整理,学会劳动,学会生活,学会生存

设计意图 情景剧首尾呼应,再次强调养成整理好习惯给一个人带来的积极影响。通过师徒结对的方式,发挥团队的力量,促进学生良好整理习惯的形成。学会整理是一个长期的过程,这一环节将教育从课内延伸到课外,学生通过坚持整理并记录,形成优秀的整理能力。集体承诺则通过仪式化的力量,将整理行动延续到学生课后生活实际中,让学生内化于心、外化于行。

(六)教师总结

同学们,不要小看整理这件事。古人认为,一屋不扫,何以扫天下? 整理,反映了一个人的生活态度。一个能够把自己的物品收拾得井井有条的人,是一个做事条理清晰、认真负责的人。反之,如果一个人的东西总是乱糟糟的,哪怕他非常聪明,也会因为他的坏习惯给自己的人生带来遗憾。我相信,经过今天这节课的学习,同学们一定掌握了整理方法。接下来,只要你们互相帮助,一起努力养成整理好习惯,相信你们会成为更加优秀的人,我们班也会成为一个更加优秀的集体。

五、课外延伸

(1)出一期主题为"整理小课堂,成就大人生"的黑板报,展现班会课后学生的所思所想。

（2）分别在一周、一个月、暑假结束后开展整理反馈班会,解决后续出现的问题及行动中遇到的困难,并为坚持整理的小达人和整理能力进步显著的学生举行颁奖仪式。

六、班会反思

1. 学习整理的重要性

许多孩子都是家里的"团宠",除了学习之外的许多事情都由家长代劳,以至于长大自己独立生活后,做最基本的家务都成问题。

本次班会针对学生存在的现实问题,通过引导,让学生能养成独自整理东西的好习惯。目前学生的学习压力逐渐增大,学习用品的种类和数量也随之增多。学习用品的整理对于提高学习效率和保持良好的学习环境至关重要。本次班会强调了学习用品整理的重要性,使学生认识到一个整洁有序的学习环境有助于提高学习效率和降低学习压力。

2. 整理步骤与方法

在本次班会上,通过观看前期所准备的有关如何整理的照片和视频素材,我们重点介绍了整理的步骤和方法。首先,要分类整理,将需要整理的物品按照用途进行分类。其次,要确定每个物品的固定位置,以便随时找到所需物品。此外,我们还教授了一些实用的整理技巧,如使用收纳盒、制订整理计划等。

3. 整理后生活和学习效率提升

实践证明,学会整理能够有效提升学生的动手能力和学习效率。一个整洁有序的生活与学习环境能够减少寻找物品的时间,降低分心的可能性,从而使生活和学习更加高效。此外,整理物品还有助于培养学生的自我管理能力,使他们更好地适应未来的学习和工作。

4. 培养良好习惯的意义

培养良好的学习习惯对于学生的成长和发展具有深远的影响。本次班会强调了培养良好习惯的重要性,使学生认识到一个好的习惯能够使他们受益终身。通过学会整理,学生可以培养出整洁有序、有条不紊的生活态度,这对于他们未来的学习和工作都将产生积极的影响。

总之,本次班会取得了圆满的成功。学生深刻认识到了物品整理的重要性,掌握了实用的整理方法和技巧,并意识到培养良好习惯对于他们未来的发展具有重要意义。我们相信,通过这次班会,学生将更加注重物品的整理,提高自己的生活和学习效率,并为未来的学习和工作做好准备。

（郭晨晨）

传承礼仪,浸润文明

——五年级"文明教育"主题班会课

一、背景分析

在新时代的今天,文明礼仪被时代赋予了新的含义,无论从哪一方面讲,学生都离不开文明礼仪的学习,因为它是学生健康成长的导航标,也是学生走上社会进行社会交往的必备素养,现在的学生大多娇生惯养,虽然他们从小在学校接受正面教育,具有一定的辨别是非的能力,但因父母及家人的过度宠爱而变得刁蛮任性,一切都以自我为中心,不懂得最基本的文明礼仪,违反纪律、打架斗殴的现象屡有发生。因此,教育学生要讲文明、重礼仪,从我做起,从点滴小事做起。针对学生思想道德现状中文明礼仪方面的问题,我们五(3)班开展了"传承礼仪,浸润文明"的教育活动,引导学生养成科学文明的生活方式,同时培养学生良好的文明习惯和道德素质。

二、班会目标

认知目标:通过本次主题班会课,使学生认识到文明礼仪就在我们身边,体会文明礼貌用语的重要性,在日常生活中要正确运用文明用语,从小养成良好的行为习惯,初步树立社会责任感。

情感目标:培养学生讲文明、重礼仪的好品质。通过活动使班级呈现出一派和谐的气氛,到处可见文明用语,使文明礼仪教育初见成效。

行为目标:点燃学生在生活中践行文明的内在驱动,培养学生从我做起,从一点一滴做起,努力提高自己的文明礼仪修养,做一个文明礼仪的传递者。

三、班会准备

教师准备:设计课前调查表了解学情,准备活动预案、课件,准备各项材料等。
学生准备:有关文明礼仪视频和故事等资料的搜集,收集整理有校园文明礼仪的事例及相关素材,班委会带领学生最终确立班会主题方向。

四、班会过程

(一)创设情境,导入新课

1. 资料呈现,认识礼仪
中国是礼仪之邦,通过呈现课前搜集的资料,让学生认识到文明礼仪的重要性。
2. 情境创设,激趣揭题
中国自古以来就是礼仪之邦,文明礼仪是中华民族的优良传统,作为新时代的青少年,我们更不能忘记传统,应该力争做一个讲文明、懂礼仪的好学生,让文明之花常开心中,把文明之美到处传播! 我们这节班会课的主题就是"传承礼仪,浸润文明"。

> **设计意图** 以提问、观看视频、资料的形式,让学生深刻认识文明礼仪,了解中国文明文化,呈现文明礼仪的重要性,为接下来的活动开展明确方向。

(二) 环节一:认识不良行为

1. 活动一:结合实际,举出事例

(1) 当今社会是文明的社会,但有一些不文明的现象在我们身边存在,同学们能举出一些事例吗? 学生分组回答。

(2) 出示一些不良现象的图片和视频,比如随地扔垃圾、破坏公共设施、大喊大叫等。

让学生观看后说出不文明现象给社会和人们带来的危害,从而认识到文明的重要。

2. 活动二:照镜子,找不足

结合他人的不良行为,说一说自己的不足。

3. 活动三:文明知识竞赛,加深认识

抢答题(包含判断与选择)

(1) 早晨进校见到老师,要行礼问早、问好。 ( )

(2) 遵守交通法规,走路靠右行,遇到车辆应自觉让行。 ( )

(3) 与同学发生争执时应先冷静,理智面对,如果解决不了应及时找老师帮助或与同学协调。 ( )

(4) 在楼道或进出门上下楼梯时与老师相遇应主动打招呼,但不必让其先行。 ( )

(5) 保护好学校的公共设施应该做到不在墙上乱写乱画,不在课桌上乱刻乱画,不用脚踹门。 ( )

(6) 升国旗时应( )。

A. 肃立、脱帽

B. 肃立、脱帽、行注目礼

C. 肃立、脱帽、行注目礼、少先队员行队礼

(7) 写字时"三个一"的要求是一拳、一尺、( )。

A. 一寸 B. 二寸 C. 三寸

(8)《小学生日常行为规范》第五条的内容是( )。

A. 尊敬师长,见面行礼,主动问好,要用尊语,不直呼其名

B. 孝敬父母,关心父母身体健康,主动帮助父母做事,听从父母和长辈的正确教导,外出或回家要打招呼

C. 待人有礼貌,说话文明,讲普通话,会用礼貌用语。不骂人,不打架。到他人

房间要先敲门,经允许再进入,不随意翻动别人的物品,不打搅别人的工作学习和休息。

> **设计意图**　以生活中遇到的实例让学生找出不文明的现象,再结合知识竞赛加深学生对文明的理解,激发学生学习的兴趣,更好地为接下来的教育做铺垫。

(三) 环节二:典型事例展示

1. 活动一:介绍文明先锋人物

通过介绍文明先锋人物的事迹,让学生直观地了解文明行为的重要性和具体表现。

2. 活动二:小组讨论,举出实例

(1) 小组长带领组员对班级近两周内的文明表现列举总结,给予表扬、评价、激励。

(2) 学生分享、感受文明礼仪的重要意义。

> **设计意图**　通过介绍典型事例,了解先锋人物事迹,让学生对文明礼仪深度理解。小组合作讨论怎样做才是文明的表现。通过自己说达到的效果会比老师直接灌输更有效。

(四) 环节三:践行文明,做文明少年

1. 活动一:表演

(1) 校园文明礼仪篇。

① 朗诵《小学生日常行为规范三字歌》,课件出示。

② 表演校园礼仪:正确的走姿、正确的站姿、正确的坐姿、交往礼仪、课堂礼仪、课间礼仪、递物与接物。

(2) 社会实践篇:舞台剧《弯腰行动、垃圾分类》。

学生代表总结:文明是路上相遇时的微笑,是同学有难时的热情帮助,是平时与人相处的亲切,是见到师长的问早问好,是不小心撞到对方时的一声"对不起"……文明是一种品质,文明是一种修养,文明是一种被大家广泛推崇的优良行为。

2. 活动二:学生讨论,代表发言

文明行为主要有哪些方面? 我们今后该怎样做?

> **设计意图**　通过有关文明礼仪方面的展演,学生更能深刻体会文明的重要性。同时,节目的有趣性,更能吸引学生的注意力,达到更好的教育效果。

（五）环节四：制作标语牌，传递文明

1. 活动一：每个小组出示至少两个文明标语，班长汇总并展示
2. 活动二：小组讨论文明传递方案
（1）制作标语牌，把标语牌放在路边、公园等人流量较多的地方，方便被人看到。
（2）小手拉大手，学生号召家长、老师一起宣传文明。

班长：文明能营造一种和谐的气氛，能温暖、滋润和净化我们的灵魂。作为一名新时代的少先队员，我们应该力争去做一个讲文明、懂礼仪的好学生，让文明之花处处开，把文明之美处处传！

> **设计意图** 结合这节课的学习，同学们制作宣传标语，传递文明的力量，不但达到了宣传的效果，通过学生动手制作标语宣传牌的劳动过程，学生更能体会到成功的快乐！

（六）班主任小结

亲爱的同学们，文明是一粒最有生命力的种子，作为一名小学生，作为中华民族的后代，我们有义务、有责任弘扬我们的礼仪传统，树立良好的自身形象。只要心里播下这粒种子，它就会在我们的精神世界里生根、开花、结果，那么我们的家乡、社会就会更美好！希望通过这次活动，能让我们真正理解文明礼仪的重要性，让我们把文明的种子撒遍生活的每一个角落，让文明之花越开越盛，开遍家庭、校园、社会！

> **设计意图** 通过班主任的总结，让学生理解文明礼仪对我们个人、家庭、社会的重要性，我们不但要做到文明行为，还要把它发扬光大。

五、班会后延伸教育

（1）在课外要践行文明礼仪，在家庭要尊重和孝敬双亲、在社会生活中要尊敬长辈和关爱幼小、定期到社区敬老院去探望孤寡老人，等等。
（2）我们班每周都会进行"文明礼仪标兵"大评比，比一比，看一看，谁是当之无愧的"文明之星"。

> **设计意图** 让学生理解文明礼仪包含的方面很多，只要用心去感悟，去践行文明，其实文明就在身边。

六、班会反思

教育其实就是一种习惯的养成，从某种意义来讲，习惯决定了一个人的成功与

否。李镇西曾在一次演讲中说,他最感激的老师就是幼儿园老师,因为他培养了自己的许多习惯,正因为这些好的习惯造就了自己的今天。就我们的学生而言,他们来自不同的家庭,接受不同的家庭教育,因此文明习惯教育的主题班会,势在必行。以下是我对文明习惯培养的看法:

1. 文明礼仪意识的培养

（1）树立榜样:父母和老师应该成为孩子们的榜样,展示出良好的文明礼仪。通过自己的行为,让孩子理解什么是正确的行为和言语。

（2）家庭教养:在家庭中,父母应该教育孩子尊重他人,学会礼貌用语,比如"请""谢谢""对不起"等。同时,要教育孩子如何正确地与人交往,比如分享玩具、排队等待等。

（3）学校教育:在学校的日常生活中,老师可以教孩子如何正确地对待公共财物、尊重他人的权益、遵守学校的规章制度等。此外,老师还可以通过课堂上的讨论和活动,帮助孩子理解文明礼仪的重要性。

（4）借助媒体资源:利用一些有关文明礼仪的动画片、故事书等资源,通过生动有趣的方式向孩子传达正确的价值观。

2. 文明礼仪行为的培养

学校是培养小学生文明礼仪行为的重要场所。教师应该注重课堂礼仪,引导学生遵守课堂秩序,尊重老师和同学。同时,学校可以开展文明礼仪教育活动,如文明礼仪主题班会、文明礼仪知识竞赛等,来增强学生的文明礼仪意识。小学生应该自觉遵守文明礼仪规范,注重个人形象和言行举止,不断提高自己的文明素质。总之,培养小学生文明礼仪行为需要家庭、学校、社会、个人等多方面的共同努力。只有大家齐心协力,才能让小学生养成良好的文明礼仪习惯,成为一个有礼貌、有教养的人。

3. 反思总结

为了正确树立和大力弘扬社会主义核心价值观,用核心价值观来指导和引领学生的行为,组织学生学习践行核心价值观是非常必要的。但是核心价值观的内容非常丰富,如何让这个看似很大的命题深入学生的心里,触动学生的心灵呢?我认为老师要转变思想,将"培养人"转化为"学习人",也就是通过一系列的活动,让学生从"老师要我学"转变为"我自己要学",因此,我选择了一个以"文明"为主题的班会课,在课堂的设计中,从身边的点滴入手,让学生自我感知文明、体验文明、感悟文明,从而将文明融入自己的生活中来指导自己的行为。主题虽然比较小,但贴近学生的生活,学生有话可说。在本次活动中,学生积极参与,展示精彩,感知了文明的魅力,知道文明是我们必须具备的素养,增强了他们的责任感和班级意识。通过这节课,我认为学生在以后的生活中应该能注意自己的行为举止,达到内化的目的。

班会课应该是学生的舞台,就应该让学生自主参与,达到自我反思、自我教育的目的。因此,我选择了让学生主持这个活动。在以后的教育教学中,我要更加了解学生,了解他们的兴趣爱好,让班会课的内容更接近生活,才能让学生更好地接受,产生共鸣。立德树人是一个长远的教育目标,我认为仅仅通过一两节班会课是远远不够的,需要我们不断努力和探索!

(张　丽)

画出我的"生命线"

——五年级"理想教育"主题班会课

一、背景分析

《中小学德育工作指南》明确指出,理想信念教育是中小学德育的"五项主要内容"之一,是培养社会主义建设者和接班人的关键。青少年正处于人生成长的"拔节孕穗期","理想教育"对他们的可持续发展起着至关重要的作用。

五年级的学生已经初步形成自己的理想,开始憧憬美好的未来,但部分学生仍对理想认识模糊,学习目标不明确,缺乏奋斗的动力。为此,我计划开展此节班会,通过引导学生画出自己人生的生命线,旨在让学生认识到理想对于自己人生的重要意义,从而激发他们努力学习、积极向上的内驱力,寻找正确的方法为自己的理想而努力奋斗。

二、班会目标

认知目标:让学生通过感知和思考自己的人生历程,初步学习人生目标规划,树立理想,并引导学生过有意义的生活,形成积极的人生态度。

情感目标:激发学生的美好人生目标追求,以及追求有意义生活的行为动机。

行为目标:引导学生准确定位,合理制订理想目标,并努力去实现。

三、班会重难点

重点:让学生认识到规划生命的重要性,并初步学习人生目标规划。

难点:引导学生准确定位,合理制订理想目标,并努力去实现。

四、班会准备

班主任准备:设计体验活动,让每个学生都能参与其中;用"三只毛毛虫的故事"来引导学生体验和感悟;创设情境,让学生在游戏中、活动中实践并有所感悟。

学生准备:空塑料瓶、沙子;一张白纸、一支黑色签名笔、一支红色彩笔、一支蓝色彩笔。

五、班会过程

(一) 游戏导入,引出主题

1. 巧设游戏,做一做

暖身游戏:生命流沙活动。

(1) 导语:我们知道每个人的手掌心都有一条生命线,这是我们无法改变的。今天,老师要带着大家认识另外一条生命线,这条生命线是可以由我们亲自来描绘的。让我们先开始一个热身活动。

(2) 任务:大家拿出准备好的空塑料瓶和沙子。把塑料瓶从瓶身中间剪开,把沙子装进有瓶盖的一半瓶内,把另外一半瓶放在桌子上,用来接住流沙。

(想象:瓶身里装满的沙子就是你生命的一分一秒。当你扭开瓶盖时,生命就此开始,当沙子流尽时生命也将结束。)

2. 现场访谈

热身活动后,请学生分享对生命的感悟。

3. 学生分享自己的看法

4. 活动小结

生命是有限的,有长度的。一个人从呱呱落地来到人世,到走到生命的尽头,其过程最长不过数十年。由于灾祸、疾病的原因,许多人在不同年龄阶段就结束了生命旅程。因此,我们要过有意义的生活,每个生活阶段都要有规划、有目标。

设计意图 通过让学生亲自观察流沙,意识到生命易逝,再让学生分享对生命的感悟,从而明白生命的可贵。

(二) 环节一:画生命线,绘未来蓝图

1. 活动一:绘制自己的生命线

(1) 准备工具:一张白纸、一支黑色签名笔、一支红色彩笔、一支蓝色彩笔。

(2) 步骤:

将白纸横放,在中间部位从左至右画一条长长的横线,加上箭头让它成为一条有方向的线。

请你在线条的左侧标上 0 的刻度,在线条的右方,箭头顶端,标上你为自己预计的寿终正寝的岁数,可以是 80 岁,也可以是 100 岁。

画上你现在年龄(比如 12 岁)的刻度。

现在,这三个数字组成了 AB,BC 两条线段。最后,请你在这条标线的最上方,写上"我的生命线"几个字,游戏的准备工作就完成了。

我的生命线

A　　B　　　　　　　　　　　　　　　　C
0岁　12岁　　　　　　　　　　　　　100岁

（3）想象：

请闭上眼睛，认真思考，在十几岁的生命旅途中里找到三件对自己有重要影响的事件，在 AB 段中标注出来，可以用红色笔标注正向事件，蓝色笔标注负向事件。

标注完后，请你再次闭上眼睛，憧憬未来，在 BC 段中标注自己最希望实现的三个愿望。

我的生命线

2. 活动二：分享交流会

分享：两条生命线（一男生、一女生）

交流：

（1）生命终点的预设。

（2）过去三件重要事情的影响。

（3）未来生命时光的感受与思考。

（4）实现未来三个愿望的方法。

设计意图　　通过画自己的生命线，引导学生明白：过去辉煌也好，挫败也罢，都已经成为往事，生命最重要的是未来，每个人都要绘制未来蓝图。要想人生有意义，就得有理想、有抱负，理想不仅要树立，更重要的是实现。

（三）环节二：创设情境，确立理想

绘制的生命线有遗憾？没关系，幸运的是，我们可以重新进行描绘。在重新描绘之前，我们先当一次毛毛虫，体验一下毛毛虫的一生。

1. 活动一：故事大会

（1）第一条毛毛虫的故事。

① 创设情境：在黑板上张贴一棵大树，这棵大树枝繁叶茂，枝头挂满了大大小小的苹果，每个苹果上有一个大大的问号，你不知道里面究竟是什么。

② 角色扮演：你是一条晕头晕脑的毛毛虫，跨越千难万险来到这棵苹果树下。你不知道这是一棵苹果树，也不知道树上结满了诱人的、美味的苹果。当你看到其他的毛毛虫向上爬时，也稀里糊涂地就跟着往上爬。别的毛毛虫选择了苹果，你也随随便便选择了身边的一个苹果。毛毛虫们，来吧，来摘苹果。

③ 小组分享感悟。

（2）第二条毛毛虫的故事。

① 创设情境:又一条毛毛虫来到了苹果树下。它清楚地知道这是一棵苹果树,它有明确的"生活目标"——找到最大最红的苹果。它取出精心准备的装备——望远镜,很快发现树的最顶端有一个苹果又大又红。于是它迅速开始行动,朝目标爬去。在路上,它遇到许多岔路,大大小小,弯弯曲曲,它凭感觉选择较粗的树枝继续爬,结果绕了不少弯路。当它离梦想的大苹果只有很短的距离时,生命却走到了尽头。在离开人世的最后一刻,它看见自己走过的路上其实还有许多不错的苹果,足够它享用一生。

② 小组分享感悟。

（3）第三条毛毛虫的故事。

① 创设情境:第三棵大树,同样枝叶繁茂,枝干上挂满了大小不一的苹果,有的大苹果上清晰地写着各种各样的愿望和目标,如:成为警察、教师、外交官、医生、科学家等;还有的大苹果上写着:中大奖、发大财等;大苹果中间的小苹果上写着:舞蹈考级、努力学习、考上大学、锻炼身体等。

② 角色扮演:假如你就是第三条毛毛虫,来到了苹果树下,仰望着鲜红的苹果,你会怎么做呢?

③ 学生自由发言。

2. 活动二:再画生命线,分解愿望

（1）教师总结:体验了几条毛毛虫的不同人生后,我们再来审视自己绘制的人生线路图。你有什么感想呢? 有新的人生规划的同学可以重新绘制或者完善补充。老师提醒大家:人生就掌握在自己的手中,我们可以让人生规划更美好,也可以更切实、更具体可行。请大家谨慎对待这一次的规划。

画好生命线后,还要思考:如何把你的三个愿望进行分解,然后早日实现呢?

（2）学生交流。

设计意图　三条毛毛虫面对苹果树做出的选择不同,所以结果不同。通过它们的故事,引导学生明白:不能做一个没有目标、一生盲目、毫无人生规划的人。相反,我们要树立远大的目标和理想,并克服困难、努力实现。

（四）环节三:榜样引领,表达理想

1. 活动一:分享理想

理想是成长路上的指路灯,指引着人们前进的方向,同学们,你的理想是什么呢?

2. 活动二:绘制理想树

理想应该如何去实现呢? 教师与学生一起将实现理想的方法绘制在理想树上。

3. 活动三:榜样的力量

（1）你们知道他们的理想是什么吗?（出示周恩来、钱学森、袁隆平、屠呦呦的简

介和照片,组织小组交流)

(2)师生共同总结:理想可以崇高,也可以平凡。理想有大有小,不管是什么理想,都是为了实现自身的价值,为集体和社会作贡献。(板书:个人——社会、崇高——平凡)

> **设计意图** 通过小组合作学习,鼓励学生大胆地表达自己的理想,并引导他们明白:理想有大有小,不管是什么理想,都是为了实现自身的价值,为集体和社会作贡献。

(五)环节四:认知现实,扎根理想

1. 活动一:播放视频,振奋人心

播放《中国梦》短视频,学生谈感受。

2. 活动二:歌曲共唱,集体宣誓

师生同唱《孤勇者》,全体学生起立并举起右手进行宣誓。

忧患之际,不屈;临渊之险,不畏;风雨之阻,不惧;追梦之路,不止。越是艰险,越向前。同学们,战吗?——战!

> **设计意图** 鼓励学生放飞理想,追逐理想前进。通过观看视频,同唱歌曲,让学生将个人理想与中国梦相结合,坚定了学生为祖国繁荣勇敢地践行理想的决心与信念。

(六)班主任小结,引领价值观念

虽然我们不能延伸生命的长度,但我们可以拓宽生命的宽度,当我们的人生理想确定后,一定要记住:"一心向着自己目标前进的人,整个世界都会给他让路。"在我们遇到困难想要退缩时,更要用这句话来激励自己。孩子们,生活一定得有规划,一定得树立理想,并为实现理想而努力。

> **设计意图** 让学生明白:要想人生有意义,就得有理想有抱负,理想不仅要树立,更重要的是实现。

六、班会后延伸教育

1. 确定阶段性学习目标,制订学习计划

把自己的理想分解成一个个阶段性的小目标,结合目前的实际情况,认真制订阶段性学习计划,细化到每天怎么做、一周内达成什么、一个月有什么收获。督促自己

学会利用一点一滴的时间完成最终的目标。

2. 分享遇到的困难及成功的经验

每天反思自己为了实现自己的愿望做出努力了吗？一天当中,哪些做法是积极的、可取的,为实现理想加分的;哪些做法是消极的,是实现理想路上的拦路虎,并及时在以后的班会课上进行分享。

> **设计意图**　班会课虽然结束了,但追逐理想的行动并未停止,通过制订目标和每周分享在实现理想路上遇到的困难和解决方法,延伸了学生的成长空间,让他们向理想一步步迈进。

七、班会反思

1. 注重游戏、实践活动、角色体验

上课伊始,我带着学生进行了一项名为"生命流沙"的游戏体验活动,以帮助学生直观感受生命的有限性。学生对此表现出浓厚的兴趣,并从中获得了深刻的感悟。随后,通过讲述三条毛毛虫的故事,创设情境,让学生在游戏、活动环节中感悟到人生需要规划,设立的目标要切合实际,而且要把大目标分解成一个个小目标来一步步实现。

这次班会主要是引导学生认识自我,建立追逐理想的信心和勇气,所以,我把课堂交给他们,鼓励他们多参与小组讨论,大胆发表自己的看法。学生在开放式的交流讨论的氛围中认识到:不能盲目地活着,人生要有理想,生活要有规划。

2. 关注生命教育

我用绘制"生命线"活动,帮助学生回忆过去的人生经历,为学生赋能,并规划未来,引导他们从生命出发,使学生认识自我,理解生命的意义和人生价值。

3. 精心设计,延续活动

班会活动结束后,我还安排了"我为理想做了什么"的评比活动,让这堂课的教学不仅停留在此,而是让学生每天学会总结,为早日实现理想清除障碍。

4. 不足之处

（1）本次班会对后进生关注不够、学习气氛还不够浓厚。我会继续学习理论知识,观摩专家的课堂,向资深教师请教,努力提高自己主持主题班会的能力。

（2）本次班会只是以树立学生自身的理想为目标,将个人理想与"中国梦"联系得不太巧妙,这是最大的遗憾。下次我会尝试升华班会的主题,让学生体会到拥有理想的自豪感和实现理想的自我价值。

（陈　月）

第六章

和融教育主题班会课的活动形式

第一节 活动形式概述

和融教育强调学生的主体性和实践性,要求学生在实践中学习、在合作中成长。班会课作为学校教育的补充和延伸,具有灵活性强、形式多样、互动性高等特点。通过设计丰富多样的班会课活动形式,可以激发学生的学习兴趣,培养学生的合作精神和实践能力,促进学生全面发展。

一、知识性竞赛,激发求知欲

知识性竞赛是一种通过知识问答、智力比拼等形式,检验学生知识掌握程度的活动形式。知识性竞赛可以促进学生之间的知识交流和合作,激发学生的学习兴趣和求知欲。教师可以根据学科特点和学生的实际情况,设计具有针对性和趣味性的知识性竞赛题目,让学生在轻松愉快的氛围中学习和成长。

如在"以史为镜,知史爱国——五年级'爱国教育'主题班会课"中,教师精心设计了爱国知识竞赛。班会一开始,教师便提出了多个竞赛题目,包括"'国家公祭日'是在哪一天""中华人民共和国是在何时成立的""我国的国旗是什么""我国国歌的名称是什么"以及"中国的首都是哪里"和"你能分享一些你知道的红色故事吗"等。引入这些问题后,学生们积极响应,争相举手回答,展现出极高的参与度和热情。他们的回答形式多样,有的迅速给出答案,有的则稍作思考后详细阐述,整体表现出对爱国知识的浓厚兴趣和学习态度。这样的导入方式,不仅调动了课堂气氛,还激发了学生的求知欲。

二、文体性表演,体现艺术性

文体性表演是一种通过唱歌、跳舞、朗诵、舞蹈、小品、相声等形式,展示学生才艺和个性的活动形式。在和融教育背景下,主题班会课的文体性表演可以增强学生的自信心和表现力,培养学生的审美情趣和艺术素养,同时增强班级的凝聚力和向心力。教师可以结合学生的兴趣和特长,组织丰富多彩的文体性表演活动,让学生在表演中感受成功的喜悦。

如在"'团结聚力'初体验——四年级'团结教育'主题班会课"的设计中,教师采用多种教学方式激发学生的团结意识,自觉维护集体荣誉,从而提高班级凝聚力。通过"坐地起身""桃花朵朵开"的游戏,锻炼学生的合作能力,提高学生之间的凝聚力,使学生能够心往一处想,劲往一处使,共同为班级贡献自己的力量;通过合唱歌曲《相亲相爱一家人》,体现了全员参与、学生共同合作的效果。故事、辩论、游戏等活动给予学生心灵的触动,引导学生发现团结友爱的重要性,从而能够自觉帮助他人,团结同学。

同样,在"明辨是非,拒绝盲从——四年级'自主教育'主题班会课"的设计中,教师邀请几名学生上台进行角色扮演,根据自己对他人的建议模拟情境中的对话和行为,让学生认识到盲目跟风不仅会影响个人成长和个性发展,还可能导致自己失去独立思考和自主选择的能力。这样的情景演绎形式,使得学生深入体验了理性思考的重要性,并掌握了如何运用理性思维来解决问题和做出决策的方法。

三、主题性讨论,提高启发性

主题性讨论是一种围绕某一主题,引导学生进行深入思考和交流的活动形式。在和融教育背景下,主题性讨论不仅能培养学生的批判性思维和沟通能力,还可以促进学生之间的思想碰撞和交融。教师可以针对某一特定主题或问题,引导学生展开深入的讨论和交流,如社会热点、校园生活、学习方法等。设计具有启发性和争议性的主题,引导学生展开讨论,让学生在讨论中学会倾听、表达和理解,并最终形成正确的价值观。

如在"以史为镜,知史爱国——五年级'爱国教育'主题班会课"的设计中,教师引导学生进行讨论:"作为小学生,在日常的生活中我们可以有哪些爱国行为呢?"学生积极思考,踊跃回答:有的说参加升旗仪式时,严肃认真,行注目礼,唱国歌时声音要洪亮;有的说还要了解一些节日,如清明节、国家公祭日等节日的来历,感受节日的文化氛围;有的说学习并了解祖国的历史,知道祖国的伟大和不易;有的说可以积极参加爱国主题的活动,用自己的方式表达对祖国的热爱。通过组织这样的讨论,教师引导每位学生都能从心底生发爱国之情。明确肩上责任,牢记祖国繁荣富强之使命。

同样,在"你的专注力在线吗?——六年级'习惯教育'主题班会课"的设计中,教师举行了以"假如自己身心投入地写字,但并没有受到老师的表扬,你会不会后悔刚才那么认真写字呢?"为题的辩论赛,让学生进行辩论,构建一个"身临其境"的模式,让学生置于其中,去感受不管环境如何、时间长短,都可以很好地完成一件事。再通过追问以及榜样效应让学生明白专注于做事更容易成功,让学生初步懂得注意力集中在日常学习和生活中的重要性。

四、畅想式漫谈,鼓励开放性

畅想式漫谈是一种自由、开放的交流形式,鼓励学生自由表达、畅想未来。在和融教育背景下,畅想式漫谈可以激发学生的创造力和想象力,培养学生的开放性和包容性,通过交谈,锻炼学生的思维能力和表达能力,同时培养他们的自信心和勇气。教师可以设定一个宽松的交流环境,让学生自由发言,分享自己的想法和观点,鼓励学生之间的思想碰撞和启发。

如在"玉兰树下,理想绽放——五年级'理想教育'主题班会课"的设计中,教师巧妙地设置了"谈理想"的议题,鼓励学生自由发言。教师在引导学生谈论理想时,采取了多种策略。首先,通过课堂讨论激发学生的思考,让他们分享自己的梦想和愿景。其次,教师利用个人故事或真实案例,来激发学生的共鸣,并引导他们思考理想的实现路径。此外,教师还通过模拟演讲和写作练习,让学生在实践中深化对理想的理解,并提升表达能力。

课堂上,教师引导学生畅谈自己的理想,帮助他们明辨理想的正确性,并鼓励他们勇敢地表达内心所想,成为敢于追梦的孩子。无论是何种理想,其核心都是为了实现个人的价值和成长。

同样,在"'团结聚力'初体验——四年级'团结教育'主题班会课"的设计中,教师巧妙地设计了让学生"写下自己之前在班级日常生活中发生过的不够团结的行为",接着让学生畅谈在以后的班级生活中,会与同学怎么相处,怎么为班级的发展贡献自己的力量? 通过反思过去,鼓励学生畅想未来,引导学生从思想本质上转化。让学生表白班集体,使学生意识到自己作为班集体中的一员,要与同学团结友爱。让团结在心中生根发芽。

五、实践性活动,拓宽知识面

实践性活动是一种通过实际操作、体验等方式,让学生亲身参与和体验的活动形式。在和融教育背景下,实践性活动可以培养学生的实践能力和解决问题的能力,增强学生的动手能力和团队协作精神。教师可以设计各种形式的实践性活动,如社会调查、实验探究、手工制作,组织学生参观博物馆、科技馆、企业等场所,了解历史、文化和科技发展等。通过参观访问,拓宽学生的视野和知识面,同时增强他们的社会责任感,让学生在实践中学习和成长。

如在"玉兰树下,理想绽放——五年级'理想教育'主题班会课"的设计中,教师设计了这样一个环节:让学生体验闭眼撕纸、睁眼撕纸、专注撕纸,在这三种不同的状态下,让学生感受坚定信念的重要性,从而引导学生坚定心中的目标,并心无旁骛地坚持去做一件事,树立理想和目标;其次,教师还带领学生到我校玉兰树下宣誓,引导学生严格要求自己,坚定自己的信心,不怕困难,一步一步走向理想彼岸。

实践性活动作为主题班会课中的一个重要形式,应从学生的年龄特征和认知特点出发,选择适合学生成长的实践方法。

学生需对教师挑选的实践活动保持兴趣,这样的形式不仅有助于达成教育目标,还能有效巩固学生在课堂上学到的知识。通过实践活动,学生可以将课堂上学到的知识运用到实际中,从而加深对知识的理解和记忆。同时,实践活动还能提升学生的实践能力和创新能力,让学生在实践中不断成长、不断进步。

六、成果性展示,增强成就感

成果性展示是一种呈现学生学习成果和作品的形式,如设计标语、制作手抄报、视频、成长记录卡等。这不仅可以增强学生的自信心,还能促进学生的自我反思和自我评价,使之更好地得到进步与成长。教师可以定期组织学生把学习经历、社会实践等以各种方式进行班级、小组,甚至学校和年级的展示,让学生从中获得成就感和自信心。

如在"你的专注力在线吗?——六年级'习惯教育'主题班会课"结束后,为了提升学生的专注力,教师给学生布置了"为教室和校园设计一些提升专注力的文明标语"的作业;如在"玉兰树下,理想绽放——五年级'理想教育'主题班会课"的设计中,教师设计了"梦想墙"活动,鼓励学生表达自己的理想;如在"以史为镜,知史爱国——五年级'爱国教育'主题班会课"的设计中,教师开展组织了"红色书籍"朗读活动,要求学生一周一分享,一月一总结,评选"最美朗读者";在"'团结聚力'初体验——四年级'团结教育'主题班会课"的设计中,教师每周评选"团结协作"主题小明星,并开展"讲榜样故事"等活动,让学生学习身边的榜样。在"明辨是非,拒绝盲从——四年级'自主教育'主题班会课"的设计中,教师引导学生围绕"弃盲目,守理性"这一主题开展辩论赛、演讲比赛、创作比赛等多种活动。

总之,主题班会的活动形式是多种多样的,我们可以根据班级的特点、学生的兴趣以及活动的目的进行选择和组合,以达到最佳的活动效果。一节成功的主题班会需要精心策划、创新形式、注重时效和持续跟进。只有这样,才能让学生在班会中收获知识、感受温暖、提升能力,让班级充满活力和凝聚力。

第二节　案例分享

你的专注力在线吗?
——六年级"习惯教育"主题班会课

一、班会背景

为什么现在的孩子专注力普遍不好? 第一,电子信息爆炸,孩子从小就大量接触电子产品,色彩鲜亮、内容丰富的电子画面高速转换,长时间、高频率刺激孩子的大脑,导致专注力严重下降,很难适应看书、学习这一类固定静止的需要持续动脑的活动。第二,物质丰富选择多,零食一堆、玩具一堆,眼前的选择太多了,什么都是 3 分钟热度,这本身就是不专注的表现。第三,错过了孩子 3~8 岁专注力培养的黄金期,很多家长看到孩子好动坐不住,做事难坚持,没有意识到这是专注力出了问题,上课才发现学生跟不上老师的上课节奏,记不住知识点,存在做事不专注的行为和学习习惯。

六年级的学生面临小学毕业,在学校,学生每天在快速切换各种技能应对每一门学科,同时会受到其他同学的影响,不自觉地参与、跟随、模仿。抵抗力差,注意力容易被分散。学生不能静下心来做事,成就感低,失去学习兴趣,荒废美好的学习时间。因此,适时开展一次有关养成专注好习惯的班会课非常必要。希望通过本次班会让孩子们的专注力变得更好,学习更高效。

二、活动目标

认知目标:懂得专注地做事会有满足感,且更容易获得成功。

情感目标:明白专注做事的益处,能有意识地调整自己专注地做事,并在专注做事中获得满足。

行为目标:学会培养专注力的方法,能够尝试专注做事,养成专注做好每一件事的好习惯。

三、课前准备

教师准备:课件、视频、舒尔特方格训练法卡片、学生姓名签、秒表、奖品。

学生准备:调查问卷。

四、班会过程

(一) 游戏导入

(1) 同学们,上课前,我们先来玩一个游戏。看谁反应快? 获胜的同学能赢得老师手中的奖品。

活动规则:

伸出双手,右手成掌,左手握拳并伸出大拇指;相邻的同学以左手拇指顶另一位学员的右手掌。

当我喊出"一、二、三、抓——",同学们迅速用右手抓住另一人的食指,同时也要迅速地将自己的左手食指缩回,不要被别人抓住。

(2) 说一说做游戏的心得:怎样才能让你赢得游戏?

我们需要做到专注! 注意力集中、专注力强的学生才能赢得游戏。

什么是专注力呢? (专注,也就是我们平时常说的注意力,它源自人们对于目标物的高度关注。用心专者,不闻雷霆之震惊。)那么,同学们,你做事情时够专注吗? 老师收到这样一份求助信:

老师,您好!

最近,我学习中遇到了一点问题,为此很烦恼,希望您能帮帮我。上课的时候我总是东张西望,思想走神,坐不住,老想动一动或找同桌说说话,不能专注地听老师讲课。

有时候我也想认真听讲,可听着听着心思就不在课堂上了,开始胡思乱想,等回过头来,老师已经快讲完了。我课后很自责,作业不会做,后悔上课的时候没有好好听。我也曾立下决心,但下节课类似的事情又发生了,老师,您说我该怎么办呢?

(课件出示这位同学的求助视频)同学们认为要怎样帮助他?

> **设计意图**　皮亚杰认为,游戏是思考的一种表现形式。通过营造一种轻松、开放、安全的环境,激起学生对活动内容的兴趣。"比一比看谁反应快?"是学生喜闻乐见的游戏,通过创设游戏情境,让学生参与到游戏中,激发学生的深刻体会。

(二) 环节一:测一测,你够专注吗?

1. 请同学分析我们班完成的问卷情况

每位同学的问卷上都有填写"是"的题目,只是有的多有的少。依据问卷填写的结果,你认为专注力与自己考试的成绩有无关系?专注力对你学会新知识或新本领的速度有没有影响?你们要大胆地说出自己的想法和见解啊!

小结:当我们做事时,很容易受到外界干扰。长期这样下去,会怎么样呢?作业做不好,饭也吃不香,眼保健操也不能发挥作用保护我们的眼睛。你会是做什么事情都比别人差,还会误以为自己天生就比不上别人,从而失去自信心。

2. 请学生大胆分享自己的经历

小结:孩子,其实,注意力是一切智力的基础。导致学习成绩不佳的一部分原因就是注意力不集中。注意力有集中性、指向性、保持、转移、准确等品质。你比别人差也许就是输在专注力方面。

注意力不集中会出现什么后果呢?

(三) 环节二:讲一讲,不专注的危害

(1) 完成学习任务时间长,比别的同学要多花 40%~60% 的时间。

(2) 很难掌握学习难度较大的学习内容,影响学习能力。

(3) 影响反应速度、敏捷性以及逻辑思维的正常发展。

(4) 还容易出现烦躁、极端、自我评价低等心理问题,等等。

原来,不专注对学习的影响如此大,现在大家终于知道坐在同一间教室听老师讲同样的课而成绩差距那么大的原因了。

设计意图 布鲁纳认为,教育要为学生提供一个现实世界的模式,并借此解决生活中的一切问题。本环节的辩题来源于学生的真实感受。通过这样的形式,把学生在现实生活中的思想顾虑和内心的挣扎,毫无保留地呈现出来。这两种声音的呈现可以勾起学生真实的内心,让学生进行反思,得到提高。

(四) 环节三:分享名人故事

很多名人能取得伟大成绩就在于专注力较强。比如大家都会写字,而有人写字却能成为一代大师。

故事分享:王羲之,中国东晋书法家,有"书圣"之称。著名的《兰亭集序》被称为"天下第一行书"。王羲之对书法的"痴""傻"让他顿悟了书法的精髓:每个字都有生命力。他的专注让他做到了精益求精。

近代思想家梁启超说过"无专精则不能成",也有人说专注力等于学习力,你想体验专注力带来的成功与喜悦吗? 我们来做组游戏体验一下吧!

游戏方法:每小组派一人上讲台参加比赛,我说指令,同学们注意听指令并做相反的动作,做错的同学不能继续参加比赛。

通过刚才的小游戏,你知道全身心投入与集中精力的结果是什么吗?

小结:注意力集中、专注力强的学生更容易获得成功。

(1) 容易成功,不代表次次成功。假如自己全身心投入地写字,但并没有受到老师的表扬,你会不会后悔刚才那么认真写字呢? 我们来一场辩论赛,听听他们怎么说。

(2) 听完这场辩论赛,你同意哪一方? 为什么?

小结:专注做事会有满足感,觉得更加充实,为后面做好这件事做铺垫。

设计意图 本环节构建一个"身临其境"的模式,让学生置身其中,去感受不管环境如何、时间长短,我们都可以很好地完成一件事。再通过追问以及榜样效应让学生明白专注于做事更容易成功。

(五) 环节四:培养专注力的方法

其实,成功的方法是有科学依据的,我们来观看提升专注力的方法的视频。(出示心流视频)

看完视频,你有什么感受?

小结:的确,心流是一种酣畅淋漓的境界。

要想产生心流,我们就要克服"外界干扰"这个困难。如何克服呢? 我们来看一个小故事:

毛泽东学习时特意到最喧闹的地方去读书,每天故意让自己坐在闹市口看书,以培养自己看书的静心、恒心,锻炼自己的意志,使自己在学习时心绪不受外界干扰,在任何时间和场所都可以很好地学习。

（1）读完这个故事,你有什么感受?（比如:迎难而上、锻炼自控力等）

（2）结合这个故事以及刚才的游戏体验,请大家小组讨论一下,怎样才能让自己克服外界干扰,全身心投入地做事呢?

舒尔特方格训练法(见图 6-1):

用手指按 1~25 的顺序依次指出其位置,同时大声读出。数完 25 个数字所用时间越短,注意力水平越高。

22	25	5	3	2
9	7	18	24	11
13	19	8	20	1
4	14	15	2	10
16	21	6	17	23

14	25	16	1	20
12	19	5	13	3
7	24	15	22	10
11	4	9	2	23
21	17	6	8	18

8	21	1	9	16
20	13	14	4	11
17	24	5	12	6
22	15	25	23	10
19	3	7	18	2

17	8	11	1	18
4	22	23	10	14
13	6	7	20	19
9	16	15	24	25
21	2	3	5	12

18	24	6	16	23
8	7	13	2	9
20	19	22	11	15
10	25	12	3	14
1	4	17	21	5

24	2	5	10	6
7	1	22	14	23
13	19	15	12	20
21	17	6	25	11
4	3	16	9	8

图 6-1　舒尔特表

学生自己抽签决定游戏对手,教师及时表扬,用时短、专注力强的,分发奖品。多组织学生 PK,让学生多练习,多问问学生,比如:"你刚才变快了,有什么好方法吗?"用肯定式的提问,引导学生思考和总结,保护兴趣的同时找到提升的办法。

专心做好一件事并不难,难的是如何专注地做好每一件事。通过这节课的训练,哪位同学能说说提升课堂专注力的方法?学生自由分享。具体如下:

（1）提高专注力最根本的是要明确目标,即长期目标、中期目标、短期目标。

（2）尝试训练:

① 上课光听不记→能掌握当堂内容的 30%。

② 一字不落地记→掌握 50%。

③ 一字不落地记,课下再去整理→掌握 80%。

（3）调整环境:不要在学习的同时干其他事或想其他事,特别是要远离网络、手机和不良漫画书籍等。

（4）自我暗示,善于倾听:

积极的倾听不仅会让你在学习上更加优秀,而且会让你在日常生活中收获颇丰!

同学们,专注做事不仅能让自己容易成功,容易满足,也能带给身边同学一些正能量。最后,老师送给大家一句名人名言:"君子之学贵一,一则明,明则有功。"

> **设计意图** 总结出方法后,还要强调运用方法。此环节,为学生提供一个运用的机会,将方法内化。最后的游戏挑战更是符合学生的生活,让学生对自己充满自信,相信自己也是可以做到的。

(六)环节五:知行合一

这节课进行到这里,同学们,你们找到提高专注力的方法了吗? 在今后的学习中,你们准备怎样提高注意力?

你们在小卡片上写出"专心听讲""别讲话""不要走神"等类似句子。然后把它放到你平时容易看见的地方,如放在笔盒里或贴在桌子上,也可以夹在书本里。

每天坚持训练提升专注力,从上课走神小动作多,变成一个能够独立听讲不走神,并且能积极回答老师问题的孩子。

同学们,让我们从点点滴滴做起吧! 养成良好的专注力行为习惯,养成科学的学习习惯,使自己学习更高效。

五、班会活动延伸教育

设计一份 21 天习惯养成卡,每天记录你改正了哪些不专注的坏习惯,养成了哪些专注的好习惯。

六、板书设计

你的专注力在线吗?

确定问题:受外界干扰,做事不够专注。

活动体验:专注地做事会有满足感,且更容易获得成功。

寻找方法:明确目标,调整环境,尝试训练,自我暗示。

七、班会反思

学生专注力一直是教育界一大关注点,因为专注力的发展对学生的学习效果和学业成功起着举足轻重的作用。在过去的教学中,我发现一些学生在上课或者学习过程中缺乏专注力,导致学习效果不佳。通过游戏,让学生畅谈感受,如自己为什么获胜,自己为什么会被淘汰。引出注意力,只有集中注意力听老师的口令才能取得成功,让学生初步懂得集中注意力在日常学习和生活中的重要性。

在讨论中进一步体会集中注意力的重要性,对集中注意力进行内化,变成自己的自觉行为。结合生活实际,加以延伸,深化对集中注意力的切身体验,切实指导学生的生活。让学生亲身体验,自己感悟集中注意力的小诀窍——牢记目标。

通过体验,感悟集中意力的小诀窍,学会集中注意力、提升专注力的小方法。学生参与活动积极踊跃,课堂气氛活跃,让学生初步感受集中注意力而获得成功的喜悦,而稍有分神就会有被淘汰的命运。

　　本节课虽然取得了一定的效果,可还是有些方面把握得不够好。比如,学生分享自己的实例少、学生总结方法不够多等。在以后的教学中,我会在教学中边实践边总结,把好的方面继续发扬,把不足之处加以改进。

　　附:

　　【课前小调查】

　　对下列自测题,符合自己情况的在括号内画"√",反之画"×"。

　　(1)上课听讲时,常常走神,心不在焉。　　　　　　　　　　　　(　　)

　　(2)星期天忙这忙那,什么都想干。　　　　　　　　　　　　　　(　　)

　　(3)想干的事情好多,却不能静下心来认真做其中一件,结果什么事都没有做好。　　　　　　　　　　　　　　　　　　　　　　　　　　(　　)

　　(4)做语文作业时,就急着想做数学作业,恨不得一下把作业都做完。(　　)

　　(5)担心第二天上学迟到,有时整晚睡觉不踏实。　　　　　　　　(　　)

　　(6)总觉得上课时间过得太慢。　　　　　　　　　　　　　　　　(　　)

　　(7)做作业时,常走神,总想起作业以外的事情。　　　　　　　　(　　)

　　(8)始终忘记不了前几天被老师批评的情景。　　　　　　　　　　(　　)

　　(9)在看书学习时,很在意周围的声音,对周围的声音听得特别清楚。(　　)

　　(10)读书静不下心来,不能持续30分钟以上。　　　　　　　　　(　　)

　　(11)一件事干得太久,就会很不耐烦,急切地希望快点结束。　　(　　)

　　(12)对刚看完的漫画书会重新看好几遍。　　　　　　　　　　　(　　)

　　(13)在等同学时,觉得时间长得特别难熬。　　　　　　　　　　(　　)

　　(14)和朋友聊天时,有时会无缘无故地说其他无关的事。　　　　(　　)

　　(15)学校集会时间稍长一点,就会不耐烦,哈欠连天,也不知道主持人说什么。

　　　　　　　　　　　　　　　　　　　　　　　　　　　　　　　(　　)

　　测试结果参考:

　　记分:"√"为0分,"×"为1分。

　　总分为15分。得分越高,注意力越强。

　　0～3分,注意力差。

　　4～7分,注意力稍差。

　　8～11分,注意力一般。

　　12～13分,注意力好。

　　14～15分,注意力很好。

　　　　　　　　　　　　　　　　　　　　　　　　　　　　　　(李艳勤)

"团结聚力"初体验

——四年级"团结教育"主题班会课

一、背景分析

团结友爱是中华民族千年以来的传统美德。在《中小学德育工作指南》中提出，同学们要团结友爱，互帮互助。提高班级的凝聚力，营造良好的班级氛围。

如今的学生是在父母的宠爱中成长，心中只有自己，在学习和生活中越来越多的学生表现出独来独往、不善于与人交往、不愿主动帮助别人的特征。小学四年级学生处于身体、心理发展的关键期，有些学生不懂得宽容别人，缺乏团结友爱的优良品质，这对孩子的发展是很不利的。本次主题班会将通过几个环节的活动让学生体验团结友爱的重要性，能够自觉帮助他人，团结同学，从而提高班集体的凝聚力。

二、班会目标

认知目标：通过"寻找榜样"和"坐地起身"活动，让学生感知团结，认识到团结对于班级凝聚力的重要性。

情感目标：通过"同学之间互夸"和"表白班集体"活动，提高同学们集体荣誉感的意识，树立学生积极的价值观。

行为目标：通过写倡议书活动，激发学生的团结意识，自觉维护集体荣誉。

三、班会准备

班主任准备：①学情调查：课前调查了解学生学情以及班情，准备活动预案；②多媒体：有关团结的视频和素材、课件；③音乐准备：《相亲相爱一家人》《桃花朵朵开》。

学生准备：查阅资料，如何提高班级凝聚力；寻找身边的"团结之星"。

四、班会过程

(一) 视频导入：引出团结主题

1. 观看视频，初步感受

课件播放"中国队混合团体世界杯"团体作战获胜的视频，你有什么感悟？谈一谈你对团结的认识。

2. 小组交流团结的作用

每位同学结合视频谈一谈你对"团结聚力"的感受。

3. 揭示课题

如果班级成员像运动员一样同心协力，我们的班级会有什么样的变化？引导学生积极回答并揭示课题："团结聚力"初体验。

教师小结:通过观看视频,学生感知到团结的力量。

设计意图 出示有关"中国队混合团体世界杯"团体作战获胜的视频,让学生感受到团结的力量,可以激发学生内心的自豪感,为下面提高班级凝聚力做好铺垫。

(二)环节一:听故事引思考

1. 寻找榜样,知团结的力量

同学们,通过老师对大家的日常观察及课前小调查,发现咱班学生集体荣誉感不强,有个别同学不乐意帮助他人,也不乐意为班级做贡献,导致"文明班级"多次落选。全班的荣誉需要靠大家一起努力才能获得。今天我们这节课,需要大家一起找出咱班的团结小明星。

(1)小组讨论:寻找你身边具有集体荣誉感、团结友爱的榜样。我们班级中有许多同学有集体荣誉感,为班级做过很多贡献。请拿出手中的卡纸,把你心中榜样的名字写在纸上吧。

(2)谈谈理由:小组为什么推他(她)为班级"团结之星"?

教师小结:通过推选身边的榜样,能够激励学生,提高学生的团结意识。

2. 聆听故事:《蚂蚁滚雪球》

大家听过蚂蚁滚雪球的故事吗?老师来跟大家讲一讲。

草原上,在野火烧起的时候,众多的蚂蚁迅速聚拢在一起,紧紧抱成一团,然后像滚雪球一样飞速滚动,逃离火海。

3. 听完故事谈一谈感想

听了这个故事后你有什么感想?请小组内学生相互交流一下感想。

我们班级的同学就好比这一只只蚂蚁,如果我们每个人只顾自己,那么只会全体葬身火海,但是只要团结协力起来,就可以逃出火海。

教师小结:通过《蚂蚁滚雪球》的故事,让学生明白,蚂蚁的精神值得我们学习,知道一个人的力量是有限的,很多人的力量是无穷大的。

设计意图 寻找班内有集体荣誉感的学生,可以激励学生,给学生带来榜样示范的作用,为提高班级凝聚力做铺垫。借《蚂蚁滚雪球》的故事,给我们带来启示:我们要团结协力,心往一处想,劲往一处使,共同努力为班级做贡献。

(三)环节二:情景演绎,激团结之情感

1. 玩"坐地起身"游戏

游戏可以一个人,也可以两个人或三个人来完成。有没有同学想要试一试?

规则:坐在地上,把手背在身后,在没有手的帮助下,一个人站起来试一试。然后两个人、三个人分别试一试。

为什么一个人站不起来,两人、三人就能轻松站起来? 因为可以互相支撑。有时候自己很难完成的事情,通过合作,不但你站起来了,同学借助你的支撑也站起来了,这就叫作合作共赢。

在游戏过程中,我们发现,要想成功,团队成员之间的信任和沟通至关重要。通过坐地起身游戏,我们更深刻地理解了团队协作的价值。我们学会了在面对困难和挑战时,如何更好地协作,如何相互信任、如何有效地沟通。这不仅增强了我们面对困难的勇气,也提高了我们解决实际问题的能力,更增强了我们班级的凝聚力。总结来说,坐地起身游戏不仅是一场体力的挑战,更是一场团结和凝聚力的考验。

教师小结:每一次尝试、每一次变化,都让我们对团结友爱有了更深的理解。我们明白了,只有信任、策略和有效的沟通,才能让班级在面对困难时迎难而上,共同取得成功。

2. 过渡

团结是班级凝聚力的基石,同学之间要相互帮助,互相友爱,你心中有我,我心中有你。最近,我们班级之中也有一些不和谐的现象,比如,见到地上的垃圾该不该捡?

现场辩论:我该不该捡?

【辩题】当值勤队干来班检查卫生时,地面上有纸片,我该不该捡?

【正方】该捡。

理由:我是班级的一分子,见到垃圾应主动捡起,维护班级形象。

【反方】不该捡。

理由:不是我的垃圾,我不应该捡起,谁的垃圾谁来捡。

教师引导:见到垃圾主动捡起,是我们中华民族的传统美德。同学们要养成不乱扔垃圾和主动捡起地上垃圾的好习惯。同时,老师也要以身作则,给学生树立良好的榜样。

教师小结:我们作为班级的一分子,要有主人翁意识,共同打造我们的班级,为班级的发展贡献我们的力量。

设计意图 通过做"坐地起身"游戏,使学生体会到互相支撑、团结合作才能面对困难时迎难而上,共同取得成功,提升学生团结意识,提高班级凝聚力。借助班内出现的现象,让学生展开辩论,通过辩论使学生能够意识到齐心协力、团结互助的重要性,树立学生的主人翁意识,自己作为班级的一分子应主动为班级做贡献。

（四）环节三：心相连，手相牵

1. 玩游戏"桃花朵朵开"

组内成员围成一个圆圈小跑起来，这时给大家一个口号为"桃花朵朵开"。队员说"开几朵？开五朵"，那么队员必须快速地五个人抱在一起，不能多也不能少，多了或者少了，就请他们出来表演节目。

教师小结："桃花朵朵开"是一个可以培养学生团队合作精神以及集体认同感的游戏。同学之间在一起做一些令人心情愉悦的事情，有利于激发学生的幸福感，提高班级的凝聚力。

2. 玩同班同学之间相互夸一夸的游戏

规则：

（1）请每位参与者为其他人填一张卡片，完成下述句子，如"我最喜欢（同桌名字）的一点是……"或"我在（同桌名字）身上看到的最显著的优点是……"。

（2）把收上来的卡片发给对应名字的学生，这样，每个人都能带着对自己的正确评价满意地离去。

教师小结：通过同学之间相互夸一夸，把孩子们的心凝聚在一起，营造出"你中有我，我中有你"的良好班集体氛围。

> **设计意图**　通过玩"桃花朵朵开"的游戏，培养学生小组之间的相互配合能力与合作能力。通过同学之间相互夸一夸，多用赞美言语、激励言语，使学生你心中有我，我心中有你，凝聚一心，共同维护我们的班级。

（五）环节四：团结友爱，凝聚一心

1. 反思过去，畅谈未来

写下自己过去班级日常生活中不够团结的行为，在以后的班级生活中，你会与同学怎么相处？你怎么为班级的发展贡献自己的力量？

2. 传递友爱，凝聚一心

动手写下有利于班级团结的宣言，小组内相互传阅一下，课下贴到后黑板的心形框内，全班欣赏。这样做能使我们的心凝聚在一起，共同营造有爱的班级氛围。

3. 表白班集体

下面我们一起来合唱一首歌，作为今天班会课的结束。播放音乐大合唱《相亲相爱一家人》，班级就像一个大家庭，如兄弟姐妹般相互关心着、帮助着，团结聚力，共同提高。

教师小结：我们是一个大家庭，同学之间就像彼此的兄弟姐妹，要团结协力，共同努力，营造一个积极向上、富有凝聚力的班集体。

> **设计意图** 通过反思过去、畅想未来,学生能够知道过去的不足,从思想本质上转化。让学生表白班集体,使学生意识到自己是班集体中的一员,要与同学团结友爱,让团结在心中生根发芽。

五、班主任小结

这次"团结聚力"初体验主题班会,是一节非常有意义的课,它让我们明白班级就是我们的大家庭,只要每个人都团结起来,才能营造团结协力的班级氛围。主题班会活动虽然已经结束了,但我们团结的精神永远不会停止。我相信,通过这节班会,同学们之间都能互帮互助,团结聚力,形成一个优秀的、有凝聚力的班集体。作为一名班主任,我会更加努力,带领孩子们一起迎接更大的挑战,争取使这个班集体有更大的进步。

> **设计意图** 通过班主任的总结,让学生知道自己是班级的一分子,是班级的主人,要发挥自己的主人翁意识,为增强班级的凝聚力贡献自己的力量。

六、班会后延伸教育

为更好地开展本次活动,请全体学生写一篇有关团结的作文,请每个学生畅谈一下他对团结的感悟。

出一期主题为"团结聚力"的手抄报,粘贴在教室后面的黑板上。

每周开展"团结协力"主题小明星的评选,向自己选择的优秀榜样学习,每周开展讲榜样故事等系列活动。

七、板书设计

"团结聚力"初体验

团结协力

互助友爱

凝聚一心

表白班集体

八、班会反思

本节班会我针对学生的年龄特征,设置了情境式教学,让学生围绕中心问题进行讨论交流,鼓励学生多动脑,多发言。以学生为主创设情境,让学生感知团结的力量,加深对团结的理解。在授课过程中,注重学生知识生成的过程,鼓励学生分享自己的想法,培养学生的语言表达能力,促进学生对本节班会课的主题进一步加深理解。

其次,我采用多种教学方式激发学生的团结意识,自觉维护集体荣誉,从而提高班级凝聚力。通过游戏,培养学生之间的合作能力,提高学生之间的凝聚力,使学生能够心往一处想,劲往一处使,共同为班级贡献自己的力量。让同学合唱《相亲相爱一家人》,达到全员参与、学生共同合作的效果。故事、辩论、游戏等环节都给学生带来了心灵触动,引导学生感受团结友爱的重要性,能够自觉帮助他人,团结同学。

通过本节班会课,学生意识到了自己是班级的小主人,能够与同学互帮互助,以更饱满的热情投入学习中,以更团结的态度生活在班集体当中。能看到垃圾主动捡起,心中有集体,既增强了班级的凝聚力,又达到了良好的教育效果。

同时,本节课在以下方面仍有待提升,比如激发学生情感方面,我应放手让学生充分地去表达自身的情感,升华本节课的主题。在游戏环节应让更多的学生去总结,充分发挥学生的主体作用。

(彭翠杰)

明辨是非,拒绝盲从

——四年级"自主教育"主题班会课

一、背景分析

在快速发展的信息社会中,小学生面临着各种信息和选择的冲击,很容易出现盲目跟风、缺乏主见的现象。面对利益驱使或权威压力时,人们往往选择与大多数人保持一致,根本不加以思考。小学生由于知识、经验不足,自制力较弱,更容易产生从众行为,这些盲目跟风的行为,假如不加以引导,就会影响学生的健康成长。为了帮助学生树立独立思考、自主选择的意识,我们设计了以"明辨是非,拒绝盲从"为主题的班会活动。

二、班会目标

认知目标:让学生认识到盲目跟风的危害和保持理性的重要性。

情感目标:培养学生独立思考和自主决策的能力。

行为目标:引导学生学会在面对选择时,如何理性分析和做出适合自己的决定。

三、班会准备

教师提前收集关于盲目跟风导致的负面案例,并准备相关的视频或 PPT 资料。

准备讨论问题卡片,以便引导学生进行深入讨论。

教室布置:将教室桌椅摆放成小组讨论的形式,便于学生交流。

准备小奖品,以激励学生在活动中积极参与。

四、班会过程

(一) 导入:"明辨是非,拒绝盲从"主题

亲爱的同学们,大家好! 今天我们的班会主题是'明辨是非,拒绝盲从'。你们是否曾经因为别人都在做某件事而跟风? 或者因为某个流行的东西而盲目追求? 今天,我们要一起探讨这个话题,希望大家能够明白,做自己的主人,坚守理性思考的重要性。

(二) 环节一:集体讨论,盲从止于"知"

(1) 同学们,我们来看一个视频(播放视频),有没有什么发现? 这是羊群效应,是指一群人或动物在某些特定环境中出现的一种集体行为,它们在接受整体影响时会产生一致的行为与反应,从而形成一致的行为模式。

(2) 提问学生:"你们在生活中有没有遇到过类似的情况? 当时是怎么想的,怎么做的?"

(三) 环节二:直观体验,盲从止于"止"

在生活中我们也经常遇到类似的事情,大多数人往往跟随大众,随波逐流,甚至不思考对错,因此,我们要保持独立的思考,避免受到羊群效应的影响。这里有几个场景我们一起去看看,这些盲从现象会给我们带来哪些不良后果呢?

场景一:

放学了,同学们高兴地背着书包回家。芳芳吃完冰棍对玲玲说:"真好吃! 没了! 咦? 这儿怎么没有垃圾桶?"玲玲环视了一下四周,指着远处的垃圾桶说:"那边有,正好我也要扔饮料瓶,走,一起去!""算了! 算了! 这地上满是垃圾,也不多我一个袋子。"说着,芳芳就把冰棍袋往旁边一扔。玲玲犹豫了一下,也把饮料瓶随手扔在地上,和芳芳一起回家了。

场景二:

上学路上,几个同学赶时间去学校。彤彤已经顺利地过完了马路。这时,一位老奶奶刚走到斑马线前准备过马路,红灯亮了,但老奶奶并没有要停下脚步的意思。这时,康康和乐乐看到了,连忙拉住老奶奶的手,指着信号灯说:"奶奶,现在是红灯,等绿灯亮了再过马路最安全。"老奶奶说道:"你看这又没车,我还要赶着去给我孙子买早餐呢!"说完她就径直往前走。这时又有行人往前走,康康和乐乐看了看,也跟着走了。

场景三:

小芳是一个爱学习的孩子,上课总是高高举起自己的小手。一天,数学课上,老

师提了一个问题,小芳很快算出了答案。小强是小芳的同桌,是数学课代表,小强的答案和小芳的不同,很快小芳就把自己的答案改了,老师讲解后,小芳发现自己的答案是对的。

> **设计意图**　引导学生进行自我反思,思考自己在日常生活中是否存在盲目跟风的行为,并思考如何改进。同时,鼓励学生制订个人行动计划,明确如何在未来避免盲目跟风,保持理性思考。

（四）环节三:思考辩论,盲从止于"治"

（1）将学生分成若干小组,每组分发一张讨论问题卡片:以上场景的做法对吗?针对这种情况我们应该怎么帮助他们,让他们意识到盲目跟从不合理? 小组成员围绕问题进行讨论,并记录在讨论纸上。

（2）教师巡视各组,给予必要的引导和帮助。

（3）每组选派一名代表上台分享小组讨论的成果,其他学生可以提问或补充意见。

（4）教师对学生的分享进行点评,强调正面的价值观和行为选择。

（五）环节四:外化于行,盲从止于"智"

（1）邀请几名学生上台进行角色扮演,根据自己的思考改编环节二中的三个场景。

场景一:

放学了,同学们高兴地背着书包回家。芳芳吃完冰棍对玲玲说:"真好吃! 没了! 咦? 这儿怎么没有垃圾桶?"玲玲环视了一下四周,指着远处的垃圾桶说:"那边有,正好我也要扔垃圾,走,一起去!""好啊! 好啊!""玲玲,等等我。"芳芳捡起地上一块儿香蕉皮,追上玲玲说:"要是谁踩到,说不定要摔个四脚朝天。"芳芳说完,便哼着歌,和玲玲愉快地走向垃圾桶。

场景二:

上学的路上,几个同学赶时间去学校。彤彤已经顺利地过完了马路。一位老奶奶刚走到斑马线前准备过马路,红灯亮了,但老奶奶并没有要停下脚步的意思。这时,康康和乐乐看到了,连忙拉住老奶奶的手,指着信号灯说:"奶奶,现在是红灯,等绿灯亮了再过马路最安全。"老奶奶解释道:"我要赶着去给我孙子买早餐啊!""奶奶,您的家人一定很关心您吧?"老奶奶不住地点头。"您的健康和安全也是家人最关心的,我们一起耐心地等等。"过了一会儿,绿灯亮了,乐乐和康康牵着老奶奶的手安全地通过了斑马线。"奶奶,再见!"乐乐和康康高兴地往学校走去。

场景三:

小芳是一个爱学习的孩子,上课总是高高举起自己的小手。一天,数学课上,老师提出了一个问题,小芳很快算出了答案。小强是小芳的同桌,是数学课代表,小强的答案和小芳的不同,小芳这时以为自己的答案是错的,正要改,可又动脑思考了一下,很快就验证了自己的答案是正确的,于是她又大胆地举手回答了问题。

（2）角色扮演结束后,全班学生进行点评,教师总结如何在实际生活中运用理性思考来做出决策。

> **设计意图** 这个环节是上个环节的延伸,我们认识到盲目跟风不仅会影响我们的个人成长和个性发展,还可能导致我们失去独立思考和自主选择的能力。因此,我们要学会坚守理性,拒绝盲目跟风,做自己的主人。这需要我们时刻保持清醒的头脑,明确自己的目标和方向,通过情景分析环节,我们深入体验了理性思考的重要性,并掌握了如何运用理性思维来解决问题和做出决策的方法。

五、制订行动计划

引导学生思考如何在日常生活中避免盲目跟风,鼓励他们制订个人行动计划。

学生将自己的行动计划写在纸上,并张贴在教室的墙上,以便日后相互监督和提醒。

六、总结与表彰

做人必须要有正确的是非观念。我们在生活中做许多事情都离不开好坏、是非的判断。只有当我们知道了什么是正确的,什么是错误的,才能决定自己该做什么,不该做什么,才能扬善抑恶。我们现在的学习、生活环境,基本是在家庭和学校,看起来非常简单,但是也有很多的事情值得我们思考,哪些是该做的、哪些是不该做的。这就要求我们在生活中要明辨是非,才能真正做一名合格的小学生!

表彰在活动中表现积极、思考深入的学生,发放小奖品以资鼓励。

七、班会后延伸教育

为了确保班会的教育效果能够持续发挥作用,我们需要做好后续工作,巩固和深化班会的主题和目的。

定期回顾与反思:每隔一段时间,组织学生对班会的主题进行回顾,让他们分享在日常生活中如何应用理性思考,拒绝盲目跟风的实际例子。同时,鼓励学生反思自己的行为,看是否在某些时候仍然受到盲目跟风的影响,及时调整自己的行为和态度。

开展主题阅读活动:推荐与班会主题相关的书籍或文章,如《独立思考的艺术》《理性的力量》等,供学生课余时间阅读。通过阅读,进一步加深学生对理性思考和自主选择的理解,培养他们的批判性思维和独立精神。

举办主题班会延续活动:在后续的班会中,可以围绕"弃盲目,守理性"这一主题继续开展各种活动,如辩论赛、演讲比赛、创作比赛等。这些活动可以帮助学生巩固和深化对班会主题的认识,提高他们的表达能力和创造力。

加强与家长的沟通与合作:通过家长会、微信群等方式,向家长介绍班会的主题和目的,鼓励家长在日常生活中引导孩子保持理性思考,拒绝盲目跟风。同时,也请家长分享自己在这方面的经验和做法,共同促进孩子的健康成长。

建立持续评价机制:制订一套评价机制,定期对学生的理性思考和自主选择能力进行评估。评价可以通过问卷调查、观察记录、个人反思等方式进行。根据评价结果,及时调整教育策略和方法,确保班会的教育效果能够持续发挥作用。

通过以上后续工作的实施,我们可以确保班会的教育效果得到巩固和深化,帮助学生真正养成理性思考和自主选择的习惯,做自己的主人。

八、板书设计

明辨是非,拒绝盲从

善于思考不盲从
⇩
人云亦云坏处多
⇩
学会听从他人意见

图6-2 板书设计

九、班会反思

我在编排这节主题班会课的过程中花了很多精力,但没有做到深入细致的落实工作,实际上,无论学生在班会活动上受到多大教育,心情如何激动,如果不把这些教育效果落实到日常学习和生活中来,这些效果便不能巩固下来。任何班会活动的效果的发挥都不会仅限于课堂活动中,一次成功的主题班会活动,学生受到的影响可能会持续很长时间,甚至会让学生终身受益。从形式上看,这次班会采用了多种形式。例如,运用事例感悟让学生感受到不随意跟风的重要性,通过情境分析让学生体会到随便跟风带来的危害,运用小组讨论交流让学生找出身边的不良跟风习惯并拿出解决的对策。但是讨论时间比较难控制,有一发不可收拾之势,可以适当减少讨论次数,增添知识抢答之类的环节。

班会存在的不足:班会准备不充分,没有让学生搜集相关方面的材料。问题设置不具体,没有更加密切地联系学生实际。从学生主体地位上来看,基本上能够做到以学生为主体,让学生去体会,让学生去找,让学生去发现问题,进而解决问题,在引导学生更深层次地探讨方面做得不够好。总之,这堂班会课让我感到了自己的很多缺点和不足,需要通过更加努力学习来提高自己的业务能力和水平,从而争取更快的成长和进步!

(潘银贺)

以史为镜,知史爱国
——五年级"爱国教育"主题班会课

一、背景分析

1. 主题背景

《新时代爱国主义教育实施纲要》指出:"着眼培养担当民族复兴大任的时代新人,始终高扬爱国主义旗帜。"进一步要求新时代爱国主义教育一方面要培育广大青少年的爱国情怀,使其坚持爱国、爱党、爱社会主义的高度统一;另一方面要培育广大青少年的爱国志向,使其践行爱国行为。我校育人目标着眼于培养"有根、有志、有识、有度"的新时代"四有"少年,其中"有根"好少年在于培养学生热爱祖国、热爱家乡的情怀,筑牢学生的人生"根基"!

2. 学情背景

五年级的学生正值世界观、人生观、价值观形成的基础时期,孩子们生活在富强自由的幸福时代,对中国的苦难历史了解甚少,爱国意识比较浅薄。因此,进行爱国主义教育,有利于增强学生对民族发展历史的了解,燃起他们奋斗进取的信心,提高民族凝聚力。

通过课前调查,该班42名学生中,有将近三分之一的学生不知道"国家公祭日"。因此,本次主题队会的开展对于学生而言显得十分必要!

二、班会目标

认知目标:借助图片、视频情境的创设,了解"南京大屠杀"相关历史及国家公祭日的由来。

情感目标:通过跨越时空的对话、小组合作讨论等方式,感知同胞的苦难,树立"落后就要挨打"的意识,增强爱国情感。

行为目标:正确看待苦难,日常生活中,积极宣传爱国精神,积极参与学校组织的有关爱国的活动。

三、班会准备

教师准备:课前口头调查了解学情,准备各种视频、图片等。

学生准备：课前完成"南京大屠杀"历史资料的搜集和整理。

四、班会过程

（一）图片导入：今昔对比，引生入境

（1）教师播放今天的南京与1937年的南京相对比的图片和视频。

（2）学生对比图片和视频，并说感受。

生1：今天的南京市街道明亮干净，经济繁荣，百姓生活安居乐业。

生2：1937年的南京城，因为遭受了侵略者的攻击，这座城市满目疮痍，街道破败不堪，百姓生活在水深火热之中。

教师小结：通过图片的对比，我们深切感受到战争与和平对一个家庭、一座城市、一个国家、一个民族的影响都是巨大的。我们今天的幸福生活是无数先辈抛头颅洒热血换来的，我们应该珍惜。每一个中国人都应该以史为镜，在历史的学习中明确肩上的责任。

> **设计意图**　通过课前展示1937年的南京市和今天的南京市的发展变化，让学生了解"战争"对一所城市的侵害，为下面学习中国苦难历史做铺垫。

（二）环节一：正视历史，了解国难

1. 活动一：借助视频了解国内现状

（1）视频播放：1937年前后的中国社会现状。（视频包括：日本攻打东北三省的视频、百姓在战争下生活的视频、中国政府针对日本侵华的应对措施视频）

（2）学生观看视频后交流感受。

生1：看到日本侵略我国东北三省的视频，看到很多百姓死于侵略者的枪炮之下，我很心痛！

生2：在侵略者的肆意屠杀下，政府的不抵抗政策让我震惊，这么多的同胞死于战争中，政府怎么能坐视不理呢？

2. 活动二：借助视频了解日本对外扩张的野心

（1）视频播放日本自明治维新后的变化：国家经济变化、国家政治制度变化、国家科学技术的发展、军事力量的发展。

（2）学生交流感受。

生1：日本曾经只是我国的一个附属国，但是通过改革发展，在我国深受战争侵略的时候，他们在科技水平上慢慢超越了我国。

生2：日本的军国主义极度扩张，为其对外侵略提供战略上的准备。

生3：日本国土面积小，当经济科技发展起来以后，逐渐走上了对外扩张的道路。

设计意图 通过课前让学生提前了解相关历史背景,以及相关视频的播放,让学生了解了在历史的同一时间内,当日本帝国主义急剧扩张的时候,我国则处于长期战乱的时代。日本人的狼子野心,将魔爪伸向了中国,为环节二的"感知国难"做铺垫。

(三)环节二:穿越时空,与同胞对话

1. 活动一:隔空对话,感知国难

(1)展示"侵华日军南京大屠杀遇难同胞纪念馆"的雕塑图片,播放讲解视频。

①"家破人亡"雕像:母亲怀抱死去的孩子仰天长啸。

(图片介绍:本雕塑刻画了一位母亲无力地拖着惨死的儿子,麻木地向着苍天悲号。)

②"逃难"群雕:壮年的男子携着80岁的母亲逃离魔窟、僧人逃难的路上,为冤死的少年抚平难以瞑目的双眼……

(图片介绍:1937年12月13日,灭绝人性的大屠杀开始了! 手无寸铁的平民啊,逃难,是求生的唯一之路。)

③"冤魂呐喊"雕像:一座被劈开的山、一只直指苍天的手。

(图片介绍:山的左边高达12米,顶端是直指苍穹的手,似乎在发出冤魂的呐喊,誓要将人间的苦难诉诸上苍! 山的右边是无辜百姓被屠杀的场面,被绳索捆绑着的百姓群情激愤,却被周身的刺刀围得严严实实。)

④"灾难之墙":标志牌、公祭鼎、和平大钟。

(图片介绍:灾难之墙左侧是一个十字架型的标志碑,上面刻有"南京大屠杀"的起止时间"1937.12.13—1938.1",标志碑下铺着一层层碎石,说明场馆是建立在"万人坑"遗址之上的。中央摆放着国家公祭鼎,铸有160字的铭文,记述了"南京大屠杀"激发全民抗战,中国人民最终取得胜利的历程。右侧的和平大钟,每年的12月13日,和平大钟就会响彻南京的上空!)

⑤"古城的灾难"雕塑:弹痕累累的残破"城墙"、留着遇难者血迹的折断的"日本军刀"、遇难者的"头颅"……

(图片介绍:这些单体雕塑寓意站在历史的桥梁上,回眸发生在20世纪30年代古城南京的一幕人间特大惨案。)

(2)学生观看后,各自抒发观后感。

生1:我想与"家破人亡"雕塑的母亲对话。阿姨,生活在战争年代,看着自己的孩子死去,你该是多么悲痛和无奈啊! 再过8年,日本侵略者就被我们赶走了,你看到了吗?

生2:我想和"灾难之墙"中留着遇难者血迹的折断的"日本军刀"对话。我想说:残忍的侵略者,这把刀下边有多少同胞们无辜的鲜血,你们的这种残暴行为,终有一天会得到应有的报应！这把刀在警醒着生活在和平年代的我们勿忘国耻,振兴中华!

2. 活动二:穿越时空,切身体验

(1) 假如你穿越到了1937年的南京,你最想做什么?

(2) 学生各自抒发自己观点。

生1:我要向王二小一样,加入共产党,成为小小联络员,为把日本人赶紧赶出中国奉献自己的力量。

生2:我会找到当时的领导人,告诉他们,百姓生活疾苦,政府不能不管他们! 我们要奋起反抗!

设计意图　通过创设情境,在一张张图片的展示下,回眸发生在20世纪30年代古城南京的一幕幕人间特大惨案,诉说我们的心痛! 创设穿越时空的情境,让学生切身体验国难,抒发观点。

(四) 环节三:勿忘国耻,抒发壮志

1. 活动一:分析苦难根源

借助手中搜集的历史资料,小组讨论:中国遭受侵略的原因是什么?

生1:自清朝以来,我国进入闭关锁国,清政府的自负行为,导致了我国在科技发展上急速落后于其他国家。

生2:连年征战,我国国力薄弱。在军事力量处于劣势的情况下,落后就会挨打!

2. 活动二:抒发爱国之志

生活在和平年代,我们该如何看待曾经的苦难?

生1:我们要树立正确的价值观,不应只是把"报仇"放在嘴边,而应该正确看待曾经的苦难史,强大自己。

生2:看到中国所受的屈辱,看到同胞所受的苦难,我才觉得和平的来之不易。作为新时代的少年,我知道了肩上的责任,生活在和平年代,我们更要捍卫先辈们付出生命为我们换来的和平。

设计意图　通过小组讨论的方式,让学生铭记苦难的背后是国力软弱造成的,我们应从苦难中崛起,在艰难中奋进。和平的年代,学生们更应该不忘历史,牢记使命,用自己的实际行动努力奋进,为祖国的繁荣富强贡献自己的力量!

(五) 环节四:以史为鉴,护卫和平

1. 活动一:明确肩上责任

学生根据本节课所学,自由分享可以为建设祖国做些什么。

生1:"少年富则国富,少年强则国强",我终于明白了梁启超先生《少年中国说》里振聋发聩的呼喊,我一定要好好学习,为建设富强繁荣的中国而努力!

生2:和平来之不易,庆幸我们生活在和平的中国。我从新闻上得知,现在仍然有国家在打仗,有很多百姓过着流离失所、家破人亡的生活,我们要努力学习,建设更强大的祖国,同时也要伸出援助之手,维护世界和平!

2. 活动二:践行爱国行动

小组讨论,作为小学生,在日常的生活中我们可以有哪些爱国行为?

生1:参加升旗仪式时,严肃认真,行注目礼,唱国歌时声音要洪亮。还要了解一些节日,如清明节、国家公祭日等节日的来历,感受节日的文化氛围。

生2:学习并了解祖国的历史,知道祖国的伟大和不易。积极参加爱国主题活动,比如写作、朗诵等,用自己的方式表达对祖国的热爱。

设计意图 通过学生自己谈本节课所得,促使每位学生都能从心底生发爱国之情。明确肩上责任,牢记祖国繁荣富强之使命。在日常的学习生活中,用自己的实际行动热爱我们的国家,维护社会和平。

(六) 教师小结

同学们,历史不会因为时代的变迁而改变,和平也是人类最持久的夙愿。在第十个国家公祭日来临之际,我们了解了曾经的屈辱历史,我们对话了曾经的受难同胞。以史为鉴,可以知兴替,当我们享受着先辈们抛头颅洒热血换来的和平幸福时,更应牢记我们这代人的使命。请诸君务必齐心协力,共同努力,为实现中华民族伟大复兴的中国梦而不懈奋斗!

五、班会后延伸教育

(1)观看《建国大业》《建党伟业》《长津湖》等影片和国家一百年来发生重大变化的视频,书写观后感。(评选最佳观后感,在班级分享)

(2)开展"红色书籍"朗读活动。(一周一分享,一月一总结,评选"最美朗读者")

(3)实地到访红色教育基地。(近距离了解革命峥嵘岁月,继承红色精神)

六、板书设计

以史为镜,知史爱国

了解苦难

感受国殇

抒发壮志

爱国行动

七、班会反思

在五千多年的发展过程中,爱国主义是一面团结人民、教育人民、鼓舞人民前进的伟大旗帜,是推动人民热爱祖国、建设祖国、保卫祖国的巨大精神力量。把爱国主义教育放在小学德育工作的重要位置,对当代小学生树立爱国主义思想、成长为中国特色社会主义事业的合格建设者和接班人具有重要意义。

本节班会中,我通过精心设计活动帮助学生更好地理解"以史为鉴,知史爱国"这一课题,精心创设情境,诱出问题,让学生通过课前搜集的资料及视频的播放,了解历史,生发爱国之情、强国之志,进而践行爱国行为。本节课的教学目的就是要让学生从个人与民族、国家、社会和新时代的关系角度出发,让学生明白爱国从我做起、从小事做起、从现在做起。以此弘扬和传承爱国主义精神。

本节课设置了视频教育,通过个人感悟、小组讨论等方式,充分调动了学生学习的兴趣,激发了学生的爱国情感和民族自豪感,同时让学生体会到祖国的富强繁荣来之不易,体会到自己肩上所承担的重任,并让学生思考当前环境下应该如何具体爱国,将爱国行为落实到日常生活中。学生的发言虽稚嫩却真诚,个别语言虽欠锤炼,但却富有生活气息,很接地气。但也有不足之处,比如主题内容的选择上对于五年级的学生来说,有些不易理解。由于学生的年龄和经历限制,在情感上无法真正体会曾经的"苦难",对于真正的"爱国行为"恐怕大多也只是停留在口头上。所以,一定要把班会后的延伸教育扎实做好。

（段佳文）

玉兰树下,理想绽放

——五年级"理想教育"主题班会课

一、学情分析

《中小学德育工作指南》明确指出,理想信念教育是中小学德育的"五项主要内容"之一,是培养社会主义建设者和接班人的关键。

五年级的学生对理想有了初步的认识,对未来充满了期待和美好,但有的学生学着学着找不到了自己的目标,偏离了方向,忘记了自己心中的理想。因此,本次班会旨在帮助学生托起自己的梦想,为自己的美好未来绘制一幅理想蓝图,为自己的目标努力奋斗。

二、班会目标

认知目标:通过榜样故事,明白理想含义,知道理想要扎根现实。

情感目标:通过撕纸游戏,树立理想价值,坚定理想信念。

行为目标:通过制订目标和畅想未来,严格要求自己,战胜困难,为自己的理想而奋斗。

三、班会准备

教师:设计课前调查问卷,了解学情;准备活动预案、课件,准备各项材料等。

学生:课前完成问卷调查;积极参与排练歌曲《我的未来不是梦》。

四、班会过程

(一) 回忆导入,引出主题

教师导入语:同学们,你们还记得开学时在香樟树下、玉兰花旁说过的自己的理想吗?让我们一起翻开美好回忆的相册吧!

出示玉兰花旁,同学们你一言我一语说着自己理想的视频。

学生谈一谈自己的理想与感受。

> **设计意图** 帮助学生回顾当初的理想,是否一直在朝着目标前进。让学生从视频中思考自己存在的问题,通过班会找出原因并解决问题。

(二) 环节一:榜样指引,知理想

1. 活动一:名人故事,明白理想

过渡语:每个人都有自己的理想,但在实现理想的过程中,很多人会遇到挫折和困难,放弃自己的追求。然而,有些人在面对困境时,依然坚持不懈地追求自己的理想,最终取得了成功。让我们一起来看几位为理想奋斗的名人故事,感受他们的坚持和勇气。

(1)教师出示周恩来、袁隆平、海伦·凯勒的简介,学生根据描述猜一猜是谁?

周恩来,在南开学校读书时就立志为国家富强、人民幸福而读书。他曾说:"我决心为中华之崛起而读书。"在学校,同学们大多关注个人学业成绩,唯独他对国家大事关心不已。当时的中国内忧外患,灾难深重。他痛心疾首于同胞的不幸和民族的不幸,立下拯救民族于危难的远大志向。他认为要救国救民,必须学习学习再学习。"为中华之崛起"就是他的崇高理想和抱负。

袁隆平,中国杂交水稻育种专家,一生致力于水稻育种科研事业。他带领团队历经无数次尝试和失败,最终成功研发出高产、优质、抗病虫害的杂交水稻,为解决中国粮食安全问题做出了卓越贡献。在这个过程中,他始终保持着艰苦奋斗的科研精神,

以实际行动不断践行着"禾下乘凉梦"和"杂交水稻覆盖全球梦"。

海伦·凯勒是 20 世纪最杰出的女性之一,她是一位聋盲人,但却通过自己的努力和毅力,成为一名作家、演说家和社会活动家。在她的成长过程中,她经历了许多挫折和困难,但她从未放弃自己的理想。她通过自己的努力和不断的学习,最终克服了身体上的障碍,成为一位伟大的人物。她的故事告诉我们,只要有坚定的信念和不懈的努力,就能够克服一切困难。

(2) 教师边介绍,学生边思考:

① 这些名人的理想是什么?

② 哪一位坚持理想的名人最让你敬佩,你从他身上收获了什么理想力量?

(3) 看完名人故事,小组交流,谈一谈你们心中的理想是什么?

预设:

生 1:理想是人们对未来事物的美好想象和希望。

生 2:理想是需要我们坚持不懈去实现的。

生 3:理想是自己树立目标,向着目标不断前进,努力才能实现。

教师小结:每个人都有自己的理想,有的短期可以实现,有的需要长时间努力去实现。

2. 活动二:小组合作谈理想

过渡语:并不是伟大的理想才是理想,平凡的理想也是理想,那么同学们,你们还记得自己的理想吗?

(1) 学生说一说自己的理想是什么。

预设:

生 1:我的短期理想是考上淮阳中学。

生 2:我的理想是这学期拿到班级第一名。

生 3:我的理想是将来成为一名优秀的老师。

(2) 简单交流对自己和他人理想的评价。

教师总结:理想是灯,照亮夜行的路;理想是路,引你走到黎明。你们敢于表达自己的理想,都是勇敢的孩子。理想有大有小,不管是什么样的理想都是为了实现自身价值。那我们该怎样去努力实现自己的理想呢?

> **设计意图**　用名人故事,让学生理解理想的含义,坚定自己的理想,并且明白理想是实现自身的价值。

(三) 环节二:坚定信念,树理想

1. 活动一:撕纸游戏立信念

(1) 闭眼撕纸知不足。

过渡语:同学们,我们来玩个小游戏,请拿出老师为大家准备的 A4 纸。

① 教师说出指令,学生闭眼按指令做相应动作。

要求:首先把纸对折,再对折,然后撕掉左上角最顶端,接着向左转动 180 度,再撕掉右上角最顶端,最后睁眼。

② 学生按指令撕纸。

③ 思考:哪些同学和老师撕出来的形状是一样的?

④ 学生发现问题:没有人和老师撕的形状是一样的。

教师小结:如果对目标视而不见,那么行动也是杂乱的,就像这个游戏一样。

(2)睁眼撕纸明目标。

① 学生进行第二次撕纸。

要求:大家睁开眼,看着老师的示范,认真听指令。

② 学生交流结果与感受。

预设:

生 1:老师,我的和你的还是不一样。

生 2:老师,我和你的一样。

③ 思考:为什么同样睁着眼看着我做,结果却不一样?

预设:

生 1:老师,我看到你怎么做,我就跟着怎么做,心里只想着一定要成功,不能漏掉一个小细节,所以最后我撕的形状和你的一样。

生 2:老师,我刚开始很认真,但是后来感觉没什么难的,所以只是按你的口令去做了,没有坚持认真观看你的示范。所以我撕的形状和你的不一样。

教师小结:原来有了目标还不够,还需要专注和坚持!

(3)专注撕纸树信念。

过渡语:那么,我们再来一次,这次大家要吸取之前失败的经验(教师把语速放慢,手里动作放慢,关注着学生们)。

① 学生第三次跟着老师的动作,坚持认真撕纸。

② 比对结果,谈感受。

教师小结:同学们,只要我们坚定心中的目标,并心无旁骛地坚持去做,就会成功。就像我们刚刚玩的撕纸游戏一样。

2. 活动二:观看视频树理想

(1)播放贾玲主演的《热辣滚烫》片段。

① 看完视频,谈感受。

② 小组讨论贾玲成功的原因是什么。

预设:

生 1:她具有顽强的毅力和坚定的信念。

生 2:她能吃苦,面对困难,不退缩。

生 3:她受到了打击,能暗暗发誓,行动起来。

教师小结:同学们,贾玲在片中展现了她从宅女到勇敢面对挑战的转变过程,她的成功与她顽强的毅力和坚定的信念分不开。我们也要像贾玲一样勇敢面对挑战,坚定自己的信念和理想。

（2）学生树立自己的理想。

小组合作绘制玉兰理想树,画上自己的理想果实、成长过程等。

> **设计意图**　通过撕纸游戏,让学生感悟,目标明确,心无旁骛,一心一意,坚定自己的理想,克服一切困难,实现自己的理想。观看贾玲蜕变视频,再次确认自己的理想,增强自信心并朝着自己的理想而奋斗。

(四) 环节三:制订方法,绽理想

1. 活动一:课前调查识别困难

（1）调查表格明确困难。

课前调查:你认为坚持理想最大的困难是什么? 调查结果如下(见图6-3):

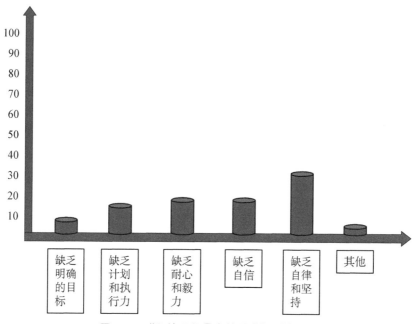

图6-3　"坚持理想最大的困难"课前调查

（2）学生根据调查数据说感受。

2. 活动二:制订措施,实现理想

（1）小组内互相帮助,找出难以坚持实现理想的原因。

（2）寻找坚持梦想的方法:心理暗示、树立目标、制订计划、寻求帮助等。

（3）小组合作把方法贴在（纸做的）"玉兰树"上,并进行展示。（象征着玉兰绽放,理想之花绽放）

> **设计意图** 通过调查掌握坚持理想的困难并且根据困难制订解决方法,从而描绘未来蓝图,激发学生实现理想的动力。

（五）环节四:回归现实,践理想

1. 活动一:制订目标,落实行动（见表6-1）

表6-1 制订目标,落实行动

目标类型	具体目标	达成情况
短期目标		
中期目标		
长远目标		

2. 活动二:唱响理想,助力行动

师生一起歌唱《我的未来不是梦》。

（视频播放学生说自己理想的视频以及在校努力实现自己目标的生活照片）

> **设计意图** 脚踏实地,从设置短期目标、中期目标和长远目标开始,严格要求自己,坚定自己的信心,不怕困难,一步一步走向理想彼岸。一起唱响歌曲《我的未来不是梦》,使学生斗志昂扬,向着自己的目标前进。

教师小结:同学们,有了目标才有方向、有动力,请给自己制订目标,让我们洒一路汗水,饮一路风尘。玉兰象征着高洁的梦想,希望你们像这棵玉兰树一样成长,像玉兰花一样绽放理想。

（播放玉兰树慢慢长成大树、玉兰绽放的视频。）

五、班会后延伸教育

（1）梦想墙:在教室或学校公共区域设立一面"梦想墙",让学生将自己的理想或目标写在便利贴上,然后贴在墙上。这样既能让学生时刻看到自己的目标,也能激励他们不断前进。

（2）理想实现打卡活动:根据自己的情况,设计一个打卡本,让学生记录自己为实现理想所做的每一次努力和进步。定期进行打卡分享,让同学互相监督、互相激励（见表6-2）。

表 6-2　理想实现打卡表

日期	目标内容	完成情况		
		优	良	中

设计意图　通过这些延伸活动,学生可以更深入地理解和思考自己的理想,也能更积极地采取行动去实现它。同时,这些活动也能增强学生的团队合作能力和社会责任感,为他们的全面发展打下坚实的基础。

六、班会反思

五年级的学生有了自己的学习目标,但是会受到日常生活中的各种因素影响,导致自己不自信,迷失了方向。于是我根据学情展开以"理想"为主题的班会,来增加学生的自信心和坚定自己的目标。

班会通过名人为自己的理想奋斗故事来激发学生对自己理想的坚定;用撕纸游戏和观看贾玲励志减肥片段,来让学生感受只要坚定自己的目标,用心去做就可以完成自己的目标;用调查问卷来发现实现理想所遇到的最大困难有哪些,并通过讨论制订实现理想的方法;最后回归现实,让学生制订自己的不同时期的目标和远大的理想,并努力去实现。

理想的实现不是一天两天的事,班会结束后会让学生制订打卡计划,同学互相监督,为实现理想而奋斗。

本次班会中,还有一些不足之处,由于时间仓促,在回归现实制订目标计划的时候,给孩子的时间有点短。

一次活动一次收获,我深知教学是一个不断探索和改进的过程,我会不断提升自己,让自己的班级管理得到提升。

(刘金华)

第七章

和融教育主题班会课的评价标准

第一节 评价标准概述

一节主题班会课的设计应能够激发学生的积极进取的精神,促进班级和谐建设,解决班级中真实的问题。评价一节主题班会课是否取得了教育实效,需要从下列关键要素去评价。

一、布置:和谐、融洽

班会课的场景布置是给学生留下第一印象的关键,因此,它的布置应体现出与和融教育主题的紧密联系。可以根据班会课的主题,将教室布置得既符合主题又充满创意,创造一个和谐、融洽的学习环境。

如"晒晒我的小书柜——二年级'习惯教育'主题班会课",班级内摆满了各种各样的图书,营造了良好的书香班级文化氛围。"我们都是追'星'人——六年级'榜样教育'主题班会课",学生提前准备自己偶像的事迹或成功背后的故事,为上主题班会课做好准备。

二、主持:协调、组织

在班会课中,主持人的角色至关重要。一个优秀的主持人要具备极强的组织、协调能力,能够引导学生积极参与,促进班级凝聚力的形成,同时也能够为学生树立良好的榜样。

主持人需要充当引导者的角色,确保班会课能够按照既定目标顺利进行,主持人需要具备良好的沟通能力,能够清晰、准确地传达信息,使学生能够明确班会课的主题和目的。同时,主持人还需要具备组织协调能力,能够合理安排时间,控制话题进度,确保班会课的高效进行。

如"随手丢垃圾,弯腰捡美德——一年级'文明教育'主题班会课",上课伊始,主持人播放环卫工人打扫卫生的相关视频,组织学生看了视频之后谈谈看法,在学生有畏难情绪时,鼓励大家畅所欲言。学生在鼓励中敢于开口,于是,自然地进入本节课的主题。

再如"晒晒我的小书柜——二年级'习惯教育'主题班会课",主持人先带着学生一起唱儿歌《读书郎》,再出示小书柜的图片,然后组织学生交流书柜的作用,引导学生发现问题。主持人的一系列活动达到了这样的效果:以唱歌的形式激发学生的兴趣,通过展示学生自己书柜的照片,给学生直观的视觉感受,让学生很清楚地明白我们这节班会课要学习的内容。

三、主题:正确、恰当

主题班会课是学校教育中的重要组成部分,其主题的选择和设计应紧扣教育的核心理念,紧贴时代脉搏,关注学生成长。一个好的主题能够引发学生的共鸣,激发他们的思考,从而促进学生全面发展。在主题班会课中,主持人的角色至关重要,他们不仅需要引导班会课顺利进行,还需要激发学生的参与热情,促进学生的思考和成长。

在选择和设计主题班会课的主题时,应注重"正确"和"恰当",考虑学生的年龄特点和兴趣爱好,同时也要注重与学科知识的结合。我们选择了"理想""自律""榜样""爱国"等主题,旨在围绕"正确、恰当",引导学生思考人生价值和社会责任。

"理想"主题班会课:引导学生思考自己的人生目标,树立远大的理想,并为之努力奋斗。

"自律"主题班会课:帮助学生认识到自律的重要性,学会自我约束,培养良好的行为习惯。

"榜样"主题班会课:通过介绍不同领域的榜样人物,引导学生学习他们的优秀品质,树立正确的价值观。

"爱国"主题班会课:激发学生的爱国情,引导他们认识到个人与国家的紧密联系,培养他们的社会责任感。

如在六年级这个关键阶段,学生正处于世界观、人生观、价值观成型的重要时刻。他们渴望寻找自己的榜样,学习他们的优秀品质。因此,我们设计了"我们都是追'星'人——六年级'榜样教育'主题班会课"。在课程中,主持人首先介绍了革命烈士、科学家、体育明星等榜样人物的事迹,引导学生思考这些人物为什么能成为他们的榜样。接着,主持人组织学生分组讨论,分享自己心目中的榜样人物及其优秀品质。最后,主持人总结学生的讨论结果,引导他们认识到爱国不仅仅是一种情感,更需要通过具体的行动来体现。在整个课程中,主持人注重与学生的互动和情感交流,营造了积极、愉快的氛围。

再如,二年级的学生对阅读已经产生了一定的兴趣,但还没有养成良好的阅读习惯。为了激发他们的阅读热情并培养他们的阅读习惯,我们设计了"晒晒我的小书柜——二年级'习惯教育'主题班会课"。在课程中,主持人首先引导学生展示自己的小书柜和阅读成果,分享他们的阅读体会和感受。接着,主持人向学生介绍了阅读的好处以及如何养成良好的阅读习惯。然后,主持人组织学生进行阅读交流活动,让他们互相推荐好书并分享阅读心得。最后,主持人总结了本次班会课的主要内容和收获,并鼓励学生在日常生活中坚持阅读并养成良好的阅读习惯。在整个课程中,主持人注重激发学生的参与热情并引导他们深入思考阅读的意义和价值。

四、内容：丰富、真实

班会课的内容应该丰富多彩，真实贴近生活，既要有理论知识的讲解，也要有实践活动的安排。我们可以通过讲述故事、播放视频、展示图片等多种形式来呈现内容，让学生在轻松愉快的氛围中接受知识。同时，我们还可以设计一些互动环节，让学生参与其中，增强他们的体验感。

如"画出我的'生命线'——五年级'理想教育'主题班会课"，主持人组织学生玩生命沙漏的游戏、亲自画自己生命线的实践活动、开展故事大会、观看视频、师生同唱歌曲等活动，调动学生参与班会的积极性，课堂气氛活跃。同时，通过实践活动的安排和互动环节的设计，增强了学生体验感和团队协作能力，促进了同学间的交流和合作。整个班会过程充满活力和激情，达到了预期的教育效果。

五、形式：生动、多样

班会课的形式应该多样化，以满足不同学生的需求。我们可以采用演讲、讨论、游戏等，以激发学生的学习兴趣和参与热情；也可以采用小组讨论、角色扮演、情景模拟等形式来开展班会课，让学生在互动中交流思想、碰撞观点。同时，我们还可以邀请专家学者、家长代表等来为学生授课或分享经验，拓宽学生的视野。

如"向懒散'Say No'——六年级'自律教育'主题班会课"，主持人让小组合作情景剧表演《小明的学校生活》，通过表演，引导学生能正视自己的行为，学会克服"懒散"，逐渐养成自律的行为习惯。鼓励大家分享自己克服懒散、提升效率的成功经验和方法，让每个人都能从他人的故事中汲取灵感，找到适合自己的改变之道。

再如"少年强则国强——六年级'爱国教育'主题班会课"，主持人带着学生走进活动演情境故事，行爱国之举。让不同的小组分别来表演情景剧《全家团聚》《课堂上课》《公共活动》《国庆游玩》，让学生明白：爱国不是只能长大了再去做，而是从现在做起，从身边的小事做起。

六、气氛：互动、活跃

班会课的气氛应该是互动和活跃的，这样学生才能够感受到轻松愉快的氛围。主持人应积极鼓励学生发表意见和看法，促进活跃气氛的生成。比如可以播放音乐、观看视频等方式来营造氛围，让学生在舒适的环境中参与班会课。同时，我们还要注重对学生的鼓励和表扬，让他们感受到自己的进步和成长。

如在"画出我的'生命线'——五年级'理想教育'主题班会课"中，主持人是这样营造互动、活跃的气氛的：

（1）背景音乐：在班会开始前和进行过程中，播放励志歌曲，营造舒适的氛围。

（2）视频展示：播放与主题相关的短视频，如《国之重器》，让学生感受各行各业的人为了国家的复兴树立了远大的理想,并为之付出努力。

（3）互动环节:设置多个互动环节,如学生之间的讨论、小组合作、全班参与的游戏等,鼓励学生积极参与,发表自己的看法和意见。

（4）情感激发:通过播放感人至深的视频或讲述真实故事,激发学生的情感共鸣,让他们更加深刻地理解理想的重要性和追求理想的勇气。

（5）鼓励与表扬:在开班会过程中,及时对学生的积极表现和进步给予鼓励和表扬,让他们感受到自己的价值和成长。

学生情绪高涨,更加坚定了学生为祖国繁荣勇敢地践行理想的决心与信念。

再如"Ta,就是我们的好榜样——五年级'榜样教育'主题班会课",主持人让学生讲述鲁迅的故事,观看袁隆平的视频,学生深入了解了他们背后的故事和付出,激发了内心的正能量,纷纷发表自己的看法,课堂气氛活跃。

七、资源:调配、合理

班会课的资源应该调配合理,既有物质资源,也有人力资源。我们可以利用学校现有的教学资源,如图书馆、实验室等。同时,我们还可以借助网络资源来查找相关素材、案例、视频等,来丰富班会课的内容。在人力资源方面,我们可以邀请教师、家长、学生志愿者等参与班会课的组织和实施,共同为学生打造优质的班会课。

如"晒晒我的小书柜——二年级'习惯教育'主题班会课",主持人有效利用班级里的图书资源,带领学生:推荐好书——介绍自己喜欢读的书;评选班级里"阅读小明星",并予以表扬;制作读书计划表。

八、总结:精练、准确

班会课的总结是对整个活动的回顾和反思,务必做到精练、准确。在总结中,我们应该精准把握班会课内容,对班会课的效果进行科学的评价,了解学生的收获和反馈。同时,我们还要对班会课的不足之处进行反思和改进,为下一次班会课的开展积累经验。

如"画出我的'生命线'——五年级'理想教育'主题班会课",教师的总结:通过这节课,同学们理解了生命的意义和人生价值,树立了远大的理想,希望长大后为祖国的繁荣和文化复兴做出自己的贡献。

一节成功的和融教育主题班会课,不仅要布置精心,主持得当,更要主题鲜明、内容丰富、形式多样、气氛活跃、资源丰富以及总结到位。以上评价标准可以对和融教育主题班会课进行全面、客观、公正的评价。这不仅有助于提升班会课的质量和效果,还有助于推动和融教育的发展和学生核心素养提升。

第二节　案例分享

晒晒我的小书柜

——二年级"习惯教育"主题班会课

一、背景分析

1. 主题解析

《全国青少年学生读书行动实施方案》中强调,中小学阶段要重视引导学生加强历史文化、科普知识、法律常识、卫生健康等方面的阅读;大学阶段要引导人文社科类专业学生加强科技史、科学发展趋势等方面的阅读,理工农医类专业学生要加强文学、历史、哲学、艺术等方面的阅读。这一部署,既充分尊重青少年成长规律,又为德智体美劳全面发展的社会主义建设者和接班人的培养奠定了基石。

"随风潜入夜,润物细无声。"孩子的成长需要潜移默化的影响,培养阅读的兴趣和热情离不开氛围的营造。让孩子热爱读书,就该为孩子营造一种阅读的氛围。只要坚持不懈地做下去,阅读就会成为一种习惯,成为孩子生活的一部分。

2. 学情分析

二年级的学生对阅读已经产生了一定的兴趣,开始在阅读中享受快乐,他们学会了汉语拼音,能利用拼音进行正确、流利地朗读,并积累了一些常用的词语。但是,学生们还没有养成良好的阅读习惯,不能有计划、有目的地读书。

二、班会目标

让学生先通过听故事,从而喜欢阅读,再感受阅读的乐趣。

引导学生养成"读好书、好读书"的习惯,体会读书的乐趣,领悟读书的真谛,为精神打底,为幸福人生奠基。

通过开展丰富多彩的读书活动,引导师生和家长一同参与,推动阅读型学校、阅读型班级、阅读型家庭的建设,营造良好的书香校园文化氛围。

三、班会准备

班主任准备:设计课前调查表了解学情;记录、拍摄班级阅读实况;录制孩子们在家读书的视频;准备阅读计划表;班会所需音乐、PPT。

学生准备:准备一本自己喜欢阅读的书本。

四、班会过程

(一) 情境导入,引出主题

1. 出示儿歌,唱一唱

用多媒体出示儿歌《读书郎》,大家一起唱。我们大家都是读书郎,所以我们要会读书、爱读书、读好书。以此引出班会主题——阅读。

2. 出示图片:晒晒我的小书柜

出示 PPT 书柜图片,让学生仔细观察一下,说说你都发现了什么呢? 那么大家都有小书柜吗? 小书柜里又有哪些书呢? 今天我们就来晒晒自己的小书柜吧。

3. 交流书柜的作用

我们每位同学都有自己的小书柜,你经常把什么东西放里面呢?

4. 呈现实况,发现问题

是呀,小小书柜作用大,瞧! 你想说什么?

出示班级书柜照片和同学们读书情况,将场景重现,通过直观感受让学生自主发现问题。

> **设计意图** 以唱歌的形式激发学生的兴趣,通过展示学生自己书柜的照片,给学生直观的视觉感受,让学生很清楚地明白我们这节班会要学习的内容。

(二) 环节一:明白读书的重要性

1. 活动一:书中自有黄金屋

戏剧大师莎士比亚说过:"书籍是全世界的营养品,生活里没有书籍,就好像没有阳光;智慧里没有书籍,就好像鸟儿没有翅膀。"同学们,由此我们可以想到,读书对我们是何等的重要!

2. 活动二:你的黄金屋是什么

通过击鼓传花的小游戏,让学生选择真心话还是大冒险,真心话是真诚地说出自己的愿望,大冒险则需要抽薯条,抽到号码对应着冒险,如在讲台上大声喊三次"我一定可以的"!

我们有这么多好书,怎么读才能更有意义呢? 今天我们就一起来探讨一下,怎样读书才更有意义。

> **设计意图** 让学生回忆一下自己书柜里的书籍,明白读书的重要性。

(三) 环节二:你是我们的榜样

1. 活动一:名人读书故事

(1)《凿壁偷光》的故事:我国古代有个人叫匡衡,家里很穷很穷。他很喜欢读书,但家里却点不起灯。巧的是他家隔壁住了个有钱的财主,每天家里的灯都要点到很晚。于是匡衡便想了个办法。他在墙壁上凿了个小洞,每天晚上通过小洞透过来的光看书。后来他成了大学问家。这就是著名的《凿壁偷光》的故事。

(2)毛主席读书的故事:毛主席的家里到处都是书,卧室的书架、办公桌、饭桌、茶几上,床上除了一个人睡觉的位置,也全部都被书占领了。为了读书,毛主席把一切可以利用的时间都用上了,连上厕所的几分钟时间,他也会捧一本书读读。

2. 活动二:我身边的榜样

"阅读之星"代表发表感言:分享自己是如何爱上阅读的,平时如何安排阅读时间的,等等。

> **设计意图**　通过分享名人的阅读故事和发现身边的阅读榜样,激发学生热爱阅读的情感。再采用小组讨论的方式进行交流,这样可以调动学生的积极性,同时也锻炼了学生的组织能力和语言表达能力。

(四) 环节三:分享读书方法

1. 小组合作,分享读书好方法

2. 师生共同总结阅读的方法:摘抄阅读、画重点阅读、询问阅读

(1)摘抄阅读:这种阅读方法就是培养孩子一边阅读,一边摘录自己所需要的有关内容,通过这种方式加强对内容的记忆,有利于语言的积累,提高对文章的领悟能力及驾驭文字的能力。

(2)画重点阅读:这种阅读方法让孩子在阅读中边读边准确地画出有关内容,便于理解应用和查找。通过这种方式培养学生按要求画重点内容的阅读能力,对于阅读是有帮助的。

(3)询问阅读:在阅读过程中发现的疑问,通过询问老师、同学或者家长,使问题得到解决,培养学生解决问题的能力和虚心好学的精神。

教师总结:孩子们,读书就要动笔,把书中优美的词语、精湛的思想记录下来,把阅读中遇到的问题记下来,去请教老师或同学、家长。读书还要思考,在阅读中要联系自己的思想实际、生活实际思考,并把思考的心得、体会记下来,这就是收获,这就是创造。最后,读书就要学会运用,要把书上学到的精彩语句、巧妙的构思运用到自己的作文中去,提高写作水平。要把书上学到的各类知识运用到自己的学习、生活中去,增强自己的能力,体验读书的快乐。

设计意图 让学生在讨论和交流中去学习读书的方法,并运用到自己以后的读书当中。去真正意识到读书的意义,从心里正视读书的价值。

(五) 环节四:推荐好书

(1) 推荐好书——介绍自己喜欢读的书。

(2) 评选班级里"阅读小明星",并予以表扬。

(3) 制作读书计划表(见表7-1)。

表7-1 我的读书计划表

日期	书名	阅读任务	阅读时长	完成情况	备注
	总结:				

设计意图 让学生学会合理有序地规划自己的阅读时间,养成自觉读书的好习惯,并学会及时激励自己。

(六) 班会后延伸教育

今天老师遇到了一个小书柜,它有一个小烦恼,想请咱班的小朋友帮助它解决烦恼,可以吗? 那我们一起来看它遇到了什么困难吧。

播放视频《哭泣的书柜》:

我是一个小书柜,我的主人看完书后从来都不按规矩摆放整齐,什么东西都向我身上放,铅笔啦、橡皮啦、彩笔啦,还有他的玩具……东西越放越乱,他越难找到。把我身上弄得乱七八糟的,到头来却还怪我。

小朋友们,看完这个视频你知道这个小书柜在哭诉什么吗? 如果你是这个小书柜的主人,听了小书柜的哭诉,你又有什么感受呢?

设计意图 让学生学会认真倾听别人的诉求,同时去思考自己是不是也存在这些不好的习惯,如果有又该如何去做?

209

其实啊,这个不好的习惯我们有时候也会出现,但是大家发给老师的小书柜的照片都是又整齐又干净的。那么你平常都是怎么整理自己的小书柜的呢?

哇!同学们帮小书柜的小主人想的办法都非常棒呀!我相信小书柜变得整洁后就不会再哭泣了。

> **设计意图** 让学生分享整理自己书柜的经验,鼓励学生发言,然后告诉他们要认真仔细地整理自己的小书柜。

(七)教师小结

这节课从晒晒自己的小书柜,我们知道了书柜是我们用来放书的地方,我们最爱的书都放在书柜里。所以我们平时放置书籍要有条理,并且要经常打扫我们的小书柜,使小书柜保持整洁。我们要做勇敢善良、热爱国家、尊敬父母和师长的人,我们要热爱生活、热爱读书,因为书中自有黄金屋,书中自有颜如玉。

书山有路勤为径,学海无涯苦作舟。是啊,读书可以长智,读书可以养心。愿同学们利用好我们的小书柜,更好地读书。愿我们一直坚持下去,把读书作为终身的爱好。书卷多情似故人,晨昏忧乐每相亲。好!本次班会到此结束。

五、班会后延伸教育

一节班会课的力量是有限的,教师还可以通过以下方式做好课后的延伸,切实提高学生阅读的能力,如推荐一些相关的书籍,组织"师生共读一本书"活动、在班级设立读书交流活动等。如我们班一直开展晨读活动,同学们可以在每周一至周五晨读时间,读读语文课文和英语单词。我们班还有午读时间,每周一到周四中午是学生最爱的午读时间,学生可以看学校提供的或自己带的课外书。每周五的阅读分享会,举办"谁是故事大王""成语接龙比赛""书海拾贝""我最喜欢的××""好书推荐"等阅读分享活动,向同学们介绍看过的新书、好书,交流自己在读书活动中的心得体会,在班级中形成良好的读书氛围。

六、班会反思

这次主题班会活动,大大提高了学生的阅读兴趣。书籍是学生成长道路上一个必不可少的向导,热爱读书能够对学生的一生产生积极的影响。在以后的学习和工作中,教师更应该带头阅读,通过自己的言传身教和潜移默化,让更多的学生爱上读书。

在本次班会过程中,也存在一些不足之处:

(1)个别同学读书速度太慢,没有跟上我们的计划。

(2)学生分享的内容,准备的程度,参差不齐。

反思之后,我认为今后在教学中应尽量做好以下几点:

（1）作为教师，自己要抓紧读书，拓宽阅读面，提高阅读素养，这样才能站得更高，才能更好地引导学生走向高品位的阅读，才能更好地激发调动学生阅读的兴趣。

（2）阅读课形式可丰富些，不要一味地只让学生看规定好的书目，也可以让学生朗读他自己读到的好书，并谈点阅读感想，进行介绍交流。

（3）建设读书型班级。鼓励每个学生都有自己的藏书库，并在开学后在班级书柜进行不定期的交流，以形成"人人有书读""人人爱读书"的氛围。"问渠那得清如许，为有源头活水来。"积累运用是语文学习之核，我要尽可能带动孩子们多读书，读好书，一起感受读书带来的幸福。

（刘果果）

少年强则国强

——六年级"爱国教育"主题班会课

一、背景分析

爱国是中华民族的优良传统，爱国主义精神深深植根于中华民族心中，维系着中华大地上各个民族的团结统一，激励着一代又一代中华儿女为祖国发展繁荣而自强不息、不懈奋斗。

六年级学生正处于人生观、世界观、价值观成型的关键时刻，他们的爱国之情溢于言表，但班内个别学生在一些场合不注重个人的言行，也没有深刻认识到个人自身的努力与家国命运的关系。本课的设计从学生的认识水平入手，引领学生逐步从思想上认识到爱国不是高大上的空口号，生活中尊老爱幼、勤奋学习、文明有序、爱护环境，这些都是一个小学生爱国的具体表现，能够把自己的爱国之情融入具体的行动中。

二、班会目标

认知目标：让学生了解近年来我国科技方面日新月异的变化，进而感受祖国的日益强大。

情感目标：激发学生热爱祖国的情感，培养学生为祖国的发展贡献自己的力量的意识。

行为目标：展望未来，树立远大理想，学会用实际行动热爱自己的祖国。

三、班会准备

教师准备：召开一次班委会议，讨论并确立班会主题；活动过程中所需要的课件、视频、班会反馈表格、奖品等。

学生准备：课前学生上网查阅相关资料；便利贴、抽签纸、小组讨论记录卡。

四、班会过程

(一) 诗朗诵导入,引出活动主题

1. 分角色朗诵《少年中国说》

天地苍苍,乾坤茫茫,中华少年,顶天立地当自强。

少年中国者,则中国少年之责任也。

故今日之责任,不在他人,而全在我少年。

少年智则国智,少年富则国富;

少年强则国强,少年独立则国独立;

少年自由则国自由,少年进步则国进步;

少年胜于欧洲则国胜于欧洲,少年雄于地球则国雄于地球。

美哉,我少年中国,与天不老!

壮哉,我中国少年,与国无疆!

2. 师点评朗诵,引出课题

设计意图 这篇散文不仅赞美了少年中国的美好前景,也呼吁少年们要担当起振兴祖国的责任。朗诵《少年中国说》可以使学生更加深刻地认识到自己的责任和使命,激励他们为国家的繁荣富强而努力学习、积极进取。

(二) 环节一:祖国知识大讲堂

1. 活动一:课件出示快问快答的游戏,看谁知道得多

问:中国陆地面积是多少?

答:中国陆地面积是 960 万平方千米。

问:中国最大面积的省份是哪个?

答:中国最大面积的省份是海南省。

问:中国国土面积世界排名第几?

答:中国国土面积世界排名第三。

问:中国四大发明是什么?

答:中国四大发明是造纸术、火药、印刷术和指南针。

问:中国的长城有多长?

答:中国的长城总长度超过万里,是世界上最长的城墙。

问:中国最大的河流是哪条?

答:中国最大的河流是长江。

问:中国有多少个直辖市? 它们分别是什么?

答:中国有 4 个直辖市,分别是北京、上海、天津和重庆。

问:中国传统节日中,哪个节日是为了纪念爱国诗人屈原?

答：端午节是为了纪念爱国诗人屈原。

问：中国的国花是什么？

答：中国的国花是牡丹。

问：你知道中国有哪些世界著名的古代建筑吗？

答：中国有许多世界著名的古代建筑，如故宫、颐和园、布达拉宫等。

学生抢答，答得最快、最准确者给予加分奖励。

2. 活动二：观看主题视频

课件播放视频《中国天眼技术》。

观看视频后学生谈感受。

预设：

生1：我觉得我们中国现在发展得太好了，我们的国家很强大。

生2：我为我是中国人感到自豪。

我们的国家还有哪些领先的科学技术？

（小组讨论，展示课前搜集的资料）

预设：

生1：中国是全球最大的5G市场，全国5G基站数量占全球总数的60%。

生2：中国的新能源汽车领域的发展也非常迅速，比亚迪已经成为全球最大的电动汽车生产商之一。

教师小结：高铁、华为5G技术、人工智能、量子通信……是啊，同学们，改革开放以来，在共产党的领导下，神州大地发生了翻天覆地的变化，很多领域都取得突破性进展，全国人民共同见证了祖国的繁荣昌盛，让我们共同为祖国喝彩！

设计意图　本环节旨在让学生进一步明白我们的国家发展得日益强大，许多科学技术已经领先世界，增强学生的民族自豪感和国家认同感。

（三）环节二：爱国情感共分享

1. 活动一：集体宣誓

（课件出示宣誓词）

我们，生逢盛世，肩负重任，必将不负青春，不负时代，让奋斗成为青春最亮丽的底色，做闪闪发光的自己！请党放心，强国有我！请党放心，强国有我！（全体起立，集体宣誓）

2. 活动二：演唱歌曲《我和我的祖国》

教师小结：爱国不仅仅是一句空口号，更需要我们用实际行动去证明我们对国家的热爱，只有我们的国家日益强大，人民的生活才会更加幸福。

设计意图　本环节是班会的高潮之一,它为学生提供了一个直接表达自己对祖国热爱和承诺的机会。通过庄重的誓言和嘹亮的歌声,学生可以真诚地表达对祖国的敬仰和忠诚,进一步加深他们的爱国情怀。

(四) 环节三:立志报国展宏图

1. 活动一:爱国内化于心,外化于行

(1) 思考如何在日常生活中更好地践行爱国主义精神。

(2) 小组讨论并分享自己的想法和行动计划,如努力学习、尊敬师长、团结同学、参加志愿者活动等。

2. 活动二:表美好愿望,展祖国华章

(1) 2024 年是我们中华人民共和国成立的第七十五周年,想想二十年后的祖国会是什么样子的? 你又会为祖国做些什么呢? 把你最想为祖国做的事情写下来,粘贴到黑板上的"国"字上。

(2) 自由讨论,全班进行分享,发放便利贴,写好后粘贴在黑板上提前写好的"国"字上。

设计意图　启发学生展望未来,立下自己的志向并用实际行动来证明自己,写下来粘贴到"国"字上可以让学生内心更添一分严肃和郑重。

(五) 环节四:爱国实践我先行

1. 活动一:演情境故事,行爱国之举

(各小组代表抽签,根据抽签内容进行讨论、练习表演。)

情境一:全家团聚

一家人围坐在一起吃饭是我们每天都要经历的事情,我们在这个时候应该注意哪些礼节呢? 请通过一个小品告诉大家。

尊老爱幼是中华民族的传统美德,我们要把这些优良的文化传承下去。

情境二:课堂上课

教室里,老师正在滔滔不绝地讲课,你应该怎么做呢? 如果有同学上课讲话、打扰他人,你会怎么跟他说呢? 小组内商量一下。

只有勤奋学习,有了足够的本领,将来才能通过自己的努力把国家建设得更加强大。

情境三:公共活动

同学们在外出参观或者乘坐交通工具时都要自觉做到有序排队,试想一下,如果不排队将会出现什么情况? 请同学们通过一个小品来表现。

我们要从小做一个讲文明、有素养的人,长大后才能建设文明和谐的社会做出贡献。

情境四：国庆游玩

国庆节，很多人去太昊陵广场游玩，广场上人山人海，可是地上满是垃圾，周围的人都视若无睹，看了之后你有什么感想？你准备怎么做？小组讨论一下。

只有从小爱护环境，养成保护环境的意识，长大后才能把祖国建设成美好家园。

2. 活动二：根据学生的表演，评选"最佳小演员"

教师小结：尊老爱幼、勤奋学习、文明有序、爱护环境，这些都是一个小学生应该具备的基本素养，同时也是我们爱国的具体表现，请同学们从身边的小事做起，把自己的爱国之情融入具体的行动中。

> **设计意图**　四组表演让学生明白了爱国不是只能长大了再去做，而是从现在做起，从身边的小事做起。

（六）班主任小结

在班会过程中，我们通过观看爱国主题视频、讲述英雄事迹、朗诵爱国诗歌等环节，让同学们深刻感受到了祖国的伟大和民族精神的伟大。同时，我们还结合当前形势，引导同学们思考如何在新时代践行爱国主义精神，将爱国情感转化为实际行动。此外，班会还注重互动性和趣味性，通过小组讨论、知识竞赛等形式，让同学们在轻松愉快的氛围中学习和交流。这不仅加深了同学们对爱国主题的理解，也增强了班级的凝聚力和向心力。总的来说，本次爱国主题班会取得了良好的效果，达到了预期的目标。通过这次班会，同学们不仅增长了知识，还提升了思想觉悟，更加坚定了他们的爱国信念。

> **设计意图**　通过小结，希望对本次班会活动进行回顾和总结，确保爱国教育的目标得到有效实现。班主任的小结不仅是对班会内容的梳理，更是对爱国教育成果的检验，确保学生能够真正吸收并理解爱国的内涵，将其转化为自身的精神力量。

五、班会后延伸教育

鼓励学生围绕爱国主题进行创作，可以是散文、诗歌、故事等形式。通过文字表达自己对祖国的热爱之情，以及对爱国精神的理解和感悟。优秀作品可以在学校进行展示，并颁发奖项以资鼓励。

六、板书设计

少年强则国强

少年 ⟷ 中国

图 7 - 1　板书设计

七、班会反思

在本次主题班会中，我从学生的实际情况出发，设计了适合学生年龄特点的教学活动。班会形式多样，有朗诵、视频、情景表演、歌曲等，大部分学生都展现出了浓厚的兴趣和积极性。他们积极参与讨论，主动发言，分享自己对于爱国的理解和感受。尤其是在观看祖国发展变化的视频时，学生们都表现出了极大的自豪感和归属感，这让我深感欣慰。

首先，这节课从知识传递的角度来看，班会的目标之一是让学生更加深入地了解祖国科技日新月异的变化。活动中通过播放视频和讲解相关知识，学生对祖国的伟大和辉煌有了更为直观和深刻的认识。学生纷纷表示，通过班会的学习，他们将更加热爱自己的祖国，也更加珍惜现在的生活。

其次，从情感培养的角度来看，班会的另一个目标是激发学生热爱祖国的情感，培养学生为祖国的发展贡献自己的力量的意识。在班会过程中，我设计了一系列互动环节，让学生们能够积极参与，共同表达对祖国的热爱和祝福。这些活动让他们更加坚定了为祖国的繁荣富强而努力的信念。

然而，尽管班会在一定程度上达成了部分目标，但我也意识到一些学生在认知方面还存在一定的欠缺，可能是因为班会时间有限，部分内容讲解不够深入。另外，虽然大部分学生的爱国情感得到了激发，但仍有少数学生表现得相对冷漠，这可能与他们的个人经历和性格有关。

针对以上问题，我认为在今后的班会活动中，可以采取以下措施加以改进：一是适当增加班会时间，确保每个知识点都能得到充分的讲解和讨论；二是加强与学生的沟通交流，了解他们的想法和需求，以便更好地设计符合他们特点的活动；三是注重培养学生的情感体验，让他们在参与活动的过程中真正感受到祖国的伟大和民族的自豪。

（梁　晶）

我们都是追"星"人

——六年级"榜样教育"主题班会课

一、背景分析

追星,狂热地喜欢明星、追求明星,有时会以亲昵方式称呼明星。追星有利有弊,追星可以让一个人拥有崇拜的对象,并朝他们成功的方向发展,努力追求属于自己的成功未来。但是也有可能因此耽误学习,浪费钱财。主要取决于崇拜的程度。《中小学心理健康教育指导纲要(2012 年修订)》指出,要帮助高年级小学生逐步认识自己与社会、国家和世界的关系。在生活中,许多不合理的追星行为影响到了其他人甚至是明星本身。

调查显示,小学生年龄尚小,缺乏明辨是非的能力。大多学生盲目跟风,若不加以正确引导,将不利于学生健康发展。在我班,也有不少学生盲目追星,崇拜娱乐、网红明星的占多数,文具书包上随处可见明星的贴纸。但是,对那些为民族和国家做出巨大贡献的英雄人物了解得太少。追星路上,需要价值引领,因此我设计了主题班会"我们都是追'星'人"。

二、班会目标

认知目标:通过说一说"我"喜欢的明星,认识到追星是一种正常的现象,同时了解追星的利与弊。

情感目标:通过三个环节的活动,能够正确看待追星,理性追星,对偶像崇拜能够自我纠正,自我提高。

行为目标:通过制订规划,树立积极的追星观,挖掘明星身上的优点,将追星行为转化自我成长的动力。

三、班会准备

教师准备:收集相关案例、优秀英雄视频、图片资料、《少年中国说》朗诵材料。

学生准备:提前准备自己偶像的事迹或他们成功背后的故事、便利贴。(实践环节用)

四、班会过程

(一)游戏导入,活跃氛围

1. 活动一:七嘴八舌,看图猜明星

(1)上课前,老师给同学们带来一个小游戏,游戏的名称叫作"明星猜猜猜",看看你是否能通过图片猜出他们的名字。

（2）小游戏：低头插秧，第一组不准抬头；第二组可以抬头用偶像指示方向，体会不同。游戏激发兴趣，培养合作能力，学生领悟到，偶像的力量是巨大的！

2.活动二：小组讨论，众生说明星

游戏后，请学生分享对游戏的感悟并自由回答自己偶像的名字，用一句话说说自己崇拜的原因。

教师小结："星"的范围不局限于荧幕上的演员，大到国家领导人，小到身边在岗位上默默奉献、为人民服务的人，甚至是同班同学，都可能成为"星"，都值得我们学习。

设计意图　通过游戏导入新课，一是活跃课堂氛围，激发学生的学习兴趣，为接下来的课堂教学做准备；二是通过游戏鼓励学生大胆发言，使学生体会到参与感并且引出本节课的学习内容。

（二）环节一：星空灿烂，指引方向

1.活动一：说一说我喜欢的明星

（1）同学们，通过老师对大家的日常观察及课前调查，发现大部分同学都有自己喜欢的明星，你们都喜欢谁？你们对偶像的欣赏重点是什么？你们从偶像身上得到的最大收获是什么？是偶像的成名道路或奋斗经历吗？你们都采用什么样的追星方式？

全班讨论，选代表发言：请各组同学推荐自己的偶像，用一句话概括出来。例如：我的偶像是姚明，他是一位运动明星，他篮球打得出色，并且他善良、阳光、向上。他的每场比赛我都要观看。

（2）在同学们喜欢的众多"星"中，每一颗都值得我们学习吗？

学生讨论并发言。

（3）同学们说得都很有道理，的确，明星身上既有优点又有缺点，这就需要我们认真鉴别，取其精华，去其糟粕。

教师总结：明星成名前付出的艰辛、舞台背后不为人知的努力告诉我们，任何成功都不是轻易得来的，光彩往往是汗水的结晶。无论是娱乐偶像还是社会名人，任何人的成功都离不开个人的努力和辛勤耕耘。但是，人无完人，偶像也可能存在许多缺点和弱点，甚至错误。

2.活动二：看一看英雄视频

（1）播放《狼牙山五壮士》《江姐》《小海娃》等视频，展示革命英雄为国奉献、为国捐躯的英勇事迹。

（2）请学生发表看法。

（3）邀请学校优秀的老教师进班讲述自己从教中的感人事迹。学生向老师自由提问。

（4）再次思考追星的意义：这些英雄人物和娱乐明星哪些为社会做的贡献更大，更能指引我们前行，更值得我们青少年学生追随？

① 激励个人养成偶像所具有的特质与品格；

② 为后人亲近、了解各个时代打开一扇"时间之门"。

教师总结：同学们，让我们以正确的态度去追星，学习他们的智慧、品格、精神。更要善于从身边的人身上发现闪光点。还要把这些品质和精神变成我们自己的品质和精神。通过追星，让我们更加优秀，更加完美，让我们自己也成为一颗熠熠闪亮的"星"！

> **设计意图** 以视频导入来引出明星，引导学生发现"星"的范围不局限于荧幕上的演员，大到国家领导人，小到身边在岗位上默默奉献、为人民服务的人，甚至是同班同学，都可能成为"星"，都值得我们学习。

（三）环节二：剖析偶像，发现自我

1. 活动一：明星知识竞赛

（1）学生在便利贴上写下他们心目中时代英雄的名字，由组长收集后张贴在黑板上的"时代先锋榜"上。

（2）请部分同学来说说他们的理由或简单介绍一下所选英雄的故事，如科技之星、医学之星、航天之星、红色之星、教育之星等，激发学生的民族自豪感。

教师小结：中华民族各行各业都有为祖国做出贡献的明星，同学们合作讨论，集思广益，明晰了共和国苍穹群星璀璨，有科技之星、医学之星、航天之星、红色之星、教育之星等，激发学生的民族自豪感。

2. 活动二：学生故事分享

（1）我所追的"星"。

学生代表讲述明星故事，有初心自慷慨，六十多年深藏功与名的张富清；有耄耋之年奔赴抗疫一线的钟南山；有学成归国、刻苦钻研、至诚报国的黄大年等。他们默默奉献，事迹感人！

（2）寻找身边的"星"。

洛阳13岁才女邓雅文连夺《中国诗词大会》4期擂主；洛阳陈冬勤奋好学，有探索精神，终圆航天员的梦想。

教师小结：璀璨的星就在我们身边，榜样示范法以典型形象感染学生，你也可以走出自己的"星路"。

> **设计意图** 榜样示范法，凸显学生主体性，学生在直观的故事中更好地感受明星的美好品质！明星不仅在荧幕上，还在我们的身边。

(四) 环节三:寻找方法,理智追星

1. 活动一:分析原因,寻找方向

(1) 教师从心理学上分析追星的原因:寻找"理想自我"的替代人。引导学生理解,很多时候,最喜欢的偶像身上总有着我们最期待的、理想中的自己。(偶像本质上就是我们想成为的"人"。)

(2) 结合国家的发展历程以及个人的成长过程,绘制时间轴。

2. 活动二:"真心话""大冒险"的游戏

(1) 真心话:

① 你想成为什么样的人?

② 你为你的目标做了什么?

③ 觉得你需要改进的地方是什么?

(2) 大冒险:

让一个学生走到讲台前,向着全班同学大声喊出:"2035/2050 年,我想成为……我一定会努力的。"

走到班主任面前,大声说:"老师,相信我,我一定会加油的!"

教师小结:我们要学习英雄"明星"精神,敢于有梦,勇于追梦,勤于圆梦。也许我们做不出"划时代"意义的举措,也许我们一辈子都不能像袁隆平、王亚平那样成为国家英雄,但是我们可以学习他们为梦想奋斗,主动担当、乐于奉献的精神,在自己的位置上不断努力,用坚持不懈的精神去开创属于我们自己的时代,做身边人的英雄。

设计意图 偶像是照见我们心中理想自我的一束光,这束光让我们更有力量和勇气去做更好的自己。追寻偶像本质上就是在追寻理想的自我。希望那些还没有偶像的同学,能找到自己的偶像;也祝福那些已经拥有偶像的同学,借助偶像的力量高飞,成为那个更好的自己!

(五) 环节四:制订规划,践行"星路"

1. 活动一:写一写自己的"星愿",为自己设计一条属于自己的"星路"

同学们志向不同,通过讨论,达成共识:星迹,勤奋铺设,汗水洒就,只要努力——你也是一颗星!

2. 活动二:全体交流,倾听感悟

用一句话说说本课关于偶像的探讨带给你的感受或启发。

3. 活动三:PPT 出示《少年中国说》节选,齐读

"故今日之责任,不在他人,而全在我少年。少年智则国智,少年富则国富,少年强则国强,少年独立则国独立,少年自由则国自由,少年进步则国进步,少年胜于欧洲则国胜于欧洲,少年雄于地球则国雄于地球。"

教师小结:民族的复兴大任,不仅在那些为国奉献的人们身上,也落在我们每一

个青少年的肩上,我们是祖国未来的希望。因此,我们应该树立正确的榜样,让自己成为不畏挫折、不懈奋斗的未来国家栋梁!

> **设计意图** 通过三个活动,引导学生正确追"星",同时增强学生的责任感、使命感,培养不怕困难、迎难而上的坚强品质。

(六)教师小结,引领价值观念

我们的偶像千姿百态,每一位偶像都有他独具魅力的地方,都有他成功的理由;我们崇拜偶像的原因多种多样,偶像带给我们的东西也是各不相同。人应该有自己的偶像,但选择怎样的偶像应从有利于自己的成长出发;学习偶像身上闪光的品质和感人的精神,作为自己的精神动力,为实现自己人生的理想而不懈奋斗。要避免盲目崇拜,因为它会误导我们的成长方向。多一点行动,少一点幻想,也许有一天你也会成为他人的偶像。

五、班会后延伸教育

(1)为更好地开展本次活动,请全体学生写一篇作文《我们家的"追星族"》,请每个学生采访爷爷奶奶和爸爸妈妈两代长辈,了解他们的追星故事。

(2)每周开展"学习小英雄"主题评选,向自己选择的优秀榜样学习,每周开展"向榜样学习,讲榜样故事"等系列活动。

六、板书设计

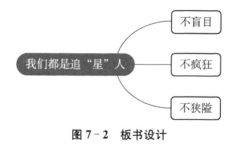

图 7-2 板书设计

七、班会反思

本节班会课目标明确,环环相扣,我遵循了品质形成的"知、情、意、行"四个要素,针对学生的年龄特征,从学生最感兴趣的话题入手,抓住需要解决的问题展开讨论与交流,使学生一些模糊的认识得到进一步澄清。课前他们乐在其中的准备工作使得他们在课堂中能够有很强的积极性,主动参与,发言踊跃。通过讨论和交流帮助学生学会冷静分析"偶像崇拜"的性质,使他们在流行风中把握自己,并使学生透过现象看本质,认清追星背后的真正的心理需要,找到满足心理需求的合理途径。从最后环节的"用一句话说说本课关于偶像的探讨带给你的感受或启发"就能看到教学起到了良好的效果。通过此次主题班会的开展,班里的追星现象明显减少,课堂上偷偷看明星杂志的现象明显减少,课桌上贴的明星照片也越来越少,课间谈论明星事件的狂热程度明显下降,孩子们学习的积极性也明显提高。

现在回想起来,班会的目的在准备的过程中就慢慢实现了。在准备的过程中,学生们认真的劲儿让我很感动。当然,班会也有遗憾,虽然整个过程看起来很流畅、很紧凑,但是临场发挥的生成性内容不足,感觉有点拘谨,也错过了很多思想的火花。准备一次这样的班会,虽然花费了不少的时间和精力,但是,我们所收获的远远大于我们付出的。

(罗　英)

向懒散"Say No"

——六年级"自律教育"主题班会课

一、背景分析

自律是最高级的自由,这种自由是对自己人生的有力把控。《中小学生德育工作指南》中明确指出中高年级要初步形成规则意识,养成良好的生活和行为习惯。这与我们学校培养"四有好少年"的宗旨相统一。

六年级的学生已经具备初步的时间管理意识和能力,知道应该如何合理安排自己的学习与生活。然而,随着学业难度的增加,和父母沟通出现分歧的问题也愈发严重,加之小学生的自制力相对较差,六年级的学生容易产生一些懒散行为。主要表现在学业懒散、情感懒散和生活习惯懒散三个方面,其中学业懒散表现最为突出。小学阶段的学生,正处在学习习惯培养、学习能力发展的关键时期,启发学生思考懒散行为对自身的影响,鼓励和引导学生调整懒散行为,能够帮助他们获得更多的自我效能感,更好地把控自己的学习和生活。在主题班会活动中,可以结合学科知识来引导他们认识懒散的危害,并培养积极勤奋的好习惯。在此背景下特设计本节班会课。

经过课前调查统计,班级自律情况得分为"优秀"和"良好"的有 12 人,不到班级三分之一,得分"很差"和"一般"的有 30 人。因此,开展本次主题班会尤为重要。

二、班会目标

认知目标:通过问卷感知、理解和个性化描述,懂得懒散带来的危害。

情感目标:通过情景再现,形成自律品质和良好的心理品质,感受这些品质对我们的益处,并能迁移到日常学习生活中。

行为目标:在学习生活中,能学会克服并践行"懒散"的方法,逐渐养成自律的行为习惯。

三、班会重难点

重点:引导学生对懒散行为进行外化,并通过自我对话,进一步丰富对懒散行为的认识。

难点:启发学生找到懒散的真正原因,初步找到解决问题的方法。

四、班会准备

教师准备:设计课前调查表了解学情;准备活动预案、课件,准备各项材料等;组织学生进行情景剧排练。

学生准备:课前完成问卷调查;积极参与排练。

五、班会过程

(一)谈话导入,引出主题

1. 活动一:现场调查

教师询问以下问题,学生现场举手。

A. 是独生子女的同学请举手。

B. 自己洗袜子的同学请举手。

C. 现在能自己洗衣服的同学请举手。

2. 活动二:问卷调查

(1)出示调查结果,说说你的发现。

(2)学生交流发现。

教师小结:从调查中我们发现,现在的学生,大多数是独生子女,家长过分呵护,使得有些学生过着饭来张口、衣来伸手的无忧无虑的生活。素质教育要求培养学生多方面的水平和素质,而懒散心理就像一座城门,不打开它,提升青少年的素质就无从谈起。

设计意图　用自评和自找问题的方法,让学生反思自己的情况,找出最急于解决的问题,以便在本节班会中找到方法,在学习生活中加以解决。

(二)环节一:透视现象,了解懒散

1. 活动一:情景演绎寻懒虫

(1)播放视频《——的故事》。

(2)捉"懒虫"大作战。

(3)找一找"——"身上有哪些"懒散"的行为。

2. 活动二:透视现象知懒散

(1) 自查自纠:"我"的懒散表现。

(2) 教师从学生角度分析,懒散有哪些具体表现呢? 为什么会形成懒散?

(3) 小组内互相交流懒散有哪些具体表现? 聚焦一到两种表现,思考懒散行为成因。

(4) 学生分组讨论,每组选代表发言,教师进行总结。

(5) 教师小结:懒散可分为思想懒散(头脑懒散)和行动懒散(身体懒散)。

懒散的具体表现:日常起居极无秩序、不讲卫生;常常迟到、请假,却不以为然;不能专心听讲、按时完成作业,文具常不配齐;不知道学习的目的,不主动思考。

形成懒散的原因:家长过分溺爱;社会不良因素干扰;不懂得超越自我;身心疲惫。

(6) 我们找出了懒散的表现及形成原因,那么懒散有哪些危害呢?

(7) 学习交流懒散的危害。

设计意图 思考自己改变的方法,并用文字的形式记录下来。通过合作学习的形式,互相评价方法是否可行,并互相提建议。改变自己状态的方法更加清楚,更加可行。通过自己静静地思考"自律成长卡"上的方法是否能做到,不能做的改一改,保证改变自己的状态切实可行。这是能够进行自我修正的基本条件。畅想通过调整状态,成为更自律的人,你会成长为什么样的人,这有助于学生在头脑中描绘未来美好的愿景,给自己成长的动力。

(三) 环节二:明辨是非,拒绝懒散

1. 活动一:情景剧表演《小明的学校生活》

第一幕:小明同学早上起床困难。

第二幕:上课时小明同学不认真听讲,抄作业。

第三幕:早上上学小明让妈妈整理书包,到学校发现忘记带作业。

(1) 你有过诸如此类的情况吗? 你有过或看到过这些现象吗? 从情景剧中你得到哪些启示,你有什么方法可以帮助小明?

(2) 学生交流讨论。

2. 活动二:认知清晰,制订计划

(1) "我"有哪些懒散行为?

(2) 分享"我"改变懒散的方法。

设计意图 通过小组合作学习,学生能正视自己的行为,学会克服"懒散",逐渐养成自律的行为习惯。鼓励大家分享自己克服懒散、提升效率的成功经验和方法,让每个人都能从他人的故事中汲取灵感,找到适合自己的改变之道。

（四）环节三：集思广益，告别懒散

1. 活动一：告别懒散支绝招

（1）克服懒散有绝招——"我有任务列表"。

① 把每天的计划都列出来，逐条写在纸上，最好标注出具体的执行时间。

② 完成一项就画掉一项，这样能提高做事效率。

（2）克服懒散有绝招——"我要马上行动"。

① 设置情境，引出绝招"我要马上行动"。

② 运用绝招后的——的改变（视频）。

观看视频说说你的发现。

从——身上你学到了什么？

2. 活动二：拒绝懒惰大作战

（1）小组内，分别讲述自己"懒散"的经历及感受以及懒散的后果。

（2）分享战胜"懒散"的故事，运用之前的方法为组员支招。

（3）小组代表全班分享。

> **设计意图**　克服懒散的最有效方式就是"立即行动"，制订好计划后就马上开始，不要以各种理由推脱。"立即行动"，能最高效地解决问题，避免拖延。拖延之后再想鼓起斗志是比较困难的。尤其是一些有难度的事情，或我们不太愿意却必须做的事情上，更是要"马上开始"。比如想到要做作业，列好计划后就应该马上行动，等进入状态，就会发现自己也没有那么不想做作业了……

（五）环节四：制订计划，向懒散"Say No"

1. 活动一：制订计划表

（1）出示"我的任务表"（见表 7-2），制订计划，向懒散"Say No"。

表 7-2　我的任务表

计划：					
序号	任务	重要程度	时限	完成情况	备注
1					
2					
3					
4					
5					
6					
总结：					

（2）说明计划表填写要点：

① 将任务逐条写入"任务"栏内。

② 按照重要程度给任务排序，先做最重要的事。

③ 给任务设定时间限制，写在"时限"栏内。

④ 评估完成情况，记录在"完成情况"栏内。

⑤ "备注"栏内可以写入未能完成任务的处理方式，如后延的时间，或放弃执行，等等。

⑥ 及时总结，记录完成情况，调整计划以及对自己的鼓励。

（3）学生制订计划，向懒散"Say No"。

2. 活动二：续编故事

（1）续编故事：假如任小明懒散行为继续发展下去，他的未来会怎样？

（2）学生自由续编故事。

（3）教师从学生续编的故事中总结出懒散的危害。

教师小结：从你们的激烈讨论中，我看出你们已经认识到懒散的危害，并且有克服懒散的决心，老师很高兴。懒散是所有恶习的根源，懒散能磨去才智的锋芒，在充满挫折的人生道路上，懒散的人习惯于等、靠、要，从不想去求知、拼搏、创造，最终只能是一事无成。少年易老学难成，一寸光阴不可轻。孩子们，请珍惜生命中的分分秒秒，克服懒惰，向懒散"Say No"！

六、班会后延伸教育

（1）制订自律情况完成表。

自己制订每周完成情况表，列出自己在课上所写的需要改变的两个方面，并对自己"完全做到了""没彻底做到""没做到"分别做不同标记。

（2）每天自评。

当天反思这两方面自己有做到改变吗？"完全做到了""没彻底做到""没做到"三种情况用自己定的符号做好标记。如果没有做到某些方面，自己想一想为什么没能做到，明天能否做到，并把原因写在表格的下面。

（3）每月大家评。

到一个月结束后，全班同学带来自己的"自律情况记录表"，进行统计评比。

七、班会反思

1. 根据班情，确定主题

学生是在不断发展变化着的，他们面临的问题具有不确定性和复杂性特点，这需要我们班主任勤于观察，细致了解，用如炬慧眼，寻找学生成长的方向。"双减"政策的出台，学生有了更多自由支配的时间，但根据家长的反馈，很多孩子并不能有效地利用多出来的时间，出现自由散漫、看电视、玩手机等许多不良现象。家长们很担心。

基于此种情况,我确定了本班会的主题。

2. 仔细斟酌,明确目标

目标是教育活动的基础,只有活动有了清晰且有针对性、可操作、可执行的目标,才能有效果。本节班会课制订了明确的目标:通过感知、理解和个性化描述,懂得懒散带来的危害。形成自律品质和良好的心理品质,感受这些品质对我们的益处,并能迁移到日常学习生活中。在学习生活中,能学会克服"懒散",逐渐养成自律的行为习惯。这些目标都是可以实现的。

3. 仔细思考,选择形式

在这节课中,我用调查问卷的方式引入本课,即时吸引学生的兴趣。通过小组讨论、自查自纠,让学生发现自身不足,取代空洞的说教,加深学生的印象。

4. 精心设计,活动延续

班会活动结束后,我还安排了后续的教育活动"自律小达人的评比活动",让这堂课的教学不仅停留在此,而是让学生把自律行为作为自己长期的行动,坚持下去,在反复地坚持中成为习惯。

这堂班会课,还有好些不足,我可以在情景剧表演后,让学生充分讨论,多思多说多听,能更深刻地感受自律的作用,为后面自己提出能改变状态的方法做好铺垫。

(刘玉慧)

随手丢垃圾,弯腰捡美德

——一年级"文明教育"主题班会课

一、背景分析

教育学生,不仅要教会学生知识,还要教会学生做人的道理。一年级的学生还小,因此更要抓好学生的行为习惯。因此,本节课的主题班会,就是要教会学生明白,随手丢的不是垃圾,而是我们的品德,教育学生要见到垃圾主动捡起,不要随地乱丢垃圾。然而在现实生活中,随处可见的垃圾,无时无刻不在影响着我们的生活和心情,但人们的环保意识并不高,觉得垃圾就是应该有专门的环卫工人来清扫,殊不知,我们每个人都有义务和责任来保护我们生存和生活的地方。同样,在学校里面,我们也可以看到一些同学随意乱丢垃圾,给我们的校园带来了一些不美好的环境。在教室里,也会发现学生的书桌下面、教室的走廊里都会有一些垃圾。

一年级的学生年龄还小,刚从幼儿园进入小学生活,各种行为习惯和学习习惯还没有养成,没有意识到垃圾应该丢在垃圾桶内,他们不觉得乱丢垃圾是一种不对的行为习惯,缺少见到垃圾主动捡起的意识。因此,本次主题班会旨在引导学生不能乱丢垃圾,见到垃圾要主动捡起,养成一种良好的行为习惯。

二、班会目标

认知目标:通过现场辩论的方式,让学生认识到讲究卫生要从身边做起,自觉主动地保护教室环境。

情感目标:通过现场观察乱丢垃圾的行为,让学生知道乱丢垃圾是一种不文明的行为。

行为目标:通过本次主题班会,让学生学会不乱丢垃圾的方法,培养学生不乱丢垃圾的习惯,并从行动上做到自觉主动地保护我们的教室。

三、班会准备

教师准备:录制相关的视频以及拍摄相关的图片;小视频《乱丢垃圾》;图片《捡垃圾》;班会所需要的课件。

学生准备:配合教师录制相关的视频以及现场辩论。

四、班会过程

(一)视频导入,引出主题

课件播放环卫工人打扫卫生的相关视频。

(1)说一说你的想法。

说一说,看了视频之后你有什么想和大家说的?

(2)谈一谈你的感受。

谈一谈,看了视频之后你的感受是什么? 你的心情有发生改变吗? 从这个视频中你知道了什么?

(3)引出不乱丢垃圾的主题。

在生活中,其实在很多我们所看不到的地方,都悄悄地被"美容师"给打扫干净了,我们才会在这么干净整洁的环境里面生活。今天我们就一起来学习"随手丢垃圾,弯腰捡美德"的相关知识。

设计意图 通过播放环卫工人打扫卫生的视频,让学生看到在很多我们看不到的地方,每个人都在默默地做着自己的事情。让学生知道干净的环境不是与生俱来的,而是环卫工人一点一点地打扫出来的。帮助学生体会干净整洁的生活环境给人们舒适的感觉,初步感知保护环境、爱护环境的重要性,由此来引出本节主题班会课的内容。

（二）环节一:小小大侦探,问题哪里见

教师先出示教室地上的一张小纸片。

（1）它从哪里来?

思考一下,你觉得这个纸片是从哪里来的? 这个纸片为什么会出现在这里?

（2）它要到哪里去?

你觉得这个纸片会到哪里去? 是会被捡起来还是会被大家无视? 甚至被大家踢来踢去?

思考:你觉得这个纸片应该到哪里去? 哪里才是这个纸片的正确"归处"?

（3）它将会带来什么影响?

你觉得这个纸片给我们班带来什么样的影响?

> **设计意图**　通过班内的一个小纸片,让学生思考这个纸片是从哪里来的? 为什么会出现在这里? 它又将到哪里去? 这个纸片的正确归处应该在哪里? 引起学生的思考,回想一下是不是自己丢的垃圾? 让学生自己思考一下,如果看到这个纸片不捡起来的话,会带来什么样的影响? 我们的教室将会变成什么样? 让学生意识到垃圾应该丢在垃圾桶里,而不是随手丢在地上,同时也为下一环节做好铺垫。

（三）环节二:随手丢垃圾,弯腰捡美德

1. "文明班级"的公布

在每周一的升旗仪式上,学校会公布"文明班级",当你听到有我们班的时候,你的内心是什么样的? 当没有我们班的时候,你的内心又是怎样的? 说一说,你的感受为什么会不同? 下面我们就来一场现场辩论。

2. 现场辩论

辩题:自己该不该主动捡起别人丢掉的垃圾?

【正方】该捡。

理由一:垃圾出现在我们班,就是我们班的垃圾,我们就要主动捡起。

理由二:老师一直教育我们,不管是不是我们丢的垃圾,只要见到垃圾,都要主动捡起。

理由三:如果看到垃圾不主动捡起来的话,将会有越来越多的垃圾出现,同学们将会随手把垃圾丢在地上,那样我们的教室将会越来越脏,便没有办法在教室里面学习。

【反方】不该捡。

理由一:又不是我扔的垃圾,我为什么要捡?

理由二:别人也看到这个垃圾了,别人都不捡,我也不捡。

理由三:咱们班不是有值日生吗? 让值日生打扫就可以了啊! 反正放学的时候

值日生还会打扫卫生,就不需要再去捡起来了。

3. 投票环节

认为应该捡起来的学生请举手。

教师进行引导:不管这个垃圾是不是我们丢的,只要看见了垃圾,我们就应该随手捡起来。我们随手丢的垃圾,并不叫垃圾,其实丢的是我们的品质;我们弯腰捡起来的也并不是垃圾,其实是我们的美德。如果我们看到垃圾不主动捡起来的话,那我们班将会迎来"蝴蝶效应",将会有越来越多的人乱丢垃圾,我们的教室便不会那么干净整洁,我们还怎么在教室里面学习呢? 所以,我们今后无论在任何地方见到垃圾,都应该主动捡起来!

下面我们一起来看一张照片,大家熟悉这个照片中的主人公吗? 是的,这就是我们班的王米琪。课间活动结束了,同学们都走进教室,王米琪在见到地面上有垃圾的时候,主动捡了起来。捡起纸片,守护洁净,王米琪是课间最美的风景。我们应该学习王米琪的这种行为!

> **设计意图** 通过是否获得"文明班级",让学生明白获得"文明班级"是有自己的一份贡献存在的,并在今后继续努力保持。继而通过一场现场辩论,让学生知道无论在任何地方见到垃圾,我们都应该主动捡起来,而不是视而不见,并且教育学生不能随手乱丢垃圾,在看到别人乱丢垃圾的时候,我们应该要及时制止。同时告诉学生,我们丢的其实不是垃圾,而是我们的品质;我们捡起的也并不是垃圾,而是我们的美德。

(四) 环节三:垃圾不落地,文明我传递

1. 课件出示图片

同学们,你们先来看一下咱们教室的环境怎么样? 你书桌下面是否有纸片和橡皮屑? 下面一起来看一下,这是上完一节课咱们教室的卫生。最后,再来看一看咱们放学之后,你的书桌下面,以及教室整体的环境是什么样的? 为什么会出现这样的情况? 思考一下,我们该怎样保持教室的卫生干净整洁呢?

2. 总结方法,如何做到垃圾不落地

小组交流讨论:你们有没有什么办法可以做到垃圾不落地? 有什么更好的方法可以将我们的教室保持干净呢? 和大家一起分享一下。

可以将橡皮屑用纸包起来,或者将橡皮屑弄在一起放到书桌上,等下课之后丢到垃圾桶里面。在每节课下课之前检查一下自己周围有没有不小心扔掉的纸片,如果有的话随时捡起来,然后将垃圾丢在垃圾桶里面,这样的话,我们的教室就会跟进班前一样干净整洁。那我们就来一个约定,看谁的书桌上和座位周围是干净的? 看谁会见到垃圾主动捡起? 我们一起每天来评选优秀小明星!

设计意图　通过上一环节的现场辩论,让学生思考自己是不是也有乱丢垃圾的习惯。并且利用一年级学生使用铅笔时,桌面上经常会有很多橡皮屑,让学生思考,假如自己的桌面上有很多橡皮屑时,自己会怎么办? 是会随手弄到地上,还是会想办法将橡皮屑进行"包装"起来,课下的时候丢在垃圾桶里? 这是一年级学生常见的一个现象,以此来提出一个问题:"如何做到垃圾不落地?"让学生之间交流,讨论出办法,让大家可以在一个干净舒适的教室里面生活和学习。

(五) 环节四:弯腰在行动,从你我做起

1. 课件出示学生下课主动收拾桌面的图片

出示大家听到下课铃声主动收拾桌面的照片,让学生来看一看,自己主动收拾桌面和之前不收拾桌面的一个对比图,让学生自己来说一说更喜欢哪一个。并出示学生主动捡座位周围的纸片的照片,捡起纸片之后,教室的卫生很干净。

2. 课件出示草坪上的垃圾

同学们,你们看到草坪上的垃圾了吗? 我们该怎么做?

一步一步地引导学生,将自己书桌上的橡皮屑弄到纸上包起来,并将地上的纸片捡起来,是一种良好的行为习惯,并大力表扬学生。引导学生主动捡起自己看到的垃圾,是一种美德,值得大家去学习!

设计意图　在上一环节学生已经知道了如何做到垃圾不落地的方法,这一环节就是要检验一下学生的行为,是不是真的会做到垃圾不落地,并利用草坪上的垃圾,看一下学生会不会主动捡起。如果能够主动捡起,将大力表扬该学生,让他引以为傲,并为其他学生树立榜样。

(六) 班主任小结,引领价值观念

我相信,只要大家不乱丢垃圾,能够俯身捡起一片垃圾,就能装点一寸绿茵;只要大家尽一点微薄之力,就可以创造出一个更加干净整洁的教室和校园。让我们所有的同学一起响应今天的倡议,用自己的行动打造一个干净整洁的教室和校园! 行动向前一小步,品德提升一大步!

设计意图　通过班主任的总结,学生知道了不能乱丢垃圾,以及主动捡起垃圾的幸福感!

五、班会后延伸教育

在生活中,你发现了哪些不讲公共卫生的情况? 把你的观察记录下来。

评选班级"最美少年"。一天一总结,荣誉评选,让学生更具有内在的动力,践行不乱丢垃圾的行为,久而久之养成良好的行为习惯。

六、班会反思

因为一年级学生刚从幼儿园升上来,很多行为习惯和学习习惯还处在幼儿园的阶段,所以刚开学的时候,作为一年级的教师着重培养的就是学生良好行为习惯的养成。一年级的学生年龄较小,不知道把垃圾丢在垃圾桶内,他们没有这个意识和习惯,而是习惯性把垃圾随手丢在地上。因此,我这次的主题班会便是从教育学生不能随手乱丢垃圾入手,到见到垃圾的时候要主动捡起来。

在本次主题班会课的内容设计上,首先以环卫工人打扫卫生的视频来导入,让学生来说一说自己的感想,由此来引出本节班会课的主题。又以本班的教室环境为切入点,让学生来当大侦探,找一找"不一样"的地方,并思考为什么会出现垃圾。一层一层递进,进行现场辩论,进而让学生明白,自己不能随手乱丢垃圾,见到垃圾要主动捡起。

在本节课中,学生是第一次上这样的课程,参与度不是特别高,课堂纪律有点混乱,学生乱说话现象较严重。因此,本节主题班会课上得不是特别成功,没有达到想要的教育效果。在本节课上,学生总结出了不乱丢垃圾的方法,但至于学生能不能做到,还需要时间的验证。

（张咏春）

第八章

和融教育主题班会课的价值意义

第一节　价值意义概述

主题班会课是围绕某一特定主题展开的班会活动。通过丰富多彩的活动形式，让学生在轻松愉快的氛围中学习、交流、成长。其内容涵盖了多个方面，包括德育、智育、体育、美育等，可以全面提升学生的综合素质。通过参与各种主题活动，学生可以锻炼自己的思维能力、表达能力、组织能力、创新能力等，为未来的学习和生活打下坚实的基础。

一、开展集体主义教育

班会课中的集体主义教育能够帮助学生认识到自身在团队发展中的作用，学会在团队中发挥自己的作用，与团队成员相互协作、共同成长。这种团队精神和协作能力有助于学生更好地处理未来学习和工作中遇到的难题，有助于学生更加从容应对挑战。集体主义教育强调个人与集体的关系，引导学生关注社会、关注集体，培养他们的社会责任感和公民意识，这有助于学生认识到自己作为社会一员的责任和义务，积极参与社会公益事业，为社会优良秩序的发展贡献自己的力量。

如"我爱我的班——三年级'团队教育'主题班会课"中，教师通过播放团结视频及讲团结故事的活动，让学生明白班级凝聚力的重要性，从而认识到在集体中团结合作的意义。在情感目标的设计中，学生通过同心圆游戏和书写夸夸卡的活动，培养自身的团队意识和集体荣誉感。最后通过集体宣誓活动让学生明白班级凝聚力的重要性，使之在以后的学习生活中能够主动为班级的荣誉和和谐发展做出贡献，积极参与到班级活动中。

二、引导学生自我教育

在主题班会课中引导学生自我教育是一个重要的教育目标，设定明确且与学生相关的主题班会课，会在潜移默化中帮助学生分析自己在学习、生活中遇到的问题，激发他们的兴趣和思考，并在班会课的延伸影响中，帮助学生更好地认识自己，找到自我提升方向，从而在遇到问题时找出合适的解决方案。

在主题班会课中，教师通过引导学生对某一主题进行小组讨论或全班讨论，让学生分享自己的想法和经验。在增强学生参与感的同时，还能让学生在交流中互相学习、互相启发。

如"我的书桌我做主——一年级'自律教育'主题班会课",通过引导学生找出书桌柜脏乱问题的原因,了解整理的三种方法;引导学生感受自己整理的好处,认识到整洁、有条理生活的意义;激发学生养成整理自己物品的意识,提高自理能力。

再如"放飞烦恼,快乐成长——一年级'成长教育'主题班会课"的设计中,在小组合作环节,学生通过情景剧表演明白了每个人在不同的人生阶段会有不同的烦恼。但烦恼不可怕,我们只需找出造成烦恼的原因,便可以正确排解烦恼。

三、增强班级凝聚力量

班会课是增强班级凝聚力量的重要载体。在班会课上,设计一些需要团队合作才能完成的班会活动,如团队游戏、小组竞赛等,让学生体验到团队合作的乐趣和意义,学生能够更加珍惜和热爱自己的班集体,从而为集体的荣誉而努力。这种集体荣誉感和归属感能够激发学生的积极性和创造力,促使他们为集体的发展贡献自己的力量。

通过充分利用班会课精心设计活动内容,引导学生积极参与,共同营造一个和谐、融洽、有凝聚力的班级氛围。

如"团结的力量——二年级'团结教育'主题班会课",在班会目标的设计中,教师通过出示"赛一赛"和"辨一辨"的活动,让学生认识到什么是团结。另外,借助"游戏体验感"以及再次"比赛"的方式,让学生明白团结就是力量,增强学生的团结意识,培养集体荣誉感,建立积极的价值观。最后通过对比与反思,鼓励学生在团队生活中自觉维护集体荣誉,增强班级的凝聚力。

四、提供认识社会平台

班会课可以成为学生认识社会的平台。在班会课的过程中,教师通过引入社会热点话题,如科技的发展、环境的保护、文化的传承等当前社会热点话题,为学生提供必要的资源和指导,帮助他们更好地认识社会、了解社会、融入社会。同时,根据学生的兴趣和需求,设计符合学生当前生活的活动内容,让班会课成为学生喜欢参与、乐于分享的平台。使之了解社会的发展动态,思考社会问题,更加深入地了解社会的各个层面,拓宽视野,激发他们对未来的规划和追求,增强他们的社会认知和实践能力,培养他们的社会责任感。

如"传承礼仪,浸润文明——五年级'文明教育'主题班会课"的设计中,引导学生认识文明礼仪就在身边,体会文明礼貌的重要性,培养学生讲文明、重礼仪的品质。从而点燃学生在生活中践行文明的内在驱动,培养学生从我做起,从一点一滴做起,努力提高自己的文明礼仪修养,做文明礼仪倡导者、传播者和践行者。

五、落实核心素养发展

主题班会课是落实学生核心素养全面发展的重要方式。主题班会课的内容多样,方式多变,不仅是知识传授的场所,更是情感交流和品德教育的平台。主题班会课在帮助学生增强人文底蕴、培养科学精神、学会学习、健康生活、拥有责任担当、提高实践创新等方面,都有非常重要的作用。

如"以史为镜,知史爱国——五年级'爱国教育'主题班会课"中,教师借助图片、视频让学生了解"南京大屠杀"相关历史及国家公祭日的由来。通过多个环节的设计,如跨时空对话、小组讨论中国被侵略的原因等,让学生感知同胞的苦难,树立"落后就要挨打"的意识,增强爱国情感。最后联系学生生活实际,让学生树立正确的苦难观,并引导学生在日常生活中,积极宣传爱国精神,积极参与爱国活动,以提高其社会责任感。

六、推动形成良好班风

班风是班级的内在品格和外部形象的体现,它引领着班级未来的发展方向。通过设计有针对性的主题班会,可以引导学生树立正确的价值观和行为准则,从而营造出积极向上、团结友爱的班级氛围。在主题班会课中,师生可以共同参与讨论班级文化建设的想法和路径、学生成长的关键人格和能力等问题。彼此分享想法和感受,这种互动可以增进师生之间的情感联系,使学生更加信任和尊重老师,从而更加积极地参与班级活动,为班风建设贡献力量。

学生道德品质的养成不能仅仅依赖于空洞的说教,而需要在内心深处触动学生的情感,引发他们的情感共鸣。通过爱国教育、成长教育、理想教育、自理教育、自律教育、友爱教育、安全教育等多个主题班会课活动,教师可以唤醒学生的责任意识、情感意识,让学生在参与中体验成长,在体验中升华情感。

如"不做校园里的'孤勇者'——六年级'友爱教育'主题班会课"中,教师通过社会热点话题,引入"校园欺凌"的定义、主要表现形式、产生原因及校园欺凌对受害者和整个校园环境造成的危害,提高学生对校园欺凌行为的警觉意识,增强学生正义感的同时培养学生的同情心和同理心。最终引导学生掌握应对校园欺凌的正确方法,提高自我保护能力。倡导学生规范自身言行,不参与欺凌行为,同时鼓励和帮助受到欺凌的同学,用实际行动维护校园的和谐稳定。

七、解决班级发展问题

主题班会课是进行道德教育的重要场所。通过设定不同的主题班会课,如"诚实守信""团结友善""拒绝霸凌""告别懒散"四个不同类型的主题班会课,都在目标设计中引导学生树立正确的价值观和道德观,提高学生的道德认识,陶冶学生情操,锻炼学生意志。

在主题班会课中,学生可以围绕特定的主题展开讨论,分享自己的观点和感受。这种交流和沟通可以增进学生之间的理解和信任,促进班级内部的和谐与团结。在小组活动中,学生互相交流学习成果和困惑,通过互相解答问题、交流经验,提高学生的交流能力和解决问题的能力。如"放飞烦恼,快乐成长""缤纷课间,健康启航""和和融融和你战'丢丢小怪兽'"等有意思的主题班会课,为学生提供一个放松娱乐的机会,缓解学生的学习压力。

主题班会课也是学生展示自己、表现自己的平台。通过让学生主持班会、组织活动等方式,培养他们的组织协调能力。这种能力不仅对学生未来的学习和工作有重要帮助,还能够增强他们的自信心和责任感,使他们更加积极地参与班级建设和管理中。

八、指明学生成长方向

主题班会课通过设计与成长相关的主题,如"挫而不折,破茧成蝶""心中有爱,学会感恩""画出我的'生命线'"等主题班会课,都在一定程度上帮助学生明确自己的成长目标。这些目标可以是短期的学业目标,也可以是长期的职业规划或人生理想,从而为学生提供一个清晰的成长方向。

在主题班会课中,教师通过引导学生思考并讨论社会公德、个人品德、家庭美德等方面的内容,帮助学生形成正确的价值观。这些价值观将成为学生成长道路上的指路明灯,影响他们的行为和决策。主题班会课还可以针对学生在成长过程中遇到的各种问题进行讨论和分析。通过集思广益、共同出谋划策,学生可以学会如何面对和解决问题,提高自己的应变能力和解决问题的能力。

主题班会课在学生的成长过程中具有不可替代的价值和意义。它不仅可以培养学生的集体意识和团队精神,提升学生的综合素质,还可以促进学生身心健康发展,增强师生之间的情感联系。

第二节　案例分享

团结的力量
——二年级"团结教育"主题班会课

一、背景分析

这次主题班会基于班情出发,班级成立已经近一年半的时间,但对于有些孩子来说,集体意识不强,对班级没有归属感,平时对待同班同学、对待班级事务都抱有事不关己的态度。在这种情况下,班集体在年级组中各种评比都比较落后,与邻近班级相比,各方面都存在差距。而当代青少年不仅是学习的主体,更是以后社会发展的重要力量。因此,培养学生的团结意识,增强其互助能力既是当前基础教育的重要组成部分,也是时代的要求。

但在平时的教育教学中,我发现一、二年级这个年龄段的学生很多还不能明白什么是"团结",因为对这两个字的不理解还有可能做出一些不对的事情。所以本次主题班会将通过几个环节的活动让学生有所感、有所悟,让学生在活动中发现真正的团结是有力量的,希望他们能正确认识团结,能够自觉帮助他人、团结同学,从而提高班集体的凝聚力。

二、班会目标

认知目标:通过"赛一赛"和"辨一辨",让学生认识团结,知道什么行为是团结的行为。

情感目标:借助"游戏体验感"以及再次比赛,让学生明白团结是有力量的,增强他们的团结意识,培养集体荣誉感,建立积极的价值观。

行为目标:通过对比与反思,能在日常活动中付出行动,做到团结一心,自觉维护集体荣誉,提高班级的凝聚力。

三、班会准备

教师准备:制作课件,选取小组,收集素材,录制视频,制作表格。

学生准备:主持比赛,参加活动,积极分享。

四、班会过程

(一) 导入:小小比赛,引出团结力量

今天我们班迎来了一场拔河比赛,下面我们来采访一下今天的运动员吧。

(1)赛前采访参赛运动员对本次比赛的看法。(选取班级里比较有凝聚力的小组与散漫的小组进行拔河比赛,小主持人对运动员的看法进行采访。)

(2)学生观看比赛,观察参赛小组的状态。

(3)小主持人公布比赛结果,学生说感受。

教师小结:这场比赛我们可以看出来,两组的外在力量是相当的,但是有一组同学他们比较团结,因此他们获得了本次拔河比赛的胜利。其实这就告诉了我们,团结是有力量的。今天就让我们走进我们的主题班会,来认识一下团结,体验一下团结的力量。

> **设计意图**　拔河比赛不只是一场简单的竞技活动,它就像一根纽带,连接着团队中的每一个成员,让大家为了共同的目标而努力。设计拔河比赛,能让大家更加团结一致,学会相互信任和依赖,看到这种默契和团队精神对日常生活和学习都有很大的帮助。

(二) 环节一:通过辨别,透视团结

1. 活动一:"团结"现身初相识

(1)请出"团结"做自我介绍,让学生了解团结的含义。

(2)设计真假"团结",让"小团来帮忙"深入班级,进入到具体情境中。

> 设计意图 根据学生年龄特点,在讲团结的力量之前,先让学生对"团结"有个初步的认识非常重要,知道它的意思了,班会才能往下开展。

2. 活动二:"真假团结"辨一辨

(1) 出示几个场景:将正面例子与反面例子进行对比,让学生辨出正确行为。

场景一:有同学考试时不会做,团团把自己的答案给他抄。

场景二:老师出了一道很难的题交给团团组解决,团团作为组长,积极带领组员学习,在团团的带领下,他们成功解决了这道题。

场景三:团团组为了争夺英语公开课的机会,加班加点练习,与别的组展开积极的竞争。

场景四:班内有同学被其他班同学欺负,团团找了又高又大的同学帮忙打回去。

(2) 学生讨论,根据情境辨别"真假团结"并说出原因。教师根据学生回答来展示什么是真正的团结。

(3) 教师小结:原来,不是进行了"合作"或"帮助了别人"就算是团结,也不是"有竞争"就不是团结。团结需要有共同的目标,要有利于集体,要坚持正确的原则,每个人都要付出行动,让集体变得更好。

> 设计意图 在此环节我设计了"'团结'现身初相识"的活动,以"团结"自我介绍的方式让同学们简单了解团结的含义,了解后能采用辨一辨的方式辨别出生活中的行为是否为真的团结。最后,我以通俗易懂的语言向学生展示了团结的要求,让学生能正确认识团结,改变他们的一些错误认知。

3. 活动三:寻找"团结"说一说

分享你在生活中有过或者见过哪些团结行为。

> 设计意图 这个活动是对上面两个活动的反馈,学生在了解什么是团结的行为后能很快地定位到自己的生活实际上,采用生活中的实例让学生看到生活中处处有团结,继而去引出身边也存在着的一些不团结的行为,需要我们去改变。

(三) 环节二:团结"附身",感受力量

1. 活动一:团结视频感受团结

(1) 出示视频《团结一心,其利断金》,感受个人力量与集体力量的差距,体会团结带来的力量。

(2) 出示视频对比,感受是否拥有"团结"带来的差距。

设计意图　首先我以正面的团结互助情景,让学生从视频中明白"团结力量大"的道理,引导他们积极拥有这种力量。其次用对比的方式让学生认识到班级内是存在不团结行为的,还会损害班级的集体荣誉。如果班级内部不团结,那么在外界看来,这个班级就会显得松散无力,难以取得好的成绩和荣誉。

2. 活动二:班级现状待改变

(1) 教师过渡:其实生活中处处充满团结,借给同学橡皮是团结,为班级争分是团结,爱护我们的文明校园是团结。但并不是每个同学都能做到团结。

观看视频:班级内的"不团结"。

① 有同学上厕所时拥挤,被值岗人员记了名字,你飞快跑来告状。

② 走廊上有纸片,你充满正义感地告诉老师有人扔垃圾。

③ 文明监督员值岗时与他人说话,你立刻进班说:老师,他说话被值勤人员扣分了。

(2) 感悟与思考:小组讨论我们身边这些不团结的行为,对我们有哪些危害。

设计意图　把生活中同学们的不团结行为罗列出来,让他们认识到不团结行为的危害,它会破坏班级的和谐氛围。一个团结的班级,同学们之间应该是相互尊重、相互帮助的。但如果不团结的行为频繁出现,就会导致同学间的关系紧张,甚至产生矛盾和冲突,使得整个班级的氛围变得压抑和紧张。积极去营造一个团结、和谐的班级氛围迫在眉睫。

(四) 环节三:想方设法,学会团结

1. 活动一:集思广益知方法

(1) 既然刚刚的行为不利于我们的班集体,那我们应该怎么做才能改变呢?

(2) 小组讨论,帮忙改变。

预设:

① 有同学说上厕所时打闹,我看到后上前提醒,告诉他这个行为影响班集体荣誉。

② 走廊上有纸片,我马上捡起,维护班级卫生。

③ 文明监督员值岗时与他人说话,我上前劝止,告诉他们应该履行职责。

(3) 出谋划策,想出能够团结一致的方法。

(4) 教师根据学生回答随机张贴方法。

预设:积极沟通,勇于指正,诚心帮忙,相互鼓励,齐心协力。

设计意图 这个环节让学生正视班级存在问题,并讨论改变的方法。在讨论环节不仅能让学生知道如何更好地去做出改变,还无形中增加了小组的凝聚力。让他们知道通过沟通、团队建设和寻求帮助等多种方式,一定能够改善班级的不团结状况,只要人人做出改变,班级一定会越来越好。

2. 活动二:运用方法助团结
(1) 教师请出刚刚参加拔河比赛失败的小组与别的班同学再次进行比赛,运用方法,从比赛中体验团结的力量。
(2) 师生共同公布比赛结果。

设计意图 这次比赛是给失败小组的一个机会,也是对本节课所学内容的一个展现,失败小组能否反败为胜意味着班会是否有成效。设计这个环节也是出自我对本班学生的信任。我相信只要他们把这种力量用在自己的身上,真正体会到在集体中团结一心是非常重要的,那么这次比赛他们一定能成功。

(3) 教师小结。
(五) 环节四:做出改变,践行行动
1. 活动一:"团结之星"我来当
(1) 相互举荐,推选"团结之星",说出推选理由。
(2) 做出行动,帮助同学,维护班级荣誉,争当"团结之星"。

设计意图 虽然不团结现象在班内频出,但生活中也有把团结做得比较好的学生,对这些正面的形象进行表彰,可以激励更多的人向他们学习,对于推动班集体的发展也具有重要意义。

2. 活动二:团结彰显小组力量
组内开展设计组排活动:组徽、小组口号。让每个人都参与到小组文化的建设中来,增强班级归属感和团结意识。

设计意图 小组合作能够汇聚多样的智慧和才能。每个人都有自己的长处和优势,当这些不同的人聚集在一起,形成一个团队时,就能够共同面对挑战,互相补充,共同创造出更加出色的成果。这个环节就是彰显团队力量最好的环节,是对本课的一个反馈。

五、班主任小结

正向的、有原则的、有利于集体的行为叫团结,而"帮助别人作弊、撒谎"这样的"帮忙"行为不叫团结。这种"力量"用在班级进步上,转化为班级凝聚力,让这种力量散落在每一个孩子身上,让每个人都付出行动,最后使班级更美好。

六、班会后延伸教育

最后设计"21天行为习惯改变表",在路队、卫生、行为习惯等方面做出改变,帮助学生养成好习惯。使班会能有成效。

每周进行一次评选,评选出热爱班级、团结同学的小明星。

设计意图 我把本环节变成"未完待续,老师期待你们的改变",并设计了"21天行为习惯改变表"。因为一节班会课的结束并不能完全解决班级存在的问题,只有慢慢做出改变,坚持做出改变,才能够真正地改掉不好的行为。

七、板书设计

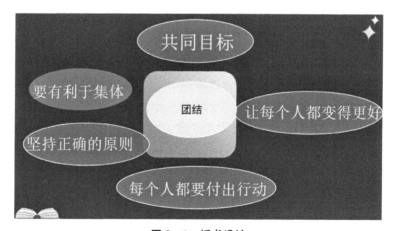

图 8-1 板书设计

八、班会反思

本班学生是我从一年级就开始带的,孩子们在一年半的学习生活中学会了学校的规则,了解了班级的各种要求,是一个成型的团体。但在平时的生活中,我也发现了整个团体出现了一个问题,学生虽然能在外在的规则下有序生活,但从各种事情中可以看出班级缺乏凝聚力和向心力,同学们不是发自内心爱着这个班级,同学之间不团结,导致整个班级缺乏向上的力量。针对这种情况,我以班级为单位,召开了以"团结的力量"为主题的班会。整个班会共有四个环节:环节一是让学生认识团结,知道真正的团结是什么,给他们一个正确的方向,让他们明白正向的、有原则的、有利于集体的行为叫团结,而"帮助别人作弊、撒谎"这样的"帮忙"行为不叫团结。这样,孩子们在以后的集体生活中才能有正确的行为;环节二是感受团结的力量,出示了短视频:蚂蚁对抗食蚁兽,让学生感受蚂蚁成团的力量;环节三是让学生亲自体验,以拔河比赛的方式让平时比较团结的小组与不团结的小组进行比赛,体验一下"团结"这种无形的力量;环节四,我把这种"力量"用在班级进步上,转化为班级凝聚力,让这种力量散落在每一个孩子身上,让每个人都付出行动,最后使班级更美好。当然,我认为一节班会的结束并不是真正的结束,所以我设计了一个"21天行为习惯改变表"作为一个班会的延伸,让学生真正做出改变,让班会精神落实到位。

(林艳艳)

移风易俗进校园,弘扬时代新风尚

——二年级"文明教育"主题班会课

一、背景分析

在当前的教育环境中,学生文明素养的培养显得尤为重要。作为教育工作者,我们深知独生子女的教育挑战,他们往往在家庭中被溺爱,导致在行为习惯和文明礼仪方面存在诸多问题。因此,提高学生的文明素养成为一项迫切的任务。

二年级的学生正处于价值观和行为习惯形成的关键时期。在这个阶段,通过情景剧的方式让学生直观地了解不卫生的负面影响,是一种非常有效的方法。通过观看情景剧,学生可以反思自己的行为,认识到哪些行为是不文明、不卫生的,哪些行为是值得提倡的。同时,制订"班级文明巡警"制度也是一项积极的举措。通过让学生轮流担任文明巡警,监督自己和他人,可以培养他们的责任感和自律性,进一步规范自身言行。

二、班会目标

认知目标:积极引导学生努力做好移风易俗的倡导者、移风易俗的传播者、移风易俗的践行者。

情感目标:提高学生自我教育能力,让学生做好"从我做起,从现在做起"的表率,以实际行动,从小树立起良好习惯,积极抵制各种不良社会现象。

行为目标:通过培育和践行社会主义核心价值观,用文明新风滋养青少年学生,让移风易俗渐成新风尚。

三、班会准备

班主任准备:制作PPT;展示一些典型的不文明现象及其危害,用于引导学生反思和讨论;搜集一些关于移风易俗的宣传片,展示社会各界在移风易俗方面的努力和成果。

学生准备:搜集生活中不讲卫生的图片;分享自己日常生活中文明有礼的行为习惯。

四、班会过程

(一) 故事导入,引入主题

(1) 观看视频,让学生明白什么是移风易俗。

(2) 让学生谈一谈对移风易俗的理解。

(二) 环节一:知移风易俗

1. 活动一:观看不良现象视频并讨论

(婚事大操大办、相信封建迷信、烧香拜佛、注重葬礼等)

观看视频:同学们共同观看不良现象的视频,了解在我们的身边存在哪些不良风气。

分组讨论:围绕视频中的不良风气进行讨论,我们如何看待以上的各种风俗,和大家分享你的看法。

2. 活动二:分析移风易俗在小学生生活中的具体体现

健康饮食:强调健康饮食习惯的重要性,抵制垃圾食品,提倡节约粮食,树立健康的饮食观念。

社交礼仪:注重培养学生对待他人的友善态度,教育他们尊敬师长、以礼待人,并在日常生活中规范自己的言行举止。

环境保护:教育学生认识到保护环境的重要性,培养他们良好的环保习惯,如垃圾分类、节约用水等。

> **设计意图** 通过以上活动,倡导学生养成文明健康、勤俭节约的生活方式,抵制不良风气和陋习,营造和谐、温馨、健康的校园氛围。同时,引导学生成为"推进移风易俗,树立文明新风"的宣传员,通过小手拉大手的方式,传播正能量,促进社会文明进步。

(三) 环节二:扬文明新风

1. 活动一:情景剧《亮亮的一天》

(1) 教师出示情景剧视频:亮亮随地吐痰、扔果皮纸屑、不洗头、不洗澡。

(2) 学生观看情景剧。在亮亮的一天中,让学生说一说哪些行为不应该出现?如果是你,应该怎样做呢?

(3) 教师小结:通过课堂上的情景剧,同学们观察到了诸如迟到、不讲卫生等不文明行为。我们需要深入反思自己是否有类似的行为习惯,并认识到这些行为对个人和班级形象产生负面的影响。

(4) 让学生说一说这些不好的行为会给学生带来哪些危害。

> **设计意图** 通过情景剧的方式,让学生认识到生活中常见的不文明行为,如随地吐痰、乱扔垃圾、个人卫生不讲究等。通过观察和讨论,学生能够更深入地理解这些行为的不当之处,并思考如何避免和改正这些行为。同时,我们希望引导学生认识到这些不文明行为对个人形象和班级形象的负面影响,增强他们的自我约束能力和集体荣誉感。

2. 活动二:直面现状,学会面对卫生问题

在课前对同学们的卫生情况做了一些调查(见表8-1、表8-2、表8-3):

表 8-1 饭前洗手调查表

调查内容		学生饭前洗手情况			
时间	周一中午	地点	餐厅门口	对象	随机
调查情况	有近三分之一的学生没有洗手,直接进餐厅。洗手的学生中,有近一半学生洗手非常潦草,手冲一下水就好了。只有三分之一的学生正确、认真地洗手。				

表 8-2 衣服洁净调查表

调查内容		学生衣服清洁情况			
时间	周一、周二	地点	教室	对象	随机
调查情况	周一上午,全班42位学生中,有41位学生的衣服是干净的。 周一下午,只有25位学生衣服是干净的,其中男学生衣服大部分不干净。 周二上午,全班有9位学生衣服不干净,有8位学生衣服没有换。 周二下午,衣服不干净的人数增加到了22位,有19位是男学生。				

表 8-3 桌斗卫生调查表

调查内容		学生桌斗卫生情况			
时间	周二、周三	地点	教室	对象	全班学生
调查情况	周二上午,24位学生的桌斗非常整洁,有10位学生的比较整洁,有8位学生的很乱,其中有2位学生的又乱又脏。 周三下午,这个情况好像并没有改变,还是那24位学生的桌斗整洁干净,那2位学生的依然凌乱。				

设计意图　通过课前对学生卫生情况的调查,旨在让学生直面个人卫生问题,意识到良好的卫生习惯对个人健康和班级环境的重要性。通过调查饭前洗手、衣物洁净及桌斗卫生等情况,帮助学生认识到自己在卫生方面的不足,并引导他们学会面对和改进这些问题。

(四) 环节三:小手拉大手

1. 活动一:班级文明巡警

"没有规矩,不成方圆",我们既是校园文明的践行者,又是监督者,所以我们让学生担任班级的"班级文明巡警"。

(1) 巡警选拔。

学生自愿报名,班主任和班委根据学生平时表现来选拔,选拔标准:文明守纪、热爱集体、乐于助人。

(2) 巡警就职仪式。

为选出的"班级文明巡警"颁发徽章,并合影留念。

2. 活动二:抵制家园脏乱,提倡清洁宜居

(1) 自己整理房间。

教师提供整理房间的指导和建议,如分类存放物品、合理规划空间等。教师在活动结束后,收集学生的整理成果照片,进行评选和展示。让学生按照教师的要求,认真整理自己的房间,包括床铺、书桌、衣柜等。拍摄整理前后的对比照片,记录自己的劳动成果。

(2) 主动打扫教室卫生。

教师示范正确的打扫方法和技巧,如扫地、擦窗户、拖地等。让学生认真完成自己所在小组的打扫任务。注意协作配合,共同完成卫生任务。

设计意图　通过以上活动,旨在选拔出具有文明守纪、热心集体、讲究卫生的学生代表,担任班级文明巡警的角色。通过巡警的选拔和就职仪式,让学生深刻感受到文明行为的重要性,增强他们的集体荣誉感和责任感。清洁家园,人人参与,小孩大人齐上阵,共同创造一个干净整洁的环境。通过参与卫生工作,大家可以培养良好的卫生习惯,保持家庭环境的整洁。

(五) 环节四:从小事做起,让我们行动起来吧

1. 活动一:做好卫生小事,成就健康大事

(1) "不就是不卫生嘛,有那么严重吗?"对这句话,让学生说一说怎么看。

(2) 签订行动书。

设计意图　卫生虽是小事,但是坚持却不容易,心动还需行动。通过"一屋不扫,何以扫天下"的故事让学生明白,做好小事才能成就大事,消除学生的一切顾虑,使之全心全意地投入保持自己和环境卫生的行动中,养成良好的卫生习惯。

2. 活动二:朗诵鉴赏
文明是一朵花,一朵永久芳香的花。
让我们插上文明的翅膀,飞向蓝天,飞向未来。
告诉太阳,告诉月亮,我们是新世纪即将展翅的雄鹰。
做文明的使者,让我们用微笑铺设文明路;
做礼仪的少年,让我们用真心搭建礼仪桥。
文明礼仪伴我行,中华美德放光芒。
文明礼仪伴我行,到处盛开文明花!

设计意图　当我们讲文明、懂礼貌时,我们向他人传递了友善和尊重,带给他们温暖和快乐。如果我们每个人都能做到文明有礼,我们班级就会形成友好和谐的氛围。有时我们也会发现,很难去要求每一个人都做到讲文明,懂礼貌。但我们可以约束好自己的行为,用自己的行动去影响身边的人,去传递美好的力量!

(六) 教师小结,引领价值观念

我们要以时代新风尚为引领,帮助学生树立正确的价值观念,摒弃陈规陋习,培养文明习惯。让我们共同努力,让校园成为新风尚的摇篮,培育出更多有道德、有素质、有情怀的新时代青年。

五、班会后延伸教育

1. "我与文明同行"日记记录
鼓励学生每天记录自己践行文明行为的小故事,如帮助他人、遵守公共秩序、保持环境整洁等。每周班会时,可以选取一些优秀的日记进行分享,让学生们在互相学习和鼓励中,将文明行为内化为日常习惯。

2. 家庭文明小使者
倡导学生将文明行为带回家,成为家庭中的文明小使者。可以设计一份"家庭文明行为承诺书",让学生在家长的监督下,共同遵守文明行为规范,如礼貌待人、节约用水用电、保持家庭卫生等。

3. "文明在身边"摄影比赛
鼓励学生用相机或手机捕捉身边的文明瞬间,如帮助老人的画面、整洁的校园环境等。通过比赛的形式,让学生更加关注身边的文明行为,同时也能够培养他们的审美能力和观察能力。

六、板书设计

移风易俗进校园,弘扬时代新风尚

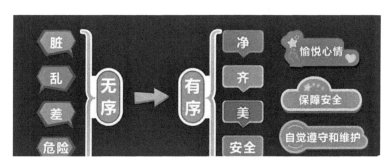

图 8-2　板书设计

七、班会反思

这次"移风易俗进校园,弘扬时代新风尚"主题班会圆满落幕,学生们通过参与活动,深入理解了移风易俗的重要性,并积极践行文明礼貌的行为习惯。

活动开始,我们播放了一系列不良现象的视频,让学生直观地感受到不良风气的存在。他们热烈讨论,纷纷表示要摒弃陋习,争做文明人。

随后的实践活动更是丰富多彩。在健康饮食环节,学生们学会了如何合理搭配营养,拒绝垃圾食品;在社交礼仪环节,他们懂得了尊重他人、礼貌待人的重要性;在环境保护环节,他们积极清理校园垃圾,用实际行动爱护环境;在学习方法环节,他们学会了高效学习,不断提升自己。

情景剧《亮亮的一天》更是深入人心。亮亮在一天中的不同场合表现出的文明行为,引发了学生们的共鸣。他们纷纷表示要向亮亮学习,将文明礼貌融入日常生活的点滴之中。

最后,"班级文明巡警"制度的实施,让学生们更加自律,更加注重个人言行举止。他们轮流担任文明巡警,监督自己和他人的行为,共同维护班级秩序。

此次活动虽然取得了显著成效,但也存在一些不足之处。部分学生在活动中表现得较为羞涩,缺乏自信;部分实践活动的设计还不够贴近学生生活,难以引起他们的共鸣。

（朱　清）

美好明天在召唤

——五年级"理想教育"主题班会课

一、班会背景

"理想教育"指引学生树立正确的目标,追求和向往美好的生活,引导学生关注当下和未来发展的关系,促进学生身心健康发展。屈原在《离骚》中说:"路漫漫其修远兮,吾将上下而求索。"理想,是对未来的一种期望,是通过努力方能实现的目标。

五年级学生的自主意识逐步凸显,开始想摆脱对外部控制的依赖,逐渐形成了内化的行为准则作为监督、调节、控制自己的行为的依据,而且开始从对自己表面行为的认识、评价转向对自己内部品质的更深入的评价。我们班的学生还有很多对理想只有很浅的认识,不知该如何去实现理想。

在学生世界观、人生观、价值观形成的关键时期,只有将生涯规划教育融入理想教育,才能让理想教育生根发芽。既要有目标和梦想,又要有由内而外的学习动力,继而提升自我规划的能力,学生的追梦之路才不会偏离。

二、班会目标

认知目标:通过班会活动,让学生明确树立理想的重要性,通过"追寻理想"的过程,清楚地认识自我。

情感目标:通过活动,让学生形成正确的世界观、人生观和价值观,给学生提供个性发展和展示的平台,以此增强自信心,激昂斗志,完善自我的理想。

行为目标:通过小组活动,学会在日常学习生活中自律、自强、自我管理,落实各阶段的目标。

三、班会准备

班主任准备:班会课前围绕班会主题召开班委会,讨论本次主题班会的筹备工作,提前将班会主题告知学生,让每位学生制作长期目标和近期目标,制作班级目标墙;布置前后黑板侧面墙,营造班会氛围。

学生准备:提前准备歌曲《明天会更好》《我的未来不是梦》《海阔天空》等。组织学生收集有关励志的名言警句。

四、班会过程

(一)歌曲导入,引出班会主题

(1)由同学演唱励志歌曲《我的未来不是梦》《风雨彩虹铿锵玫瑰》《海阔天空》,酝酿主题班会的氛围,宣布主题班会开始。

（2）班级所有学生分成四组,组与组之间进行励志名言警句接力,坚持到最后的小组给予奖励。

例如：

第一组：三军可夺帅,匹夫不可夺志。（孔子）

第二组：莫等闲,白了少年头,空悲切。（岳飞）

第三组：聪明在于勤奋,天才在于积累。（华罗庚）

第四组：老骥伏枥,志在千里,烈士暮年,壮心不已。（曹操）

第一组：有志者事竟成。（范晔）

……

问题：组内同学对本组接龙的名言警句进行解释或说出出处、典故等。

> **设计意图**　通过这个环节揭示班会主题,激发学生积极参与的热情和对励志名言的收集和积累,进一步理解其中的道理。

（二）环节一：讲励志故事,知理想重要性

1. 活动一：出示课件,介绍人物故事

（1）人物介绍 A：北京冬奥会自由式滑雪冠军——谷爱凌。

谷爱凌不仅滑雪优秀,还是一个学霸。她尽管训练辛苦,也从未将学习落下,在参加冬奥会比赛之前就已经获得了斯坦福大学的录取通知书。她为了练习滑雪常常伤痕累累,12 岁时摔断锁骨,15 岁时脚骨断裂……她一次次摔倒,一次次受伤,但她始终坚持自己的梦想并且为之努力,最终在北京冬奥会期间获得了两枚金牌和一枚银牌。

（2）人物介绍 B：蜜雪冰城品牌创始人——张红超。

"出身平凡—外出打拼—屡战屡败—曙光初露—复活重生",至此,张红超完成了人生命运的逆转,说明每一位普通人都有无限可能。

2. 活动二：出示问题

了解了这两个人物故事,你有什么感受呢?

（1）从这两个故事中,我们看到了坚持,所有的成功都不是一蹴而就的,需要不断地努力和反思,有了理想,我们要坚定不移地走下去。

（2）实现理想的过程并不是一帆风顺的,我们要有克服困难的勇气和战胜困难的信心。

3. 活动三：学生总结

俞敏洪："十年磨一剑"

我认为即使在当今社会,"十年磨一剑"依然是一个真理。因为当我们把剑磨好之后,不论社会发展到任何地步,都可以用自己的剑来获取想要的社会地位,奠定自己在某个领域的基础。所以,我们千万不要被这个浮躁的社会牵着鼻子走。真正的成长和成功一定是循序渐进、潜移默化的过程,经过厚积薄发,最后获得成长和成功,这些真理在任何社会都是适用的。

过渡:梦想就像五彩缤纷的画卷,展现了我们丰富多彩的内心世界!我们每个人对人生、未来都应该有一份执着的梦想。你想让它闪耀、灿烂、光辉,展现在你人生征途上,还是想让它隐藏在脑海中,成为海市蜃楼呢?

设计意图 通过讲述励志故事,同学们可以从别人的故事中学习如何去实现理想,学习他们克服困难的勇气和战胜困难的信心,明白"十年磨一剑"的道理,更能持之以恒地去实现理想。

(三) 环节二:测试理想,明确方向

1. 活动一:出示问题答卷

(1) 你是否有过很多理想,你的理想清晰吗?

① 有很多理想,但都不清晰。

② 有很多理想,少数是清晰的。

③ 现在有一个很清晰的理想。

(2) 你认为你现在的理想是?

① 可望而不可即,无法实现。

② 没有十足的把握,但是如果有机会还是愿意去努力。

③ 不管有多困难都会努力让理想成真。

(3) 你对你的理想是否有所规划?

① 没有明确的计划,打算走一步是一步。

② 制订了计划,但是不够完善。

③ 有很明确并且很详细的规划。

(4) 如果还没有实现,你觉得是什么阻碍了你去为理想而奋斗?

① 理想太虚幻了,没有想过去实现。

② 自己的能力有限,没有达到那个水平。

③ 自己的信念不坚定,意志力薄弱,没有明确的目标和方法。

(5) 歌曲《老男孩》中有一句:"梦想总是遥不可及,是不是应该放弃。"你觉得理想遥不可及时,你会怎么做?

① 半途而废,意志消沉。

② 走一步算一步。

③ 坚持梦最初的方向。

2. 活动二:出示测试结果

(1) 你是一个有理想的人,而且有自己合理的规划,只要坚持,相信你一定会成功!

（2）你曾经有过自己的理想,不过缺乏明确的目标和实现理想的决心,所以在追寻的路上你可能需要更多的勇气和信心。

（3）你对未来很茫然,不清楚自己前进的方向。从现在开始给自己制订一些切实可行的计划,也许会增加你的自信。

> **设计意图**　通过理想测试,同学们对自己有了更清楚的认识。此次活动,让同学们对人生有了规划,设定一个可实现的目标,并持之以恒地去为之奋斗。

（四）环节三:战胜困难,重燃梦想

1. 活动一:重燃梦想

（1）同学们,请你回忆一下你出生以来的第一个梦想吧! 比如:科学家、警察、医生、宇航员、教师、工程师、公务员、作家、画家、律师……

（2）你有没有跟你的朋友或家人分享过你的梦想呢?

2. 活动二:游戏环节

（1）随机挑选一个同学开始跟随音乐传球,当音乐停时,球停在谁手上谁就到讲台前向着全班说出你的梦想,并说:"相信我,我一定会努力的!"

（2）走到你想要鼓励的同学面前,询问他的梦想,并大声对他说:"××,相信你自己! 加油! 你一定可以的!"

3. 活动三:说困难,找方法

在实现理想的过程中,你遇到的最大困难是什么呢?

（1）我的兴趣爱好比较广泛,对自己的未来没有清晰的目标,一会儿想学这,一会儿想学那,到现在也没有在某一方面有突出的表现,都是"一瓶子不满,半瓶子咣当"。

（2）我的梦想是当一名画家,但绘画水平的提高需要日复一日地练习才能实现,但有时我并没有做到持之以恒。

过渡:在实现理想的道路上,有的同学目标不明确,有的同学不能做到持之以恒。请同学们总结实现理想的方法:明确目标、脚踏实地、树立信心、克服困难、持之以恒。

教师小结:之前肯定有很多同学并不敢说出自己的梦想,可能怕别人觉得自己没有能力实现而被嘲笑,或者觉得自己没有坚持下去的恒心。这次游戏,有的同学第一次大声说出自己的梦想,并得到了同学们之间的鼓励,相信这次经历一定给自己的心灵带来了不一样的感受,相信同学们一定会重拾信心,开启梦想之旅。

> **设计意图**　通过游戏环节,增加课堂的趣味性,让每一个学生都积极参与,带给学生不一样的感受。学生大声说出藏在心中的梦想,并相互鼓励,同时说出自己遇到的困难,总结出实现理想的方法。

（五）环节四：正确引导，努力追梦

在规划决策中，我们还需要正确的价值导向。我国著名学者阚雅玲将职业价值观分为12类：①收入与财富；②兴趣特长；③权力地位；④自由独立；⑤自我成长；⑥自我实现；⑦人际关系；⑧身心健康；⑨环境舒适；⑩工作稳定；⑪社会需要；⑫追求新意。

1. 活动一：小组讨论

（1）在这12类价值观中，你的选择是什么？当价值观与金钱名利等冲突时，你能谈谈你的想法吗？

（2）结合自己的实际，来谈一谈我们该如何实现自己的理想。

要有计划，有目标，要敢于结合自己的实际设想自己的未来。将自己长远的目标细化为一个个小目标，每实现一个，你就会离自己的梦想更近一步，当每个小目标都实现的时候，你就实现了自己的梦想。

2. 活动二：完成"梦想计划书"（见表8-4）

表8-4　梦想计划书

我的梦想	
完成需要的时间	
预计困难	
会舍弃吗	
现在你要做什么才能去实现	

（1）学生填写手中的"梦想计划书"，写出具体的步骤，通过细致的填写方案，设想自己可能遇到的困难，以及该如何克服困难，坚定信心，用行动来实现梦想。

（2）学生展示"梦想计划书"，教师负责提炼关键词，及时帮助学生调整计划，做学生理想道路上的引路人。

教师小结：同学们，我们在追寻梦想的过程中，需要制订计划，付诸行动。三百六十行，行行出状元。要达到金字塔的顶端，要有正确的选择，并付出全部的努力。

设计意图　通过价值导向，让学生对理想的选择有了更清楚的方向，可以从自身出发，做出更正确的选择，根据自己的实际情况，小组讨论如何实现理想，并完成"梦想计划书"，让这份"梦想计划书"带领自己远航，达到梦想的彼岸。

（六）教师总结

孔子曾站在河边感叹，逝者如斯夫。是啊，花无重开日，人无再少年；时光如流水，一去不复返。美好的时光不能在我们的手中白白溜走，我们的每一步都要走得踏踏实实。

同学们,心动不如行动,千里之行,始于足下,行动起来吧,纵有千言万语,如何信誓旦旦都不及脚踏实地地干一件事情。梦想是一个人最美的境界,为了心中的最美,我们要勤恳耕耘,努力付出,人生因拼搏而美丽,因执着而精彩,希望大家努力张开理想的翅膀,战胜成长道路上的一个个难题。相信同学们的明天会更美好。最后学生合唱《明天会更好》。

> **设计意图**　用孔子的话总结此次班会,前人告诉我们的道理我们要谨记,学生合唱《明天会更好》紧扣本次班会主题,歌曲也是对同学们的美好祝愿,希望他们的明天会更好。

五、班会延伸

(1) 对照目标,定期自查自己有没有付诸实践,及时反思,查找问题,调整策略。

(2) 在后期班会中分享自己在实践过程中遇到的困难以及成功经验。

(3) 日记记录:要求学生每周记录为实现梦想所做的努力。

六、板书设计

美好明天在召唤

敢于有梦——确定目标

勇于追梦——付出行动

勤于圆梦——挫而不折

七、班会反思

本次班会是以"理想教育"为主题的班会,我设置了讲励志故事、测试理想、重燃梦想、努力追梦四个环节,一环扣一环,层层推进,教育学生心怀梦想,勇敢前行。

通过讲述谷爱凌、张红超的励志故事,让学生们明白任何成功都不是一蹴而就的,需要我们克服困难,坚持不懈,勇敢追求才可以实现,启发了学生对未来的思考。通过理想测试,让学生对自己有了更清楚的认识,发现自身的不足,从而做出调整,有的放矢地确立阶段性目标。通过游戏环节,让学生说出自己的理想,相互之间进行鼓励,增加了课堂的趣味性,鼓舞学生树立并明确目标,建立追逐理想的信心,坚定实现理想的决心。

通过小组讨论自己在实现理想的过程中遇到的困难以及该如何实现理想,同学们逐步领悟了战胜困难、走出逆境的方法。最后根据价值导向,引导学生如何明确方向,脚踏实地,用实际行动来实现自己的理想。"梦想计划书"的填写,能够鞭策学生为实现理想而奋斗,详细的计划,包括具体的行动步骤和时间表,更能帮助同学们实现目标。多年后再来回顾自己写的这份计划书,心中一定会有很多感慨。

此次班会,让学生明确了树立远大理想的重要性,确定了自己的人生目标,增加了学习的动力和热情,让班级有梦想的同学认识到人外有人、山外有山,优秀的同学还有很多,从而养成了更加谦虚、上进的优良品质;让曾经有过梦想,但却缺乏明确的目标和决心的同学重新点燃了心中的理想;对那些心中迷茫没有理想的同学来说,进行了一次心灵的冲击,让他们对自己的未来也充满了向往。

（宋雯雯）

放飞烦恼,快乐成长

——一年级"成长教育"主题班会课

一、背景分析

学生心理健康指南强调自我认知、时间管理、应对策略、社交技能、情绪表达,普及心理健康知识,提供危机干预和专业支持,旨在帮助学生构建应对生活挑战的心理准备,促进其健康成长。因年龄问题,对于一年级的学生,面对生活,学习中自己处理不了的问题,他们会有这样或那样的烦恼。他们处理烦恼的方式简单粗暴,并且难以自控,比如大哭、摔东西、骂人等,既影响了周围的人,也对他们的成长不利。因此,引导学生用合适的方法处理生活、学习中的烦恼是十分必要的。本次班会旨在让学生认识烦恼的形成,掌握排解烦恼的方法,让他们健康快乐地成长。

二、班会目标

认知目标:通过调查问卷,让学生明白生活中人人都有烦恼。

情感目标:通过视频,让学生知道烦恼的危害,学会用正确的心态看待生活中的烦恼。

行为目标:通过本次班会,让学生学会用正确的方式排解烦恼,找回快乐。

三、班会准备

班主任:设计课前调查问卷了解学情;组织学生进行情景剧排练;准备活动预案、课件,准备各项材料等。

学生:课前完成调查问卷;积极参与情景剧排练。

四、班会过程

(一) 谈话导入,感受烦恼

活动:观看春节晚会《导演的"心事"》

同学们,你们都看今年的春节晚会了吗?《导演的"心事"》这个节目还记得吗?

导演的一个短信"在吗"让演员内心斗争了好久,也给他带来了短暂的烦恼。好在问题解决了,烦恼也没有了。你是不是在生活和学习上也有好多烦恼? 今天让我们一起走进"放飞烦恼,快乐成长"主题班会。

设计意图　通过刚刚结束的春节晚会节目导入,一方面让学生的激情迅速点燃;另一方面让学生明白有些烦恼是短暂的,甚至是自寻烦恼,由此导入本课的学习。

(二) 环节一:儿歌天地,知道烦恼

1. 活动一:自编儿歌,明白因果

在小小的花园里面挖呀挖呀挖,种小小的种子,开小小的花;在大大的花园里面挖呀挖呀挖,种苹果的种子,开（　　）的花;在特别大的花园里面挖呀挖呀挖,种开心的种子,开（　　）的花;在特别大的花园里面挖呀挖呀挖,种烦恼的种子,开（　　）的花。

(1) 师生一起唱自编儿歌《挖呀挖》给组员听。

(2) 思考:你从儿歌《挖呀挖》中明白了什么?

预设:明白了种什么样的种子结什么样的花。

(3) 你想要什么样的花?

预设:想要太阳花、月季花、玫瑰花等。

2. 活动二:视频拓展

出示动画片《情绪小火山》,小动物因为有烦恼,不会排解,带来不好的影响。请学生交流感受。

设计意图　本环节由学生熟悉的儿歌入手,通过填空的形式,让学生明白种什么样的种子开什么样的花。大家都喜欢开心的种子,都不想接纳烦恼,对待烦恼的态度一目了然。通过视频让学生知道烦恼的危害,以及掌握排解烦恼方法的重要性。

(三) 环节二:小组合作,寻找烦恼

1. 活动一:跟随音乐续编《最近比较烦》

(师跟音乐唱):我最近比较烦,比较烦,总会觉得钞票一天比一天难赚,我最近比较烦,比较烦,总觉得头发比之前少了一半……

(师随机唱):我最近比较烦,比较烦,我觉得我比之前胖了一圈……

(仿照音乐,续写《我最近比较烦》,至少两句。)

(仿照音乐,生唱):我最近比较烦,比较烦,我觉得我的字体太难看;我最近比较烦,比较烦,字体一天比一天难看;我最近比较烦,比较烦,妈妈唠叨个没完……

2. 活动二:调查表对对碰

(1) 通过课前问卷调查表(见表8-5)了解自我:

表8-5 课前问卷调查表

烦恼来源	占比
玩得太少	30%
父母催促	24%
学习紧张	20%
考试考不好	18%
没有零花钱	8%

(2) 学生交流感受。

3. 活动三:情景剧表演《王小五的烦恼》

第一幕:王小五因为学习压力大而烦恼。

第二幕:期中考试成绩不理想,王小五很烦恼。

第三幕:王小五因为妈妈总是唠叨他玩手机、看电视等而烦恼。

小组内说一说你有过诸如此类的情况吗? 你有过这些烦恼吗? 从情景剧中你得到哪些启示?

设计意图 由听音乐猜歌名入手,让学生了解歌曲《最近比较烦》,由教师哼唱的歌曲引出学生自己的烦恼,让学生明白,每个人都有烦恼,在不同的人生阶段会有不同的烦恼,烦恼不可怕。再有情景剧表演让学生说出自己的烦恼,并找出造成烦恼的原因,让学生明白学会正确排解烦恼才是王道。

(四) 环节三:集思广益,排解烦恼

1. 活动一:头脑风暴

(1) 你或身边的小朋友在遇到烦恼时会做些什么? 会有哪些行为和反应?

(预设:哭、运动、读书、摔东西、画画、听音乐、做游戏、做手工、与家长沟通、对着空旷的田野大喊、挖坑诉说填埋等。会烦躁、哭闹、紧张、恐惧等。)

(2) 讨论哪些方式是可取的,哪些是不可取的? 为什么?

(预设:哭、骂人、打架、骂人、大吼大叫、扔东西,这些是不可取的。运动、读书、与家长沟通、挖坑诉说填埋、画画、听音乐、做游戏、做手工,这些是可取的。)

(3) 赶走烦恼小妙招:

① 赶走烦恼小妙招——拔掉烦恼的根。

② 赶走烦恼小妙招——调整心态。

(4) 小组代表全班分享。

设计意图　让学生知道可以尝试将烦恼分解为具体的问题,并逐一分析每个问题的各个方面。一旦确定了烦恼的根源,就可以开始寻找解决问题的方法。制订解决问题的策略,或是改变自己对某些情况的看法和反应方式。

2. 活动二:生活场景大演绎

出示一些生活场景,小组派代表上台抽取其中一项,小组配合表演。(教师相机板书)

设计意图　通过小组合作学习,学生能正确看待烦恼,他们会发现有些人面对烦恼容易走向极端,这样做是不可取的,不仅没有为自己排解烦恼,还给别人带来了麻烦,正确的方式会有效缓解烦恼,消除烦恼。学生通过辨析,锻炼了其审美能力,对是非善恶有了清晰的认识。

(五) 环节四:放飞烦恼,拥抱快乐

(1) 在教师的指导下,学生把烦恼写在卡纸上,并把卡纸折成纸飞机。

(2) 在《我最近比较烦》的歌曲声中一起放飞纸飞机,和烦恼说"拜拜"。

设计意图　虽然这只是排解烦恼的其中一个渠道,但学生通过此方式会缓解烦恼,为学生减轻心理压力。

(六) 班会小结

(1) 学生谈收获:今天我明白了人人都会有烦恼,同时也学会了排解烦恼的办法,在以后的生活中我要调整心态,快乐地生活。

(2) 教师小结:每个人在生活中都会有这样或那样的烦恼,不同的时期烦恼是不一样的,它会伴随你的一生。由于我们的心态没有调整好,烦恼也就一个跟着一个而来,实际上,大多数烦恼都是无中生有。把心态调整好,问题会变得很简单,烦恼也就不驱而散。用恰当的方式排解烦恼,生活中的一切烦恼就是"天空飘来五个字,那都不是事儿",愿同学们永远开心、快乐!

设计意图　告诉学生们,烦恼不可怕,我们用正确的心态和方式对待烦恼,放松心情,有利于身心健康成长,既是对本节课的总结,也是对学生的嘱咐。

五、班会后延伸教育

1. 全体同学齐上阵

（1）续编故事：假如王小五一直烦恼下去，他的未来会怎样？学生自由续编故事，用自己的话说一说。教师从学生续编的故事中总结出烦恼给我们带来的危害。

（2）分别在一周、一个月、暑假结束后开展整理反馈班会，解决后续排解烦恼出现的问题及遇到的困难，并为排解烦恼能力显著的学生颁发"排解烦恼小能手"奖。

2. 自己完成，我能行

家长与学生记录自己解决烦恼的具体事例。

> **设计意图** 通过续编故事，既提高了学生的口语表达能力，也让学生更清楚地认识到烦恼给我们带来的危害，以及排解烦恼的重要性。学会排解烦恼不是一天两天就能做好的，是一个长期的过程，这一环节将排解烦恼的方法从课内延伸到生活实际中，起到加深的作用。

六、板书设计

图 8-3　板书设计

七、班会反思

通过这次"放飞烦恼，快乐成长"的主题班会，学生们认识到生活中不可避免地会遇到各种烦恼和挑战。在活动中,他们学会了如何正视自己的情绪问题,并寻找积极的解决办法。

总之,这次主题班会不仅是一次情感宣泄的过程,更是一次心理健康教育的实践,帮助学生学会更好地管理自己的情绪,以更积极的态度面对生活中的挑战。

在这次关于"放飞烦恼,快乐成长"的主题班会中,虽然取得了一些成效,但我深知自己在教学过程中仍存在许多不足。以下是我对自己教学的反思和改进措施:

1. 评价语

不足:在教学中,我发现自己使用的评价语较为单一,缺乏丰富性。

改进:为了提升教学效果,促进学生全面发展,我在未来的教学中要不断丰富自己的评价语,使其更具针对性和激励性。

2. 充分准备

不足:由于时间紧迫,我在"放飞烦恼,拥抱快乐"这一环节耗时太多。特别是在制作纸飞机的环节,我未提前让学生准备大小相同的纸,在学生找纸时浪费了宝贵的时间。

改进:我会提前规划好每一个环节的内容和流程,并预留足够的时间进行准备;我会提前通知学生需要准备的物品,避免类似情况再次发生。

3. 各环节衔接

不足:各活动之间的衔接不够自然,导致课堂节奏不够紧凑。

改进:我将加强对活动的组织和协调,确保各环节之间的衔接更加顺畅。同时,我会提前设计好每个环节的过渡方式,避免出现突兀或重复的情况。

4. 小组讨论环节

不足:在小组讨论环节中,我没有深入小组,导致有一小组讨论偏离了主题或缺乏深度。

改进:在以后的教学中我会全面关注,对讨论时出现的问题及时发现并纠正。

(曾改华)

我的书桌我做主
——一年级"自律教育"主题班会课

一、背景分析

整理书包、桌斗和书包柜是提高学生自理能力的一部分。通过学习如何整理和管理自己的学习用品和个人物品,学生可以更好地掌握自己的生活和学习,提高自己的独立性和自我管理能力。这对于他们未来的学习和生活都有很大的帮助,因此,拥有良好的自理能力可以让他们更好地适应各种环境和挑战。

一年级的小朋友正处于适应学校生活、培养良好习惯的重要阶段。整理能力是他们需要掌握的重要技能之一,这不仅有助于提高他们的学习效率,也有助于培养他们的责任感和独立性。因此,通过引导和培养,他们可以逐渐学会如何整理自己的书包、文具、书桌等物品,以及如何保持教室和家里的整洁。

课前对班级问卷调查如下(见图 8 - 4):

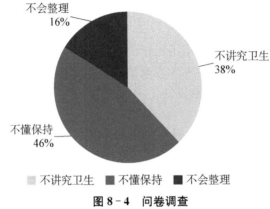

图 8 - 4　问卷调查

二、班会目标

认知目标:引导学生明白书桌柜脏乱问题的原因,了解整理的三种方法,即分类理、有序放、无用扔,了解保持整洁的妙招,即物归原位、定时整理。

情感目标:引导学生感受自己整理的好处,认识到整洁、有条理生活的意义。

行为目标:激发学生养成整理自己物品的习惯意识,提高生活的自理能力。

三、班会准备

教师准备:设计课前调查表了解学情;记录、拍摄班级桌斗实况;录制《桌斗的哭诉》故事音频以及孩子们在家整理的《我是整理小达人》视频;准备一张需要整理的脏乱桌斗;班会所需的音乐、PPT。

学生准备:提供在家里整理物品的照片。

四、班会过程

(一) 谜语导入,引出主题

1. 巧设情境,猜一猜

出示谜底:四四方方一间房,学习用品往里放,每间教室都需要,它在桌子底下藏。以此引出班会主题——桌斗。

2. 交流桌斗的作用

我们每位同学都有自己的桌子,你经常把什么东西放里面呢?

3. 呈现实况,发现问题

是呀,小小桌斗作用大,瞧! 你想说什么?

出示教室实物桌斗的照片,将场景重现,通过直观感受让学生自主发现问题。

设计意图　以猜谜的形式激发学生的兴趣,通过桌斗实物照片的展示,让学生发现自己的桌斗乱、脏,有损班级形象,在聚焦班级问题的同时感受整理的迫切。

(二) 环节一:行为对照,寻找原因

1. 故事创设,直接入题

听一听故事《桌斗的哭诉》:好好的桌斗,为什么会变得这么乱呢? 咱们来听听桌斗怎么说。

桌斗 A:我的主人什么东西都往我肚子里放,重得我喘不过气来,东西越放越多,他经常找不到,还怪我!

桌斗 B:我的主人东西倒是不多,用不上的书本和文具都会带回家,但是他不会摆放,东西总是胡乱塞,让我看上去还是乱糟糟的,挤得慌!

桌斗 C:我的主人也是,铅笔总是乱放,不放回铅笔盒,戳得我这一个黑点那一个黑点,还有橡皮擦擦下来的橡皮屑、铅笔屑,尺子、马克笔散成一堆!

桌斗 D:你们都不算惨,我的主人最近感冒了,擦了鼻涕的纸巾往我嘴里放! 太不讲卫生了!

桌斗 E:我的主人每天一早都会整理桌斗,但是一下课他就跑出去玩儿了,等上课老师来了,他才匆忙做课前准备,把桌上的东西往桌斗一塞,没到放学我就又被打回原形了!

齐声:唉,这日子真是太难熬了!

2. 感同身受,自我反思

通过故事《桌斗的哭诉》,学生明白桌斗为什么这么乱,让学生置身于趣味情境中,意识到哪些行为是错误的。

3. 学情呈现,行为对照

以调查表的方式分别呈现本班学生当前存在的"不讲究卫生、不会整理和不懂保持"三个问题,出示本次活动的驱动性问题:如何在平时的学习中保持你的桌斗干净、整洁呢? 紧接着通过"行为对照单",让学生从中发现自己的问题行为。

设计意图　本环节通过故事的形式,引导学生从熟悉的场景中感受学会整理的重要性,为使学生从故事中反思自身,我提前在班里进行了问卷调查,并结合平时的观察制作下发了"行为对照单"。通过"行为对照单"让学生发现自己的问题行为,为后面的活动奠定基础。

(三) 环节二:你说我做,总结方法

1. 现场模拟,众筹方法

(1) 展示桌斗,引发整理之心。

① 出示一张桌斗凌乱的图片。

② 实物展示一张需要大家整理的桌斗。

(2) 小组合作,一起想"金点子",由小组代表分享方法和妙招。

(3) 学生说整理方法,老师现场照做。

① 书本按照大小排好序。

② 铅笔、橡皮应该放进文具盒里。

③ 本子整理好放在一起。

④ 不用的书本放在家里。

⑤ 把书本整理好之后统一放在桌斗的左边、本子统一放在桌斗的右边、文具盒放在桌斗的中间,这样才整齐、好看。

⑥ 桌斗里不能有杂物、垃圾,保持桌斗干净、整洁。

2. 总结整理,书桌口诀

书本统一左对齐,上小下大排好序。

笔袋文具右侧放,有需要时方便拿。

桌斗物品勤更换,无用书本请离开。

物有定位勤整理,桌斗整洁就是你。

3. 现场比赛

(1) 请班级中把桌斗整理得最棒的学生上台,现场示范整理自己的桌斗,其他学生观摩学习。

(2) 全班按照总结出来的整理桌斗口诀,现场比赛整理桌斗,当场评选出"桌斗整理小达人",颁发奖状。

设计意图 这个环节让学生在梳理方法的同时感受到整理过程所带来的乐趣,最后的效果呈现也能给学生带来满满的成就感和愉悦感,引发内驱力,让他们产生"学会整理,不仅是一个好习惯,还是一件能愉悦自己的快乐行为"的想法。通过现场示范、方法提炼,将整理桌斗的步骤系统化、可操作化,降低了学生学习的难度,给学生扎实的方法指导。当场颁发"桌斗整理小达人"奖状,能够有效激发学生的活动积极性,增强学生整理的自信。

(四) 环节三:实战演练,整理书桌

1. 现学现用,践行方法

让学生把桌斗里的东西都装进书包里带过来,你能用上这些整理方法和口诀,将东西整理好一齐放进桌斗里吗?

2.评价点赞,巩固方法

让学生互相寻找同桌在整理桌斗方面做得比较好的地方,通过生生互评、师生互评,共同捕捉课堂生成的新妙招,利用同伴经验提升其他学生的整理能力。

3.会整理,更要常保持

让学生意识到只有保持好,才是书桌的好主人。

设计意图　这个环节让学生将认识落实于行动,从整体到个体,发现不同的问题,感受到"自己的事情自己做,不会的事情学着做"的成就感。

(五)环节四:拓展延伸,评选"整理之星"

1.拓展范围,知整理在身边

除了整理桌斗,我们还能把这些好方法用在哪里? 整理什么?

(1)整理在校内。

预设:书包、书包柜……

(2)整理在家里。

在家里,我们还能把这些好方法用在哪里? 整理什么?

预设:衣柜、玩具箱……

2.家校连线,懂感恩

出示学生在家整理房间、客厅、书房等的照片,播放爸爸妈妈的录音。

教师小结:原来学会整理不仅能拥有一个整洁的环境,让自己心情舒畅,自己的东西自己整理,还能减轻爸爸妈妈的负担,真是好处多多!

3.课外导行,重坚持

(1)展示好习惯卡:给学生们出示好习惯卡,如果做到了,就让他们在表格上画个笑脸夸夸自己。谁的笑脸最多,谁就是班级的"整理之星"。

(2)布置课后小任务:在家校联系本上贴整理表格,征集笑脸。

设计意图　学会整理是一个长期的过程,这一环节将教育从课内延伸到课外,学生通过坚持整理并记录,形成优秀的整理能力。整理行动延续到学生课后生活实际中,让学生内化于心、外化于行。

(六)教师小结,引领价值观念

同学们,不要小看整理这件事。古人认为,一屋不扫,何以扫天下? 整理,反映了一个人的生活态度。一个能够把自己的物品收拾得井井有条的人,是一个做事条理清晰、认真负责的人。反之,如果一个人的东西总是乱糟糟的,哪怕他非常聪明,也会因为他的坏习惯给自己的人生带来遗憾。整理抽屉、书桌、房间,能给人带来良好的学习生活环境;梳理思路、整理情绪,可以让自己变成一个积极乐观的人。我相信,经过今天这节课的学习,同学们一定掌握了整理方法。接下来,只要你们互相帮助,一起努力养成整理好习惯,相信你们会成为更加优秀的人,我们班也会成为一个更加优秀的集体。

设计意图 通过班主任的总结,让学生知道整理可以给人带来好心情,意识到整理的重要性,学会整理将会受用终身。

五、班会后延伸教育

1. 全班活动

(1) 出一期主题为"整理小课桌,成就大人生"的手抄报板报,展现班会课后学生的所思所想。

(2) 分别在一周、一个月、暑假结束后开展整理反馈班会,解决后续出现的问题及行动中遇到的困难,并为坚持整理的小达人和整理能力进步显著的学生举行颁奖仪式。

2. 个体活动:要求家长与学生完成整理自查表

六、板书设计

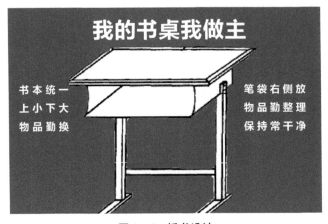

图 8-5 板书设计

七、班会反思

(1) 整理技巧的培养:整理桌斗是一项基本的生活技能,对于一年级学生来说尤为重要。通过整理桌斗,学生可以培养出良好的生活习惯和自主管理能力,提高他们的自我认知和自律能力。在这次班会中,我通过实物展示和详细的步骤讲解,让学生了解到整理的重要性,并学习到有效的整理技巧。我注意到,在活动过程中,学生都非常认真地听讲,并积极动手实践。通过这次活动,他们不仅学会了如何整理自己的桌斗,还培养了独立性和自我解决问题的能力。

（2）责任意识的培养:整理桌斗是每个学生应尽的责任。整洁有序的学习环境有助于提高学生的学习效率。当桌斗整洁有序时,学生可以更快地找到所需的学习资料,减少浪费时间的情况,从而更好地专注于学习。在这次班会中,我强调了每个学生都要认真对待自己的学习环境,保持整洁有序。通过让学生了解整理桌斗的重要性,我成功地培养了他们的责任意识。他们纷纷表示,以后会更加注意自己的桌斗整理,为创造一个良好的学习环境贡献自己的力量。

（3）团队协作的培养:在这次班会中,我还注重培养学生的团队协作精神。通过小组讨论和分享,学生们互相交流了各自的整理经验和技巧,共同学习和进步。这不仅有助于提高学生的整理能力,还培养了他们的团队合作精神和沟通能力。学生在小组活动中表现出了高度的合作精神和互助精神,让人感到非常欣慰。

（4）总结反思:当然,在班会的过程中虽然取得了一定成果,但也存在一些不足之处。首先,部分学生在实践操作中还存在一些细节问题,需要进一步加强指导;其次,一些学生对整理的意义和重要性还不够明确,需要进一步加强宣传和教育。在今后的工作中,我将继续加强对学生整理技巧的培养,并注重培养学生的责任意识和团队协作精神。同时,我也会不断反思和总结经验教训,不断完善班会内容和形式,以更好地满足学生的需求和促进他们的全面发展。在未来的工作中,我们将继续加强对学生生活技能的培养和教育,让学生们在实践中学习和成长。同时,我们也将注重培养学生的自主管理和自我教育能力,为他们未来的学习和生活打下坚实的基础。

（谭露露）

参考文献

［1］许丹红.不吼不叫,做智慧班主任[M].上海:华东师范大学出版社,2018.

［2］许丹红.小学班主任的 78 个临场应变技巧[M].北京:中国轻工业出版
社,2011.

［3］许丹红.智慧班主任的带班艺术[M].上海:华东师范大学出版社,2022.

［4］熊华生.做一个老练的新班主任[M].中国人民大学出版社,2015.

［5］周勇,胡冬群.小学班级管理[M].南京:南京大学出版社,2020.

［6］齐学红.今天,我们怎样做班主任:优秀班主任成长叙事[M].上海:华东师范大
学出版社,2021.

［7］田美.新时代小学班主任班级管理沟通艺术探究[J].中国高新区,2018
(04):109.

［8］农荟颖.论小学班主任班级管理的沟通艺术[J].教育观察,2018,7(02):34－35.

［9］单体秀.小学班主任如何有效进行班级管理[J].教育现代化,2018,5(08):323－324.

［10］吴春燕.首因效应在新班级管理中的运用[J].教学与管理,2018(10):31－33.

［11］姜红霞.小学班主任班级管理中的沟通艺术分析[J].中国校外教育,2018(04):
64－66.

［12］杨秀芝.班级精细管理培养学生良好行为习惯的策略研究[J].学周刊,2019
(05):150－151.

［13］魏书生.班主任工作漫谈[M].桂林:漓江出版社,2008.

后　记

　　主题班会设计与实施能力是班主任核心素养的关键要素，一堂班会课承载了太多的"诗外功夫"。主题班会不仅折射出班主任的教育素养和育人智慧，也极有可能成为改变学生理想信念和价值判断的关键事件。不管是在当今立德树人、德育为先的教育背景下，还是在班主任个人的专业发展历程中，主题班会永远都是最重要的"抓手"。基于此，我们应该在主题班会的研究和探索之路上永远向前。

　　在和融教育主题班会设计与实施的过程中，我们走过了一段颇有收获的心路历程。班会课设计初期，我们邀请专家对设计班会课的目标、主题、内容等进行指导，确保班会课的专业性和针对性。在接下来的时间里，我们根据学生的需求和兴趣，结合当前的教育热点和难点进行班会课的设计和打磨。在课例设计方面，做到"六个一"：一个有趣游戏的引入、一则经典故事的分享、一次亲身经历的模拟、一番辨别是非的讨论、一份内心感悟的提炼、一项付诸行动的落实，以此来引发学生思考，激发学生感悟，真正深入学生内心，进而落实到行动上。为使班会课的设计更趋完善，我们在专家的引领下，利用线上、线下，寒暑假、双休日等时间对初稿设计进行反复修改后，以课例设计评比和赛课两种形式，进一步调整和优化班会设计。我们能够发现，开展主题班会课的设计活动切实推动了学校"和融德育"的特色发展。

　　本书的撰写与成稿得到了著名课程教育专家田荣俊校长和全国知名德育专家许丹红老师的精心指导。书稿框架由李耀峰校长、方舟校长共同研讨编制。第一章"和融教育主题班会课的设计理念"由张雪云撰写，第二章"和融教育主题班会课的设计原则"由袁艳艳、朱清撰写，第三章"和融教育主题班会课的设计目标"由范晓倩撰写，第四章"和融教育主题班会课的主题确定"由尹冰洁、梁晶撰写，第五章"和融教育主题班会课的内容选择"由李静、刘金华撰写，第六章"和融教育主题班会课的活动形式"由张娇娇撰写，第七章"和融教育主题班会课的评价标准"由陈月、刘玉慧撰写，第八章"和融教育主题班会课的价值意义"由段佳文撰写。书稿由李耀文校长统稿。

　　这是一部跨越四季的著作，主题确定、课例设计、课堂实践、打磨修稿，是一个耗神费力、艰辛漫长的大工程，需要付出足够的智慧、耐心和毅力。我们特别感谢学校领导为教师的专业成长搭建的发展平台，感谢田荣俊校长和许丹红老师给予我们专业的指导和引领，感谢所有参与课例设计的老师们的真诚付出。

　　由于我们对教育理论研究比较薄弱，编写经验不足，我们研发的课程还有需要调整和修改之处，热忱希望得到广大同行、专家学者的批评与指正。

　　最后，祝愿每位班主任都能把班会课上得更精彩！

本书编委会

2024 年 7 月